本书受以下基金资助:

河南省高等学校青年骨干教师培养计划项目"马克思正义思想的西方流变与当代价值"(2018GGJS042)

河南师范大学学术出版基金

马克思主义『牧野论丛』

阿马蒂亚·森正义思想研究

A STUDY ON AMARTYA SEN'S THOUGHT OF JUSTICE

李翔 著

中国社会科学出版社

图书在版编目(CIP)数据

阿马蒂亚·森正义思想研究 / 李翔著. —北京：中国社会科学出版社，2020.12

（马克思主义"牧野论丛"）

ISBN 978-7-5203-5333-5

Ⅰ.①阿⋯　Ⅱ.①李⋯　Ⅲ.①阿马蒂亚·森—政治哲学—研究　Ⅳ.①B351.5

中国版本图书馆 CIP 数据核字（2019）第 221640 号

出 版 人	赵剑英
责任编辑	朱华彬
责任校对	张爱华
责任印制	张雪娇

出　　版	中国社会科学出版社
社　　址	北京鼓楼西大街甲 158 号
邮　　编	100720
网　　址	http://www.csspw.cn
发 行 部	010-84083685
门 市 部	010-84029450
经　　销	新华书店及其他书店
印刷装订	环球东方（北京）印务有限公司
版　　次	2020 年 12 月第 1 版
印　　次	2020 年 12 月第 1 次印刷
开　　本	710×1000　1/16
印　　张	17.25
插　　页	2
字　　数	281 千字
定　　价	98.00 元

凡购买中国社会科学出版社图书，如有质量问题请与本社营销中心联系调换

电话：010-84083683

版权所有　侵权必究

河南师范大学马克思主义"牧野论丛"编辑委员会

主　任　马福运
委　员　蒋占峰　李　翔　李东明　米庭乐
　　　　王会民　王一平　侯　帅

河南师范大学马克思主义"牧野论丛"总序

马克思主义理论学科的建设和发展对于繁荣中国哲学社会科学、做好意识形态工作、发展21世纪中国的马克思主义、落实党和国家的教育方针，具有重要理论价值和现实意义。自2005年马克思主义理论一级学科建立以来，在全国众多专家学者的努力下，马克思主义理论学科的发展呈现一片繁荣景象：学术交流争鸣更加频繁，学术研究范围更加广泛，学术成果迅猛增长。在此大背景下，河南师范大学马克思主义学院决定推出马克思主义"牧野论丛"，以期为马克思主义理论学科发展作出自己的贡献。

河南师范大学坐落于广袤的牧野大地，马克思主义学院为河南省重点马克思主义学院，其前身是成立于1951年的平原师范学院马列主义教研室，1986年改设政治理论教学研究部，2001年与学校德育教研室合并，更名为社会科学教学部，2011年正式成立马克思主义学院。学院主要承担马克思主义理论学科建设和全校本科生、研究生及独立学院、继续教育学院学生的思想政治理论课教学任务。学院现有专任教师117人，其中专职教师72人，校内兼职教师45人。专任教师中，教授16人，副教授42人，具有博士学位者48人。拥有教育部高校示范马克思主义学院和优秀教学科研团队1个、教育部"新世纪优秀人才"1人、河南省优秀专家2人、河南省学术技术带头人2人、河南省高校哲学社会科学优秀学者2人、河南省百名优秀青年社科理论人才4人；1人入选教育部"思想政治教育杰出青年人才"培育计划；1人入选2015年全国思想政治理论课优秀中青年教师择优资助计划；1人被评为高校思想政治理论课教师2017年度影响力标兵人物；1 名教师获"全国高校教学能手"；1 名教师获得河南省高校思想政治理论课教师教学技能大赛特等奖；多位教师先后获得"河南省教学标兵""河南省思想政治理论课优秀教师""河南省教学能手"等荣誉称号。

学院现有马克思主义理论一级博士点，马克思主义理论一级硕士点，少年儿童组织与思想意识教育、课程与教学论（思想政治教育）、学科教学（思想政治教育）3 个二级硕士点以及中国共产党历史、马克思主义理论、思想政治教育 3 个本科专业，形成了马克思主义理论本硕博一体化人才培养体系。学院拥有"全国高校思想政治理论课教师研修基地""全国高校思想政治工作队伍培训研修中心""共青团中央中国特色社会主义理论体系研究中心研究基地"三个国家级学科平台以及"中国共产党革命精神与中原红色文化资源研究中心""青少年问题研究中心""少年儿童组织与思想意识教育研究中心"3 个省级科研平台。

2011 年建院以来，马克思主义理论学科快速发展，取得了较为丰硕的科研成果。先后获批国家社科基金重点项目 3 项，一般项目 15 项，国家自然科学基金项目 1 项，省部级项目 46 项，横向课题 28 项，各项科研经费累计 678 万元。获得河南省社会科学优秀成果奖、河南省政府发展研究奖等省部级以上科研奖励 16 项。出版学术著作 21 部，在《马克思主义研究》《人民日报》理论版、《光明日报》理论版等权威期刊发表高层次学术论文 30 余篇，在 CSSCI 源期刊、中文核心期刊发表学术论文 210 多篇，一批学术论文被《新华文摘》《中国社会科学文摘》《中国人民大学复印报刊资料》转载或摘编，在学界产生了较大影响。学院还积极致力于社会服务，在政府决策咨询、理论政策宣讲、红色文化资源开发、教师研修培训、横向项目协作等方面，发挥了积极的作用，服务社会的功能有效彰显。

为支持和鼓励学院教师开展马克思主义理论相关研究，我院从 2017 年开始组织出版马克思主义"牧野论丛"，本次出版的专著是第三批。该丛书的作者均为我院中青年专职教师，他们潜心马克思主义理论教学科研，本批专著是他们几年来学术研究的结晶。我们相信本丛书的出版一定会激励学院教师更加努力地开展马克思主义理论相关研究，撰写更多的学术成果,第四批、第五批……将陆续与读者见面。当然,他们的专著还有许多不足之处,还敬请各位专家同行批评指正。

河南师范大学马克思主义学院

序

　　七年前，李翔来到华南师范大学跟随我攻读马克思主义基本原理博士学位，当他提出要以阿马蒂亚·森正义思想作为论文选题时，我欣然同意。一方面，阿马蒂亚·森是我非常尊重的一位学者，他学贯东西，并因在福利经济学上的杰出贡献而荣膺诺贝尔经济学奖。当然，深深吸引我的并非仅仅他身上这层诺奖的光环，而是他长期致力于为贫困群体呐喊的"经济学的良心"。另一方面，尽管我长期关注阿马蒂亚·森，但囿于精力，我聚焦的主要是他以自由看待发展这一独特的发展观。在我看来，作为横跨经济学、哲学、政治学等诸多学科的阿马蒂亚·森，其公平正义思想不应被遮蔽，深入研究其正义思想，颇具理论意义和现实价值。也正因如此，我对李翔的这个选题很是期待，经过他的努力，顺利完成了博士论文，虽然他自己仍觉论文尚存不足，于我而言却是比较满意的。

　　回溯历史，自柏拉图始，正义的主题虽几经嬗变，但对正义的追寻却始终是人们孜孜以求的目标。罗尔斯《正义论》的问世，实现了当代西方政治哲学的复兴，以契约论为基础建构起来的先验制度主义正义观，俨然成为西方正义思想的正统与主流。与此截然相反的是，阿马蒂亚·森则沿着亚当·斯密、马克思、孔多塞等开辟的道路，以对人们不同生活方式的比较为切入点，致力于现实不义的铲除而非完美正义的构建，改变了人们思考正义的方向，实现了对先验制度主义的超越和现实比较主义的回归。

　　相较于其他学者，阿马蒂亚·森在对先验制度主义批判的同时，并没有忽略替代性理论的完善，而是在继承现实比较传统的基础上，完成了包括基本主题、分析工具、评估尺度和研究方法在内的范式转换。但若从传统视野来讲，阿马蒂亚·森并没有对正义作出一个精确的界定。他把正义的追求置于可行能力而非抽象的社会契约之上,并将其作为贯穿正义始终的一条红线。在其正义之思中,既包含了正义方法的承继与超越,又阐释了正义建构的理论前设;既提出了一些正义的核心范畴,又融入了对正义实现路径的考量。从这个意义来看,阿马蒂亚·森所言及的正义是一个相对宽泛而非精确的概念,对其正义思想的研究,亦应从多角度进行综合的审视。

从正义建构的理论前设来看,阿马蒂亚·森强调了理智审思、开放中立和多样缘由在正义建构中的前提性意义和基础性价值;从理论内涵来看,阿马蒂亚·森把自由、平等与发展视为正义的核心范畴,并赋予了它们新的含义。他将实质自由视为正义的首要辖域,将能力平等看成正义的核心变量,将自由发展视为正义的伦理吁求。在阿马蒂亚·森的视域中,只有实现了自由的发展和能力的平等,才能使人们获得实质的自由;而从正义实现的路径来看,阿马蒂亚·森则把公共理性基础上的民主和自由主张之上的人权在全球范围内的实现,看成达致正义的现实之维。他明确指出,正义不是西方的传统与专利,任何人都没有必要,也不应该把正义贴上西方世界的标签。自由、民主与人权的实现需要"全人类眼睛的参与",在尊重差异、体现共性的基础上,克服身份命运的幻象,促进多元文化的交融,实现全球正义。

从马克思正义观的角度来审视,阿马蒂亚·森与马克思的正义思想在运思方法和实践路径上,存在着高度的关联。他们对传统正义研究做了深刻的转化,从对完美正义制度的建构,转向了对现实非正义的关注和解决。既有着相似的逻辑起点,又有着共通的动力之源;既有着异曲同工的正义原则,又把人的自由全面发展作为共同的价值旨归,彰显着对现实正义的追求。毋庸讳言,阿马蒂亚·森的正义思想也存在一些局限,由于唯物史观的缺失,他不可避免地对马克思正义思想产生了一些误读;表层的成因分析,并未触动非正义的真正根源;对民主和人权观点的部分曲解与僭越,又使其难以跳出自由主义的窠臼,自然就得出了与马克思迥异的变革之路。

作为开放和包容的马克思主义理论体系,其与时俱进的理论品质也需要在正义思想中加以彰显。这既需要我们追本溯源,从经典文本中继续对马克思正义思想进行深度开掘,亦需要从其他正义思想中借鉴有益的成果。这种借鉴不能仅仅局限在马克思主义的思想谱系或者与其有"亲缘"关系的西方马克思主义阵营中,而应以更加广域的视野充分吸收包含西方其他正义思想在内的一切合理成分。尽管阿马蒂亚·森称不上是马克思主义者,但作为当前一种重要的社会思潮,阿马蒂亚·森对马克思的正义思想在一定程度上也进行了丰富和拓展,推动了马克思正义思想在当代语境下的发展与完善。当代中国,我们在坚持以马克思正义思想为基本理论坐标的同时,也要对阿马蒂亚·森的正义思想进行批判的吸收和合理的借鉴,这既是正义的内在张力,也是我国实现公平正义的必由之路。

正是基于此种缘由,李翔将关注点聚焦于阿马蒂亚·森正义思想之上,经过长时间深入的研究,完成了他的博士论文《阿马蒂亚·森正义思想研究》,又经过反复认真的修改,完成了此书。该书以阿马蒂亚·森正义思想为研究主题,对其正义思想的生成背景、研究基点、建构前提、理论内涵、实现路径等做了全方位的梳理与深度的开掘,并从马克思正义思想的视域对其进行评析,厘清了阿马蒂亚·森与马克思在正义方面的相通与交融、省察了其存在的局限与不足、阐明了其对马克思正义思想的拓展与完善。在此基础上,从现实的角度对阿马蒂亚·森正义思想所面临的西方境遇和呈现出的中国价值,进行了深入的探讨。全书思路清晰、逻辑严谨、语言流畅、观点鲜明,展现出作者深厚的理论功底和强烈的现实关怀。

作为李翔的博士生导师,我为他这几年的成长感到由衷的欣慰,在公平正义这一学术沃土之中,他取得了长足的进步,期待该书的出版能成为其继续前进的动力,也希望他在未来的学术之路上取得更为丰硕的成果。

是为序

刘卓红
2020 年 8 月于广州

目　录

序 …………………………………………………………………（1）
导　言 ………………………………………………………………（1）
第一章　阿马蒂亚·森正义思想的出场 …………………………（8）
　第一节　阿马蒂亚·森正义思想的生成背景 …………………（8）
　　一　东方文化的浸润与西方文明的熏陶 ……………………（8）
　　二　先验制度主义的时代局限 ………………………………（15）
　　三　现实比较主义的继承与发展 ……………………………（30）
　第二节　阿马蒂亚·森正义思想研究的基点 …………………（38）
　　一　铲除现实不义而非阐释完美正义：正义的基本主题 …（38）
　　二　社会选择理论：正义分析的工具 ………………………（41）
　　三　可行能力：正义评估的尺度 ……………………………（46）
　　四　规范研究与实证分析：正义研究的方法 ………………（49）
　第三节　阿马蒂亚·森正义思想建构的理论前设 ……………（52）
　　一　理智的审思 ………………………………………………（53）
　　二　开放的中立 ………………………………………………（62）
　　三　多样的缘由 ………………………………………………（70）
第二章　正义思想的内涵：实质自由、能力平等与自由发展 …（74）
　第一节　实质自由：正义的首要辖域 …………………………（74）
　　一　自由的历史追问 …………………………………………（75）
　　二　实质自由对正义信息基础的祛魅与重塑 ………………（80）
　　三　实质自由是手段与目标、机会与过程的辩证统一 ……（85）
　第二节　能力平等：正义的核心变量 …………………………（91）
　　一　"什么的平等" ……………………………………………（92）

二　贫困的实质在于能力的剥夺 …………………………………（98）
　　三　能力在正义中的关联效用与应用价值 …………………（103）
　第三节　自由发展：正义的伦理吁求 ……………………………（108）
　　一　发展与正义的关联与耦合 ………………………………（108）
　　二　从单纯增长到人本维度的嬗变 …………………………（112）
　　三　以自由看待发展 …………………………………………（116）

第三章　达致正义的现实之维：民主、人权与全球正义 …………（123）
　第一节　公共理性之上的民主 ……………………………………（123）
　　一　公共理性与民主 …………………………………………（124）
　　二　民主的三重价值 …………………………………………（127）
　　三　民主通达正义的现实条件 ………………………………（132）
　第二节　自由主张之上的人权 ……………………………………（138）
　　一　人权界说 …………………………………………………（138）
　　二　人权的自由之域 …………………………………………（143）
　　三　人权的普适之路 …………………………………………（147）
　第三节　差异与共融上的全球正义 ………………………………（151）
　　一　文明的冲突还是文化的霸权 ……………………………（152）
　　二　身份命运的幻象与迷雾 …………………………………（158）
　　三　全球正义何以可能 ………………………………………（164）

第四章　正义的张力：阿马蒂亚·森正义思想的马克思主义
　　　　审视 ……………………………………………………………（170）
　第一节　马克思正义思想探要 ……………………………………（170）
　　一　缺席还是在场：马克思正义思想的存无之辩 …………（171）
　　二　廓清与澄明：马克思正义思想的本真内涵 ……………（177）
　第二节　马克思与阿马蒂亚·森正义思想的相通与交融 ………（184）
　　一　相似的运思方法：对现实的聚焦与比较 ………………（184）
　　二　相同的逻辑起点：对个人与社会的正义观照 …………（186）
　　三　共同的动力之源："改变世界"中对抽象正义的批判 ……（187）
　　四　共通的价值旨归：人的自由发展 ………………………（190）
　第三节　马克思视域下阿马蒂亚·森正义思想的不足与局限 ……（193）
　　一　生产方式的缺失和对马克思正义理解的偏颇 …………（193）

二　表层的成因分析与殊异的变革之路 …………………… (196)
　　三　民主与人权观点的曲解与僭越 …………………… (198)
　　四　难以跳出自由主义的窠臼 …………………… (201)
第四节　阿马蒂亚·森对马克思正义思想的丰富与拓展 …… (205)
　　一　从宏观到微观：扩大了正义的研究视域 …………… (205)
　　二　经济学与哲学的融合：拓展了正义的思维路径 …… (207)
　　三　以发展旨向自由与以自由看待发展：丰富了自由与
　　　　发展的关联 …………………………………………… (209)

第五章　阿马蒂亚·森正义思想的西方境遇与中国价值 …… (212)
第一节　阿马蒂亚·森正义思想在西方的争鸣与回应 ……… (212)
　　一　罗尔斯与森的交流与争鸣 …………………………… (213)
　　二　柯亨对森的质疑与批评 ……………………………… (216)
　　三　努斯鲍姆对森的完善和补充 ………………………… (219)
第二节　阿马蒂亚·森正义思想对中国的现实启迪 ………… (221)
　　一　树立人本理念：实现公平正义的前提 ……………… (221)
　　二　构建能力政府：实现公平正义的核心 ……………… (223)
　　三　完善各项制度：实现公平正义的关键 ……………… (227)
第三节　当代语境下我们该如何接手正义 …………………… (234)
　　一　以马克思正义思想为理论坐标 ……………………… (235)
　　二　批判借鉴西方正义思想 ……………………………… (237)
　　三　构建具有中国特色的正义理论体系 ………………… (239)

结束语 ……………………………………………………………… (243)

参考文献 …………………………………………………………… (246)

后　记 ……………………………………………………………… (259)

导　言

一　研究的缘起

翻开人类社会发展的历史，正义的思想可谓源远流长，但究竟何为正义，答案却莫衷一是。正如美国哲学家博登海默所言："正义有着一张普罗透斯似的脸（a Protean face），变幻无常，随时可呈不同形状并具有极不相同的面貌。"① 若从正义的运思之路来看，依照阿马蒂亚·森（以下简称森）的理解，正义基本可以分为两大阵营。一派是发轫于霍布斯，以社会契约为基础构建起来的先验制度主义，洛克、卢梭、康德等相继予以发展，罗尔斯是其在当代最出色的代表。另一派，则是亚当·斯密、孔多塞、马克思等开创的，以社会现实为聚焦点的现实比较主义，森继承了他们的衣钵，并在此基础上实现了对先验制度主义的超越和现实比较主义的回归，改变了人们思考正义的方向，也使正义的诉求有了更加实质的内容。

作为一名出生于印度，长期生活、工作于西方的著名学者，森早在20世纪70年代就誉满西方，他横跨经济学、哲学、政治学诸多学科，并且成就斐然。然而，相较于罗尔斯、哈贝马斯、诺齐克等西方学者，森的名字一开始并未被国人所熟知，随着其20世纪末荣膺诺贝尔经济学奖，国内学界才将关注的目光聚焦于这位百科全书式的学者，对其学术思想的研究和学术成果的译介也逐渐成为一股热潮。迄今为止，森的《贫困与饥荒：论权力与剥夺》（2001）、《以自由看待发展》（2002）、《伦理学与经济学》（2003）、《集体选择与社会福利》（2004）、《论经济不平等：不

---

①　［美］博登海默：《法理学——法律哲学与法律方法》，邓正来译，中国政法大学出版社1999年版，第252页。

平等之再考察》（2006）、《后果评价与实践理性》（2006）、《理性与自由》（2006）、《生活质量》（2008）、《身份与暴力——命运的幻象》（2009）、《超越功利主义》（2011）、《资源、价值与发展》（2011）、《以人为本：全球化世界的发展伦理学》（2011）、《正义的理念》（2012）等著作相继翻译至中国，使我们对这位著述颇丰的学者有了全方位的了解。然而，前期国内外对森的研究多聚焦于其经济学思想，其政治哲学思想的集大成之作《正义的理念》问世后，在西方政治哲学界引起了巨大的轰动，哈佛大学教授帕特南将其誉为"自罗尔斯《正义论》问世以来，有关正义的最重要的论著"[①]。由此，其正义思想逐渐成为人们关注和研究的热点。

在当代西方政治哲学领域，森无疑具有非常重要的影响。作为蜚声西方的学术大师，在几十年的学术生涯中，森的著述引发了西方哲学界和经济学界的多次讨论，罗尔斯、诺齐克、柯亨、德沃金等，同森都有过直接的对话与沟通。他的社会选择理论、自由发展观念、可行能力方法、福利主义问题等在西方受到了广泛的关注，在西方学界最权威的杂志上数次出现以森为中心的学术争鸣，围绕其能力方法也多次召开专门性的国际学术研讨会。这本身就说明对森的研究在西方学界日益深入，同时也足以彰显出森在当代经济学界和政治哲学界中的重要地位。但国外研究成果，虽然兼顾了对森正义思想进行整体性和专题性研究，却很少涉及对森正义思想理论渊源的挖掘，更多的是聚焦于森当代正义思想的展现；在涉及比较研究时，更多的是从罗尔斯、德沃金、柯亨等当代政治哲学思想的视角进行比较，鲜有从马克思正义观的视域进行延展，这是西方对森正义思想研究的薄弱环节。

就国内研究而言，随着森获得了诺贝尔经济学奖，这位早已在西方享有盛誉的学者，才与中国开始了一场迟到的约会，对其思想的研究，呈现出一种逐步深入、逐步扩展的过程。从最初对森学术成就的一般性介绍，到从不同视角对其展开研究；从最初对其著作的译介到对其思想进行系统化的著述，其思想正吸引着国内学界越来越多人的关注。尽管如此，由于

[①] [印] 阿马蒂亚·森：《正义的理念》，王磊、李航译，中国人民大学出版社2012年版，封底。

其思想引入中国时间较晚，因此，对森思想的研究，无论从深度还是广度，相对于西方来讲，都显得比较滞后。国内对其思想进行的研究，多从单一的视角来开展，缺乏对其进行内在逻辑的梳理和全面系统的把握。从现有成果来看，多数聚焦于森的经济伦理思想、自由观、发展观、平等观等方面，对其正义思想的整体研究则显得相对不足。从研究内容来看，概因其正义思想的集大成之作《正义的理念》中文版翻译至我国较晚，故关涉森正义思想的研究大多数还是以森先前的译作《以自由看待发展》《论经济不平等——经济不平等的再考察》《理性和自由》等为蓝本和素材的，这也在一定程度上影响了对森正义思想本真内涵的把握。在对其思想的评价方面，也往往呈现出两种比较极端的态度，要么不加批判地高度赞扬森正义思想的创见性，盲目地以其理论为指导来分析和研究许多重大的社会现实问题；要么不加分析地否认森正义思想的价值，并将其正义思想冠以自由主义政治哲学的帽子而加以排斥。因此，系统地梳理和深入地研究森的正义思想，并从马克思主义的立场和高度来评析其理论优长，才能更加客观、理性和公允。

其实，森正义思想的发展一直和中国有着高度的关联，他既从中国传统文化中汲取营养与素材，又对中国的社会与现实给予了充分的关注。他曾强调"我从孩提时代起的所思所想——这也贯穿了我的一生——一直受到中国历史和源自中国的许多思想的影响"①。在其笔端之下，他时常将目光投注于中国。他充分肯定了中国改革开放前在基础教育、医疗保障等方面取得的成就，对改革开放后中国在经济上的巨大成功也给予了高度的评价。与此同时，他也十分中肯地指出了快速发展中的中国所面临的收入不均、贫富差距等问题，切中了当下中国的焦点问题和生存之惑。他启迪我们，正义的追求不在于正义原则之构建，而在于公平正义之实现。我们必须从哲学层面升华正义理论的境界，在超越单纯的效用、公平、权利以及传统美德的哲学视野中，把现实的人与人的现实生活、人的全面发展和社会关系的完善作为正义理论关注的主题，形成符合时代要求的正义观念，并发展、转化为正义的实践，消弭不公，达致正义。

---

① ［印］阿马蒂亚·森：《正义的理念》，王磊、李航译，中国人民大学出版社2012年版，中文版序：1。

理论是行动的先导,在实现正义的征途中,我们需要用正义的理论来指导我们的实践。批判地吸收和借鉴西方的正义思想,是我们应当秉持的科学态度。正是基于此种背景和缘由,笔者将森的正义思想作为本书研究的主旨,以期通过对其正义思想的深度阐释和挖掘,为中国特色正义理论的构建和公平正义之实现,提供有益的参考和借鉴。

二 研究的意义

1. 理论意义

第一,对森的正义思想进行研究,是对西方正义思想的一次廓清与澄明。长期以来,我们对公平与正义的追求从未止步,但与此同时,尽管我们都把正义视为"众价值的价值",并且作为人类孜孜以求的共同目标,但对正义的理解却各不相同,甚至大相径庭,并由此陷入了旷日持久的争论之中,延宕至今。随着罗尔斯把正义作为"社会制度的首要价值",并提出了"基本善"和"两个正义原则",在实现当代西方政治哲学复兴的同时,也使其成为在关涉正义问题时无法绕开的标志性人物,以至于论及正义时,"如果一个人无法真正反驳约翰·罗尔斯的观点,他似乎就不能被称之为一个真正的政治理论家"[①]。罗尔斯在重新确立了霍布斯式契约正义论的同时,也使先验制度主义正义观长期占据了西方政治哲学界的主导地位。森并未囿于此,他把正义的理念根植于现实的土壤之中,在充分肯定罗尔斯对正义理论贡献的基础之上,也对其所采取的超验制度主义路径,抽象掉具体语境,探究一种普遍适用的正义规则提出了激烈的批评,他继承并发展了一种迥异于此的现实比较主义正义观,实现了对先验制度主义的超越。与此同时,森还对流行的功利主义正义思想、单纯的福利经济正义观进行了批判。对森的正义思想进行深入的研究,不仅是对森自身正义思想的一次梳理和总结,也是对当代西方正义思想的一次廓清与澄明,有助于我们跳出固有的正义思维,超越先验制度正义的一域之囿,改变我们思考正义的方向,为正义之思提供新的理论向度。

---

① [美]卡琳·罗马诺:《阿马蒂亚·森:改变思考"正义"的方向》,王雪编译,《社会科学报》2009年第12期。

第二，森的正义思想研究，有助于推动马克思正义理论在当代语境下的发展和完善。马克思的正义思想是在反抗资本主义市场经济制度和瓦解资本逻辑的过程中形成和发展起来的。然而，对正处于社会市场化转型，致力于发展社会主义市场经济的中国而言，马克思主义正义观就不能只是市场经济的"批判者"和"革命者"，而应兼具对市场经济制度下的社会生活进行规范和对资本的逻辑进行批判的双重功能。因此，在当代语境下，马克思主义正义思想必须被重释才能获得其意识形态的指导性地位。这就要求我们不能简单地回到马克思，而是要立足于当今社会现实，积极汲取各种正义思想中的合理成分，为马克思正义思想注入新的时代内容。尽管森称不上是一名马克思主义者，但他的正义思想在西方受到了广泛关注，作为当前颇具影响的正义思想和重要的社会思潮，森在研究方法与运思路径上与马克思存在着高度的关联。与此同时，他对市场机制的辩证分析、对能力平等的崭新诠释、对实质自由的历史追问、对人全面发展的孜孜以求，都对马克思正义思想在当代的发展提供了启迪和借鉴。深入系统地研究森的正义思想，在马克思与森之间搭起一座沟通的桥梁，开展两者之间跨时代的对话，对我们拓展马克思主义正义观的问题域，延伸新的研究领域，变革思维方式，扩充新的研究范式，建构新的理论形态，具有重要的促进作用。在两者之间的碰撞之中，既可以彰显马克思正义思想的理论自信，又可以发挥正义的内在张力，促进两种思想的相融与共生，推动马克思正义思想在当代的发展和完善。

2. 实践价值

第一，森的正义思想，为促进中国公平正义提供了现实的启迪与借鉴。在森正义问题的研究中，他把可行能力作为贯穿正义始终的一条红线，将实质自由、能力平等与自由发展视为正义的核心范畴，并将民主、人权和全球正义的实现看成通达正义的现实之维，为我们推进公平正义提供了新的思维视角和行之有效的方法。与此同时，他既对中国所取得的成就给予了充分的肯定，又十分中肯地指出了快速发展中的中国所面临的一系列突出问题，给我们提供了很多现实的反思与启迪；他对弱势群体所展现出的人文关怀，警示我们在发展中要使发展成果惠及全体人民；他对教育不公、性别不平等、饥荒产生、权力剥夺等做了鞭辟入里的分析，并提出了切实可行的解决之道，从而使我们从喋喋不休的逻辑争论和抽象的正义思辨中解脱出来,来关注当今中国社会的现实。这对于我们推进公平、促进和谐、实现正义,具有重要的实践价值。

第二,森的正义思想,为全球化时代全球正义的实现提供了行动的指南。随着经济全球化的推进,各个国家之间的联系日益加强,彼此之间的利益也变得休戚与共、息息相关。这使我们很难将对于各种利益的充分考量限定在某个国家的范围内,而无视其他国家,出于避免偏见且公平对待他人的缘故,需要我们超越自我利益的观念束缚。在森看来,即便是没有一个全球性政府,也可以借助于全球性机构和非正式的交流与贸易,加强全球的合作与对话,通过积极的公众行动、独立新闻媒体的评论和开诚布公的公开讨论来克服地域利益之争和身份命运的幻象,消解狭隘文明的冲突。这对于全球化背景下妥善处理国际纷争,实现全球的和平与正义指明了行动的方向,具有重要的现实意义。

在当代中国,公平正义既是社会主义核心价值观的重要内容,也是社会主义和谐社会的内在特征。回溯改革开放四十多年的历程,中国取得了翻天覆地的变化,其发展成就举世瞩目。然而,在经济高速增长的同时,一些问题也相伴而生。社会收入的分化、贫富差距的拉大、福利保障的缺失、社会风险的凸显,成为横亘在我们面前无法跨越的障碍。面对这一系列问题,我们不容回避,更不能漠然视之,否则,改革的成果就有可能被吞噬,社会的裂痕就会进一步加深。在全面深化改革的战略部署中,习近平明确指出要进一步"改革创新社会体制,促进公平正义,增进人民福祉",唯有如此,人民对公平的期盼才能得到回应,对正义的诉求才能得到满足,才能真正实现和谐的社会与社会的和谐。

需要指出的是,本书虽然以森的正义思想为研究主旨,但作为一个涉猎非常广的学者,森的思想本身就横跨了诸多领域,是一种多元思想的融合(他本人就反对把经济学与伦理学进行割裂)。因此,本书并没有单纯聚焦于对其正义思想做狭隘的阐释,而是将其置于森整体思想的广阔视域之下。在笔者看来,森思想中关涉正义的部分与其先前对福利经济学等问题的探讨是前后相继、融会贯通的。自由与平等既可以归类于伦理学范畴,又可立身于政治哲学领域;贫困与发展既是福利经济学研究的对象,也是政治哲学关注的话题。因此,从整体的视域来审视森的正义思想,才能从深层次上把握其正义思想的发展脉络、逻辑理路。

鉴于此，本书在研究过程中，将积极借鉴以往研究成果，通过对森相关著作的深入研读，系统地梳理其正义思想的内在逻辑，深度挖掘其正义思想的理论渊源和核心要义，真实地把握其正义思想的本真内涵和理论全貌，以期更好地推进森正义思想整体化、系统化的研究。

第一章　阿马蒂亚·森正义思想的出场

森的学术研究领域相当广泛，横跨经济学、哲学、政治学等诸多学科，并因在福利经济学上的杰出贡献而荣膺1998年诺贝尔经济学奖。尽管森在西方早已享有盛誉，但最初为国人所熟知，却恰恰源自其诺贝尔奖的获得，因此国内学界往往将关注的焦点集中于其对福利经济学的贡献之上，而他在政治哲学方面卓有成效的探索却往往被诺贝尔经济学奖的光环所遮蔽。其实自20世纪70年代起，森在从事经济学研究的同时，就一直积极致力于政治哲学方面的研究，他对贫困与饥荒原因的深度揭示、对不平等的测度与考察、对发展观的自由视域考量、对经济学伦理之维的重建，无不显示出对正义问题的深邃思索。他在对前人和当代正义思想批判、继承和发展的基础上，以崭新的视角和独特的方法在正义这一广阔的疆域中形成了独具特色的正义理念。

第一节　阿马蒂亚·森正义思想的生成背景

任何一种思想的产生，都有着深刻的理论渊源，都根植于一定的现实环境，森的正义思想同样如此。其正义思想既饱含着深厚的东方文化底蕴，也深受西方文明的熏陶；既有对先验制度主义的批判与超越，也有对现实主义正义思想的继承和发展。

一　东方文化的浸润与西方文明的熏陶

（一）森的生平与学术经历

森1933年出生于印度一个知识分子家庭，其父母都是大学知名的教授，自小就沉浸在良好的家风和浓厚的学术氛围中。森的初等和中等教育，主要在印度泰戈尔建立的圣蒂尼克坦国际学校完成，其本人也和泰戈尔有着不解之缘。其外祖父是印度著名的哲学家和文化学者，曾经做过泰戈尔的秘书，两人交情甚笃，森的名字就是泰戈尔所起。"阿马蒂亚"在印度语中是"另一个世界"的意思，意寓"智力或想象中的未来"。泰戈尔建立的这所学校，深受泰戈尔本人文化思想的影响，兼收并蓄，开放交融，提倡跨学科教学，注重对学生道德情操和人文精神的塑造，这种教育理念对森的学术生涯影响至深，以至于他后来回顾"未来的人生道路似乎除了矢志向学，教书为文，辗转于世界各地的大小校园之间，想不出还会是别的什么样子"①。

中学毕业后，森就读于加尔各答大学，先期修读数学和物理，后主攻经济学。促使其学习转向的一个重要事件源自其童年时代的一场大饥荒，这一场导致数百万人死亡的大灾难，给森留下了刻骨铭心的记忆，并对其学术生涯和人生道路产生了至关重要的影响，也成为他毕生致力于贫困饥荒、公平正义问题研究的重要诱因。1953年，森离开印度，赴英国剑桥大学学习，在此期间，森不仅学习刻苦，成绩优异，更重要的是在这个一流学府中，使他有机会结识许多世界知名的经济学大师，开始系统化地接触和学习西方主流经济学思想，并于1959年在剑桥大学获得博士学位。尽管此后的大部分时间，森一直游历于西方，在剑桥大学、牛津大学、哈佛大学等西方著名高等学府任教，但他的视线从未远离东方，不论是担任美国经济学会会长，还是剑桥大学三一学院院长，抑或是西方其他重要学术职务②，森却一直保留着印度国籍，并长期担任印度加尔各答杰得弗帕大学、德里大学经济学院等校的兼职教职。在从事理论研究的同时，他也一直很关注印度国内的发展，长期参与印度经济发展与规划的制定。不仅如此，森还把眼光延伸至广大发展中国家，关注全世界的贫困、不公与正义。这种东方情结和穷人情怀，使森在印度国内乃至整个世界都受到了广

---

① ［印］阿马蒂亚·森：《惯于争鸣的印度人》，葛维均译，上海三联书店2007年版，第5页。

② 森是美国历史上首位担任美国经济学会会长的非美国公民，也是英国剑桥大学三一学院600多年来的第一位非英籍院长，此外，他还担任过美国经济计量协会和国际经济协会的主席、联合国秘书长的经济顾问等职务，获得了联合国终身成就奖，也是发展中国家首位诺贝尔经济学奖的获得者。

泛赞誉，其本人也被誉为"经济学的良心"。

正是这种特殊的学习和工作经历，使森能够恣意徜徉于东西文化之中，其研究内容、研究范围和研究视域也不断扩大。从最初着眼于摆脱印度贫困与落后的单一愿景，到致力人类和平与全球公正的实现；从最初对经济学的单纯聚焦，到对经济学、哲学、政治学的广泛涉猎；从福利经济的积极拓展，到正义思想新的构建，森不仅实现了经济学的人本复归，也为正义的理论大厦注入了新鲜的血液。

（二）东方文化的浸润

在当今世界，存在着一种比较明显的倾向，自由、平等、民主似乎是西方文化所长久存在的一种基本特征，它很难在古印度文明中找到影子，而另一亚洲文明古国中国所赖以提倡的传统儒家文化，也经常被冠以"权威主义"的帽子而显得与现代西方文明所标榜的自由平等理念格格不入，西方俨然成为自由与正义的化身，似乎论及正义，抑或进一步建构和发展正义理论，都只能从西方的正义宝库中寻踪追迹。森对此并不赞同，他认为自由、民主、平等这些正义的理念并不是西方独特的遗产，而是东西方文化相互碰撞交融的产物，"对自由的珍视并非只局限于一种文化，而西方传统也不是使我们得以掌握以自由为基础来理解社会的方法的仅有的一种文化"①。

正是基于此，森在对正义孜孜以求的过程中兼收并蓄，不仅深入细致地研究西方古今正义之思想，也从东方传统文化中汲取宝贵的营养。在他正义之思的链环上，处处流露和体现出东方思想对他的影响。他循着印度古代法理学的传统，指出先验主义与现实主义的区分，可借鉴古代印度梵文法学中的"正义"（niti）与"正理"（nyaya），"正义"指带有义务论色彩的规则正确性，而"正理"则类似于现实主义的正义观。前者着重指陈组织规范且行为正确，后者则具有更大的包容性，与现实世界联系更加紧密，由此向我们展现了正义不仅仅是"正义"角度上的制度和规则的评判，而更应从"正理"的视角来看待社会公正与否，从而引申出正义的主旨"不仅仅是努力建立或者梦想建立一个绝对公正的社会或确立

---

① ［印］阿马蒂亚·森：《以自由看待发展》，任赜、于真译，中国人民大学出版社2012年版，第242页。

绝对公正的社会制度，而是避免出现极度恶劣的不公正"①。在论及过程和责任的重要性时，森援引《薄伽梵歌》中克利须那和阿朱那的辩论，来阐释道义论和后果论的内在关联，意在澄清专注于社会现实，并不是狭隘的后果论，对现实的关注，并没有忽略义务与责任在内的社会过程。他以阿育王②和阿克巴③来论证古代印度的宗教宽容早已有之，引申出平等主义和理智审思的重要意义。阿育王提倡平等主义和普遍宽容，而对于阿克巴，森同样推崇，阿克巴所推行的政教分离、宗教宽容、文化融合以及作为穆斯林的阿克巴对非穆斯林的尊重和废除专权获益的方式，都蕴含着朴素的平等主义，是印度现代民主政治体制的滥觞。不仅如此，森还指出，阿克巴之所以采取这些开明的政策，一个很重要的原因就在于他赋予理智审思以重要的地位，他把理智的追求（而非他所称的"传统的沼泽"）看作处理行为规范难题及构建公正社会的途径。而在森看来，阿克巴这种对理智思考倍加推崇的方式，在当代社会，仍然是我们正义建构的理论前设，追求理智并拒绝陷入传统主义的泥潭，仍然具有非常重要的现实意义。

此外，森还从印度佛教经典中找出"能力视角"的例证，并受到圣雄甘地和平对话理论的启发。然而，对森影响最早，也最为深远的莫过于上文提到的印度文坛巨匠泰戈尔。个中缘由不仅仅在于森幼承泰戈尔教泽，两家过往甚密，更重要的是泰戈尔悲天悯人的济世情怀、诗意盎然的民族精神、求真向善的高尚操守、理智审思的执着追求、世界一体的真诚

---

① ［印］阿马蒂亚·森：《正义的理念》，王磊、李航译，中国人民大学出版社2012年版，第17页。

② 阿育王（Asoka，公元前273年—前232年在位），古印度孔雀王朝的第三位国王，在任时，曾经一度统一南亚次大陆，他统治时期也成为古印度的鼎盛时期，被尊为印度历史上最伟大的国王。之所以备受印度人民尊崇，不仅仅在于他建立了印度最大的版图，更重要的是他留给了后人宝贵的精神财富。他笃信佛教，但却并不固守一己信教之私，而是首倡宗教宽容，并成为以后历代君主之惯例，使得印度各种宗教和谐相处；他倡导正法，提倡众生平等，以仁爱慈悲、少行不义、多行善举来约束国民；他鼓励宗教派别和广大国民广开言路，成为后世之典范。

③ 阿克巴（Akbar，1542—1605），印度莫卧尔王朝第三代皇帝，在他统治时期，对经济、政治、文化等进行了卓有成效的改革，与阿育王相似，他也实行宗教宽容政策，自己信奉伊斯兰教，但政府职位对所有宗教开放，他倡导政教分离，提倡各宗教一律平等，善于倾听不同宗教人士的诉求，消除宗教隔阂，促进多元文化相融，在他的治理下，印度达到了空前的繁荣和统一，被称为阿克巴大帝。

向往以及对殖民侵略的无情鞭挞和对不平等之陈规陋习的严词控诉,都深深地影响了森,也成为他一生关心民众疾苦、追求自由发展、渴望能力平等、期盼全球正义的指路明灯。

当言及中国时,森充满深情地说"我从孩提时代的所思所想——这也贯穿了我的一生——一直受到中国历史和源自中国的许多思想的影响"①。森曾对以孔子为代表的中国儒家传统被扣上"威权主义"的帽子而感到不平并加以辩护,他指出一些"亚洲价值观"的权威主义倡导者总是把孔子视为这方面的鼻祖而无视其倡导的多样性,并直言孔子从来没有提倡盲目的服从,他援引孔子的话"当国家正道通行时,勇敢地说话,勇敢地行动,当国家不通行正道时,勇敢地行动,温和地说话"②,意在表明孔子并不是一味地盲从,也没有放弃教导人们反对和抗议政府的不合理行为。森明确指出孔子虽然注重秩序井然的规则,但在他的思想中也隐含着自由与宽容的成分。森的正义思想正是在这些东方优秀传统文化的长期浸润中,走上了历史的舞台,并使他的正义之思,带有浓厚的东方文化色彩,刻上了深刻的东方烙印。

(三) 西方文明的熏陶

早在加尔各答大学求学时,森就开始接触西方一些经典的经济学著作。从斯密、李嘉图、穆勒的古典经济学,到马歇尔、萨缪尔森的新古典经济学,森均有涉猎,且沉浸其中。尽管在后来的学术研究中,森对古典经济学的自利经济人假设和狭隘的理性观多有批评,但这并不妨碍他对古典经济学浓厚的兴趣。如果说,达斯哥布塔是森从事经济学研究的领路人(森曾言"是他把我引入了经济学的殿堂,并教我认识了经济学的本质"③),那么古典经济学则对森的经济学研究起到了重要的启蒙作用。森曾不无感慨地说"研究古典传统已被证明是一项非常有意义的事情,事实上,研究古典传统经济学,才使我明白当代经济学所关注的诸多问题,在与我们当

---

① [印]阿马蒂亚·森:《正义的理念》,王磊、李航译,中国人民大学出版社2012年版中文版序,第1页。

② 转引自[印]阿马蒂亚·森《以自由看待发展》,任赜、于真译,中国人民大学出版社2012年版,第238页,原文见《论语·宪问》:邦有道,危言危行。邦无道,危行言孙。

③ [印]阿马蒂亚·森:《贫困与饥荒》,王磊、李航译,中国人民大学出版社2012年版,封1。

今迥异的社会中早有涉及,我才明白与今天充斥着理性化公式的标准经济学研究相比,那时候的研究显得更有深度,更为透彻"①。森之所以给予古典经济学这么高的评价,是因为在他看来,古典经济学家固然以财富逻辑为主线,关注自由竞争与财富增长,但与此同时,也聚焦于良序社会、大众利益和收入分配,而其中尤以斯密对森的影响为甚。他也非常推崇穆勒,直言他"深切地关注我们有理由珍视的各种事物,而不仅仅是收入和财富"②。值得注意的是,马克思的思想对森也产生了重要的影响。在加尔各答求学期间,马克思的思想在当时非常流行并经常成为学术讨论和争鸣的话题,森也常常参与其中,在他以后的学术研究中,也经常援引马克思的观点和运用马克思的研究方法。上述几位思想家对森都产生了潜移默化的影响,在其发展和成长过程中起到了重要的引领作用。森在之后的学术研究中对贫困问题、收入分配、自由平等的追求大抵可以溯源于此。

西方另一位大哲亚里士多德对森也影响至深,尤其体现在伦理思想和正义理念方面。从某种意义上,可以把亚里士多德称为经济学与伦理学联姻的首倡者。在《尼各马可伦理学》(*The Nicomachean Ethics*)中,亚里士多德开宗明义地提出,经济学不仅要关注财富增长,还要与人类行为的目的联系起来,以有益于人类。为此,他从人类行为动机和社会成就判断入手,深刻阐明了经济发展和道德追求之间的紧密关系。当西方主流经济学与伦理学渐行渐远之时,恰恰是森秉承了亚里士多德的衣钵,打破了主流经济学所推崇的价值中立和注重实证、排斥规范研究的狭隘思维,克服了当代经济学的哲学贫困,重建了经济学的伦理之维。在正义的理念方面,亚氏以中庸之道来表达正义,强调"中庸是最高的善和极端的美"③。并将这种中道思想具体到现实社会之中,从而赋予了正义丰富的人性内涵和社会生活意蕴,这与森强调正义须以理智的审思和客观的中立为前提,有着异曲同工之妙。亚里士多德还强调正义即平等,并把"数量平等"和"比值平等"的结合作为分配正义的原则,以"根据各人的真价值,

---

① [瑞典]理查德·斯威德伯格:《经济学与社会学——研究范围的重新界定:与经济学家和社会学家的对话》,安佳译,商务印书馆2003年版,第349页。

② Jean Dreze and Amartya Sen: India: *Economic Development and Social Opportunity*, Oxford: Clarendon Press, 1995, pp. 9 – 10.

③ 《亚里士多德全集》第8卷,中国人民大学出版社1992年版,第96—97页。

按比例分配与之相衡称的事物"①。森的实质自由和可行能力平等与亚里士多德的这种"各得其所应得"的分配理念殊途而同归。

在剑桥求学期间，森也从几位当代著名经济学家身上获益良多。罗宾逊夫人是新剑桥学派的代表人物，也是森的导师，尽管两人在一些方面存在分歧，她并不赞成森对福利经济学的深度介入，把森所进行的规范研究视为"无意义的伦理思考"，但她一开始就对森进行了严谨苛刻的经济学训练，使得森深谙西方主流经济学的研究方法，熟练掌握和运用数学技巧和经济学工具，为他今后的研究奠定了坚实的基础。此外，著名的马克思主义经济学家莫里斯·多布、左翼经济学家皮耶罗·斯拉法等当时经济学界的诸多翘楚，对森也都影响颇多。正是这种西方规范经济学的长期熏陶，使森在此后从事政治哲学的研究中，能从经济学和哲学相交相融的广阔视域来进行多维思考。

社会选择理论是森的又一个杰出贡献，也是森常常引以为傲的地方。他提出了"自由悖论"（又称帕累托自由的不可能），突破了"阿罗不可能定理"，阐释了合理的社会选择和民主决策面临的种种约束及冲突条件，并提出了可行之道。论及这些成就，森直言"受到了几十年来我与肯尼斯·阿罗相互讨论的强烈影响"②，并于伍尔夫·盖特纳、杰里·凯利等在这一领域的引领性工作密不可分。而在哲学领域，亦师亦友的罗尔斯则对森影响至深，尽管两人的观点存在分歧，有些地方甚至相互抵牾，但两人在对正义的求索方面却相互欣赏，惺惺相惜。森曾说："我从罗尔斯那里所学到的影响了我对于公正及政治哲学的思考，其深思卓见、批评以及建议更是不断地启迪着我，并从根本上影响了我的思想。"③ 而罗尔斯对森也非常推崇，其思想也深受森的启发，"翻开罗尔斯《正义论》的人名索引，我们会发现森被引证的次数达 16 次之多，仅仅次于康德和西季威克，在同时代作家中无人可比"④。除了阿罗和罗尔斯外，森还与牛

---

① ［古希腊］亚里士多德：《政治学》，吴寿彭译，商务印书馆 1997 年版，第 234 页。
② ［印］阿马蒂亚·森：《正义的理念》，王磊、李航译，中国人民大学出版社 2012 年版，第 18 页。
③ 同上书，第 47 页。
④ ［印］阿马蒂亚·森：《理性与自由》，李风华译，中国人民大学出版社 2012 年版译者前言，第 2 页。

津大学的同事德沃金、柯亨、帕菲特等共同为学生授课,并从互动式教学和彼此之间的学术争鸣之中受益良多。而在哈佛大学,森沿袭这一良好的习惯,同诺齐克、帕特南、斯坎伦这些政治哲学界的著名学者一道,为学生开设同一门课程,并不乏学术上的激烈辩论,森沉浸其中,并把争鸣中的深刻分析和尖锐批评视为自己思想发展的动力之源。复归剑桥大学之后,森在与一大批对公正和正义问题志同道合的哲学家和法学家相伴而行的过程中,还与一些杰出的自然科学家、历史学家和其他人文学者进行了广泛的交流。在这种开阔的学术视野、宽松的学术氛围和友善的学术争鸣中,森的正义思想不断得到丰富、发展和完善。

二 先验制度主义的时代局限

森的正义思想,不仅是对东西方文化的一种承继,也包含着对关涉正义的相关理论之深刻反思。他对先验制度主义进行了全方位的审视,并一针见血地指出了其在理论和实践上存在的诸多不足。恰是这种理性的省察,使森在一定程度上超越了先验制度主义的时代局限,并由此走向了现实比较主义的坦途。

(一) 先验制度主义的发展理路

依照森的理解,从运思路径来划分,西方关于正义思想的言说大致可以分为两大阵营:一派以霍布斯、洛克、卢梭、康德、罗尔斯等为代表,致力于公正制度的构建,被称为"先验制度主义"(transcendental institutionalism);另一派则被称为"现实比较主义"(realization-focused comparison)①,以亚当·斯密、孔多塞、马克思、沃斯通克拉夫特等为代表。先

---

① 森将自启蒙运动以来关于正义的思考划分为两大派别,一派发轫于霍布斯,承继于卢梭,复兴于罗尔斯,森将其称为"先验制度主义"。森指出,"先验制度主义"具有两大特点:首先,它致力于探寻完美的正义,而不是相对而言的正义与非正义,即仅仅探寻终极的社会正义的特征,而不是对现实并非完美的社会进行比较研究。它致力于探究正义的本质,而不是寻找用以评判哪种社会相对而言更为公正的标准。其次,为了寻找绝对的公正,先验制度主义主要关注制度的正确与否,而非直接关注现实存在的社会。相对于先验制度主义,森将另一派别称为"现实比较主义",以斯密、马克思、孔多塞等为代表,这一派别关注人们的实际行为,而非假定所有人的行为都遵循同一种理想模式,他们致力于对现实的或可能出现的社会进行比较,而非局限于先验地去寻找绝对公正的社会(参见 [印]阿马蒂亚·森《正义的理念》,王磊、李航译,中国人民大学出版社 2012 年版,第 5—6 页)。森的这种划分,给我们理解正义提供了一种新的视角,当然这种分类方法也面临着一些质疑的声音,森本人亦坦承,如此划分,只是从运思方法和实践路径这一视域所做的粗略归类,每一派别中的不同人对正义的具体要求则看法各异。本书在研究过程中基本认同森的这种划分方法,并循着这种理路来展开研究。

验制度主义主要聚焦于两个关键点，即"先验"和"制度"，一方面，先验地勾勒出一个完美的正义社会图景；另一方面，则致力于绝对公正制度地探寻。而这两个关键点，都以契约论作为运思的方式和路径，都假想社会以虚拟的社会契约来运作，以期能建立一个"先验地确立理想社会制度的正义理论"。

1. 霍布斯的开创性贡献

霍布斯（Thomas Hobbes）是英国最伟大的哲学家之一，他首开用哲学术语思考政治问题之先河，并凭借《利维坦》和《论公民》这两部传世之作，成为现代西方政治哲学的奠基者。诚然，契约论并非霍布斯的发明，但把社会契约论自觉运用于国家学说，并以此为中心构建出整个政治哲学体系，呈现出全新的话语和理论范式的，自然首推霍布斯，他在这方面无疑作出了开创性的贡献。

霍布斯的社会契约学说有着严密的逻辑理路，他把人性作为其理论的逻辑起点，并把其视为"第一原理"。他并不赞同亚里士多德把仁爱和合群看作人之本性，而是把保全自身、维护自我利益看成人们之间相互合作的唯一动机。"每一个人按照自己所愿意的方式运用自己的力量保全自己的天性"①，他从这一基点出发，推演出每个人都享有自由、平等和生命的自然权利。这些自然权利有一个前提，即必须在自然状态下才能享有，在这一状态中，每个人对任何自然之物都享有权利，每个人凭借自己的判断和理性可以不受限制地追逐自己的利益，维护自己的自由。但恰恰也是在这一自然状态下，霍布斯明确指出，由于人们之间的竞争、猜疑和荣誉往往会导致彼此之间的冲突，因此，自然状态实际上成为一种"一切人反对一切人的战争状态，其间人与人的关系就是一种狼与狼的关系"②。

为了协调人们之间的纷争，走出战争状态的阴霾，按照霍布斯的推演，就必须借助于自然法来约束人们的行为。在霍布斯看来，人是一种理性动物，也正是在摆脱死亡畏惧、追求舒适生活的理性驱使下，"理智提示出可以使人同意的方便易行的和平条件，即自然法"③。为使自然法更

---

① ［英］霍布斯：《利维坦》，黎思复、黎廷弼译，商务印书馆1986年版，第97页。
② 同上书，第94页。
③ 同上书，第97页。

加清晰明了，霍布斯用大量篇幅，逐步演绎出 14 条自然法，其中前三条尤为重要。第一自然法是"寻求和平，信守和平"，意在阐释出人们为了避免在战争状态下死亡，就必须在理性的指导下积极主动地寻求和平。第二自然法是"在别人也愿意这样做的条件下，当一个人为了和平与自卫的目的，会自愿放弃这种对一切事物的权利"①。这内在地体现着公平的意蕴，为了和平与安全，需要彼此让渡自己的权利，而非一个人单方面的付出，而权力的顺利让渡，也自然引申出第三自然法，即"所订信约必须履行"。除了这三条自然法之外，霍布斯还阐释了感恩、宽容、公道、谦虚等自然法则。与前人相比，霍布斯的自然法在内容上并无太大的差异，其创新之处在于对自然法的解释，"归根结底，对于先前的自然法理论家，自然法是道德的法，而对于霍布斯，自然法是理性（利益）的法。自然法本质上不是必须遵守的道德规范，而是追求自我利益时的理性计算"②。

然而，自然法的确立并不会使行动自然的完成。作为理性的利己主义者，要想维护自己的权益，并避免遭受别人的侵害，就需要人们把自己的权利和权力通过契约的方式交给一个具有统一人格和统一意志的超然实体，把他作为代理者，每个人的意志都服从于代理者的意志，每个人的判断都服从于代理者的判断，并在权利授予的基础上由代理者集体行使自卫权和裁量权，从而在理性的基础上，创造出安全、公道的政治秩序。"这一点办到之后，像这样统一在一个人格中的一群人就称为国家，这就是伟大的利维坦（Leviathan）③ 的诞生——用更尊敬的方式来说，这就是活的上帝的诞生。"④ 这样，霍布斯以人性为基，从自然权利和自然状态出发，以契约的方式，精妙地论证了国家的产生。尽管他强调权力要高度集中，鼓吹君主制，显得与现代民主制度的发展格格不入，但其所开创的把契约理论引入国家学说的先河，不仅开启了现代西方政治哲学的大门，而且也为先验制度主义的发展奠定了重要的基石。

---

① ［英］霍布斯：《利维坦》，黎思复、黎廷弼译，商务印书馆 1986 年版，第 98 页。
② 姚大志：《当代西方政治哲学》，北京大学出版社 2011 年版，第 19 页。
③ 利维坦是《圣经》传说中一种力大无比的巨兽，霍布斯把国家形容为利维坦，意在强调具有统一人格的国家所拥有的巨大力量。
④ ［英］霍布斯：《利维坦》，黎思复、黎廷弼译，商务印书馆 1986 年版，第 132 页。

2. 洛克的进一步拓展

洛克（John Locke）是近代以来伟大的政治哲学家，也是契约论坚定的拥趸。他的思想和系列学说不仅为后人提供了重要的理论指南（孟德斯鸠就曾直言其《论法的精神》深受洛克的启发），而且在实践上也对西方政治制度尤其是美国的政治制度产生了至关重要的影响，其相关言说和理论主要体现在其著作《政府论》之中。

与霍布斯相同，洛克也以假定的无政府的自然状态作为其理论的逻辑之基，但相较于霍布斯，洛克显然显得更加乐观。霍布斯虽然也承认在自然状态中，人们拥有一种自然的自由和平等，但他同时指出，自然状态的无政府状况，常常会把自然状态引致为战争状态。洛克对此并不赞同，他认为，自然状态是一种互助、友善和安全的状态，人们能够在理性的指引下，以所有理性存在者所承认的"自然权利"为指引，和平相处，他把此描述为"无强制，非放任"状态。但与此同时，洛克也承认自然状态远非完美，亦存在着种种不足和缺陷，主要体现在缺少一种明文规定的评判人们是非曲直的法律；缺少一个有权按照法律来裁判一切纷争的公正裁判者；缺少一个相应的权力来确保正确的判决得到应有的履行。这种立法、执法和司法的缺失迫使人们自愿放弃部分而非霍布斯式的全部权利，通过契约的方式，把原本属于每个人自己的自然权利转移给社会，再由社会移交给依法设置的统治者，形成公共政治权利，而这一切都建立在公民"同意"的基础之上。社会契约的签订和国家的建立，使人们失去了部分的自由，但并不会从本质上改变人们的自由和平等，国家本身没有任何目的，"只是为了人民的和平、安全和公众福利"[①]。

至此，洛克完成了对国家产生的正当性和合理性的论证，从整个过程和方式来看，洛克与霍布斯并无二致，但洛克并没有止步于此，迥异于霍布斯的是，洛克并不赞成权力高度集中，也不像霍布斯那样热衷于君主制，而是提出了人民主权论。他对契约双方的地位和关系作出了调整，主权者只是契约当事人，是广大人民权利的"委托人"，而非高高在上，恣意妄为，单纯发号施令的统治者。在洛克看来，国家拥有立法权、执行权和外交权三种基本权利，其中的立法权是最高权利，"立法机构是给予国

---

① ［英］洛克：《政府论》，叶启芳、瞿菊农译，商务印书馆1986年版，第80页。

家以形态、生命和统一的灵魂"①，但与此同时，洛克强调指出，尽管立法权力在三权之中拥有最高权力，但都是人民赋予的，归根结底，最高权力归属于人民。"当人民发现立法行为与他们的委托相抵触时，人民仍然享有最高的权利来罢免或更换立法机关"②。这种一切权利来自人民、一切权利为了人民、最高权力归属人民的思想对后世影响至深，成为西方三权分立学说和"民有、民治、民享"治国理念的滥觞。

尽管洛克并没有像霍布斯那样作出开创之举，也没有改变契约正义的基本精神和要旨，但他对自然状态的重新阐释、对缔约双方关系的重新定位、对人民主权的高度弘扬，为社会契约理论注入了新鲜的血液，使契约正义得到了进一步的丰富和拓展。

3. 卢梭的道德与公意追求

卢梭（Jean Jacques Rousseau）是法国启蒙运动的主要代表之一，"他广泛推动霍布斯和洛克思考的常识和政治洞察力。他在政治学的契约理论中发现的不仅仅是合法性的哲学基础，而且发现了他用来赞美'高贵的野蛮人'的借口和对其非常伤感的人性观在政治学上的阐释"③。不同于霍布斯的人性本恶倾向，卢梭相信人性是善的，只是制度将人变恶；霍布斯、洛克将人看成"理性动物"，其政治哲学也倾向于诉诸理性，而卢梭则认为人是"情感动物"，其政治哲学诉诸情感；霍布斯和洛克将社会契约建立在利益之上，卢梭则把社会契约建立在道德和公意之上。卢梭的"道德自由"开启了康德，"公意"理念则激励了黑格尔，他被称为"共和主义的鼻祖"，他提出集体主义以对抗作为主流的个人主义，从而间接地影响了马克思主义④。卢梭的政治哲学思想主要集中在其《论人类不平等的起源和基础》以及《社会契约论》之中。

卢梭和其前辈一样，也从人性和自然状态开始其论证，只不过在对人性和自然状态的看法上大相径庭。卢梭将人性概括为"自爱心"和"怜悯心"，依照自然法行事就是依照自爱心和怜悯心行事。在他看来，前人

---

① [英]洛克：《政府论》，叶启芳、瞿菊农译，商务印书馆1986年版，第129页。
② 同上书，第91页。
③ [英]罗杰·斯克拉顿：《现代哲学简史》，陈四海、王增福译，南京大学出版社2013年版，第213页。
④ 姚大志：《当代西方政治哲学》，北京大学出版社2011年版，第34页。

对自然状态的理解存在种种误读，真实的自然状态其实是一种孤立的状态，没有善恶是非，没有财产观念，人人生而自由。由于私人财产的出现，人类从自然状态进入原始的文明社会，这既推动了社会历史的进步，也成为人类不幸的开始。随着私有财产变成私有财产权，不平等现象也愈演愈烈，人类最终步入了相互倾轧、弱肉强食的私有制社会。

"人生而自由，却无往不在枷锁之中。"① 正是在私有制的社会中，自由和平等遭到了剥夺和践踏，为了实现自由和平等的价值理念，需要通过社会契约的方式，"找出一种结合的形式，使它能以全部共同的力量来卫护和保障每个结合者的人身和财富，并且由于这一结合而使每一个与全体相结合的个人又只不过是在服从自己，并且仍然像以往一样地自由"②。这一契约的本身在于"我们每个人都以其自身及其全部的力量共同置于公意的最高指导之下，并且我们在共同体中接纳每一个成员作为全体之不可分割的一部分"③。在这里，卢梭言及的自由，是道德的自由，并与法律相一致。社会的自由和平等既是道德的自由和平等，也是法律的自由和平等。就"公意"（general will）而言，则意指全体人民作为一个整体的意志，公意是衡量一切的最高标尺，不仅所有个人的意志都要服从公意，而且政府的所有行为都要以公意为准，要按公意行事④，而公意的推进和实现，可以而且只能由道德来完成。

卢梭既是一位政治哲学家，也是一位道德理想家，他在秉承社会契约论精神的基础上，依据新颖的自然状态理论假设，将道德诉求和公意理念运用于社会契约之中，以期克服理性和经验的弊端。然而，由于仍然沉溺于自然状态（即便是对自然状态作出了新的阐释）和自然权利之中，自然也就无法走出经验的泥淖。

4. 康德的先验论证

当社会契约理论日渐式微之时，康德（Immanuel Kant）担负起了复兴自然法传统，挽救社会契约理论的重任。他在批判考察霍布斯式理性认知以及合理审视卢梭道德诉求的基础上，以先验抽象的方式，论证了自然

---

① ［法］卢梭：《论人类不平等的起源和基础》，李长山译，商务印书馆1982年版，第8页。
② ［法］卢梭：《社会契约论》，何兆武译，商务印书馆1982年版，第23页。
③ 同上书，第24—25页。
④ 姚大志：《当代西方政治哲学》，北京大学出版社2011年版，第34页。

权利，同时也深入阐释了社会契约的道德含义，在实现了契约论勃兴的同时，也成为古典契约理论发展的高峰。

诚然，康德并没有另起炉灶，而是依然沿袭着霍布斯式的自然状态和自然权利的逻辑理路，但他却创造性地以先验的方法来论证自然权利，他直言自然权利"是独立于别人的强制意志，而且根据普遍的法则，它能够和所有人的自由并存，它是每个人由于他的人性而具有独一无二的、原生的、与生俱来的权利"①。这样，康德从法哲学的高度，通过先验的纯粹理性概念，把自然权利阐释为人的本质的自由。紧接着，康德又在批判卢梭自由观的基础上确立了其独特的人性论，他并没有采取简单武断的方式，将人性做善恶之分，而是从两重性的视角客观分析了人的两种天性，既"合群性"和"己性"。在现实世界中，人会由于"恶"这一人的"己性"而相互斗争，也会在"合群性"的理性本能下，订立契约，相互合作。

在康德看来，社会契约来自纯粹理性和"绝对命令"，国家是先验的、理性的，是"许多人依据权利法则组织起来的联合体"，"国家的作用只不过是为了个人追求合法利益提供保障，国家要保护每个人的自由、权利、独立，保护每个人免受侵害"②。康德还反对君主专制，提倡三权分立，强调立法权属于人民。当然，康德也意识到，由于现实世界里国家不可避免地呈现出不合群性和对抗性，因此，还与理性的本体国家不相吻合，解决之道一方面要依靠改革，防止和反对暴力；另一方面也要以更广阔的视域，超越个人契约，而以国家契约的方式建立"自由国家联邦"。

康德以思辨哲学的方式深刻地揭示了近代文明社会在其发展过程中所面临的自由与必然的历史矛盾，为我们确立了一个解决理性、自由与普遍法治的可行之道。即借助于社会契约的方式，通过一国之内普遍法治的公民状态和国家之间合法的国家联盟或世界公民状态这一根本途径来加以解决，依据并按照理性建立的法律秩序来保障个人自由与国家自由，从而在

---

① ［德］康德：《法的形而上学原理》，沈叔平译，商务印书馆1997年版，第50页。
② ［德］康德：《道德形而上学》，载《康德全集》第六卷，李秋零译，中国社会科学出版社2007年版，第203页。

世界历史的大地上建立一个永久和平的文明世界。①康德不仅把契约理论和契约正义推到了一个新的高度，而且也为整个人类的和平与发展提供了一个崭新的向度，作出了重要的贡献。

5. 罗尔斯的当代复兴

古典契约理论在康德那里达到顶峰之后，逐渐走向没落，被功利主义等其他学说湮没。这一方面固然与社会契约"历史的虚构"本身有关，也与西方资产阶级国家政权得以巩固不无关系。作为服务于西方资产阶级革命的契约学说，似乎失去了发挥作用的舞台，逐渐归于沉寂，直至1971年罗尔斯《正义论》的横空出世，社会契约论才再次进入人们的视野，罗尔斯也借此实现了当代政治哲学的复兴。

罗尔斯继承了古典契约理论的论证模式，他一方面强调了人所具有的不可侵犯的自由这一基本的自然权利；另一方面也看到个体之间的差异，提倡以理性的原则来实现差异的平等。古典契约理论中自然权利、人性论、理性原则都或多或少地隐含于罗尔斯的新契约论之中。与此同时，罗尔斯以一种假设而理想的初始环境，即原初状态（original position）来代替传统契约中的自然状态，并使之提升到一个更高、更抽象的水平。他遵循古典契约理论的论证模式，以抽象的自然权利和虚拟的人性作为新契约的逻辑之基和动力之源，以自然法的理性精神作为推理的依据，构建了新的契约正义。

在这一新的契约正义中，罗尔斯借助于无知之幕，假想出一个"不受偶然因素或社会力量的相对平衡所决定的状态"，在这一原初状态中，"没有一个人知道他在社会中的地位——无论是阶级出身还是社会出身，也没有人知道他在先天的资质、能力、智力、体力等方面的运气"②，为此，"他们必须选择这样一些原则：即无论他们最终属于哪个时代，他们都准备在这些原则所导致的结果下生活"③。在此基础上，罗尔斯推演出了正义的两个原则，一个是"平等的自由主义原则"，另一个即"差别和机会平等原则"。作为一种纯粹的思辨设计，原初状态和无知之幕只是为

---

① 刘敬东：《理性·自由与普遍法治——解读康德〈历史理性批判文集〉》，《哲学研究》2001年第9期。
② ［美］罗尔斯：《正义论》，何怀宏等译，中国社会科学出版社1988年版，第12页。
③ 同上书，第36页。

了净化人性的构成，为人们订立契约创造一个假定的前提，在这种正义环境下，人们才能公正而又客观的选择和确定正义原则。

由此可见，罗尔斯的契约正义思想，是一种纯粹的程序正义和政治建构主义，"契约的目标并非是选择建立某一特殊的制度或进入某一特定的社会，而是选择确立一种指导社会基本结构的道德原则（正义原则），用于分配公民的基本权利和义务，划分有社会合作产生的利益和负担"①。罗尔斯在程序上对"社会契约论"进行深入阐释的同时，赋予了"社会契约论"以程序理性和工具理性，远远超过了近代"社会契约论"的历史虚构所具有的范畴②，从而使社会契约理论在当代政治哲学中重新焕发出生机。

从霍布斯到洛克，从卢梭到康德，再到罗尔斯，先验制度主义经历了一个从寻求安全，到追求自由，再到追求平等的艰辛历程，社会契约理论也在政治哲学中历经了奠基、发展、衰落和复兴。不论是近代社会契约的革命与理性的结合，还是现代社会契约程序与工具的再造，社会契约始终以先验和虚构的方式，在正义的建构和实现中发挥着重要的作用，只不过这种作用也要随着时代的变迁而不断地调整。恰如麦克里兰所言："自霍布斯1651年的《利维坦》至卢梭1762年的《社会契约论》，相隔逾一个世纪，卢梭认为稳定的社会模式仍理所当然。他的社会契约不是用来解释社会稳定之道，而是说明社会如何可臻正义。社会契约变成重塑一切社会与政治建制的媒介。"③

（二）先验制度主义的时代局限

森之所以把以社会契约理论为核心的正义理念称之为"先验制度主义"，一方面从方法论上来看，他们是"先验的"，旨在确立一种绝对正义的理念；另一方面他们是"制度主义"，主要关注制度的公正与否。先验制度主义凭借虚拟的社会契约，先验地设计出一套完美的正义制度，不仅论证了国家的产生及其合法性，也迎合了资本主义发展的需要，若从历史的角度来审视，自然有其合理性与进步性。然而，这种依

---

① 张卫明：《罗尔斯正义论方法论研究》，广州世界图书出版公司2012年版，第47页。
② 潘云华：《社会契约论的历史演变》，《南京师大学报》（社会科学版）2003年第1期。
③ ［美］麦克里兰：《西方政治思想史》，彭淮栋译，海南出版社2003年版，第218页。

靠先验设计而来的完美制度在现实世界中，却也存在着方法和实践上的诸多问题。

1. 先验制度主义既不可行，又无必要

先验制度主义面临着无法超越的时代局限，为此森一针见血地指出，先验制度主义既不可行，又无必要。在森看来，先验制度主义回答的是"何为正义，何为公正社会"的问题，而现实比较主义则侧重于解决"正义何以可能，如何减少现实的不公"。对于前者，先验制度主义者似乎有一个冠冕堂皇的理由，如若不能解答何为正义、何为公正，何谈消弭不公，推进和实现社会正义？如此一来，似乎先验地确立一个统一的正义原则，就是理所当然的事情。然而，森认为这恰恰是先验制度主义所预设的理论陷阱。"关于'公正社会'的本质，即使在中立（impartiality）和开放审思（open-minded scrutiny）的严格条件下，也可能无法达成一致。"[1] 究其原因，就在于"不同的正义原则，即使都能通过批判性审思并具有中立性，它们之间仍然可能存在巨大差异"[2]。

罗尔斯为了回避这一矛盾，假定和预设了一个"原初状态"，在"无知之幕"的遮蔽下，人们无从了解自己的地位、不足和潜在利益，人们的选择不受偶然因素和社会力量的制约，这样，人们就能在一个公平的环境下，抛开自利，作出一致的选择，从而实现"公平的正义"。针对罗尔斯的这种设计，森指出，我们姑且不去讨论这种假定在现实世界里意义几何，更为重要的是，如果进一步追溯，在原初状态中，为了寻找适宜的公正原则，可能会有众多的方案，问题的关键在于，作为罗尔斯所推崇的"两个正义原则"，如何从各种备选方案中达成一致，脱颖而出？厘定这两个正义原则而拒斥别的备选方案，其正当性和缘由何在？在森看来，如果说原初状态只是罗尔斯为了其理论建构而借用的一套"装置"，以便表达选择条件的公平性和确立纯粹的程序正义，抑或只是为了逻辑自洽而做出的简化之举，那么，我们完全"不需要为了方便，也即选择的方便，而认为仅仅存在一套唯一的、真正包含中立性与公平性的原则，而其他的

---

[1] ［印］阿马蒂亚·森：《正义的理念》，王磊、李航译，中国人民大学出版社2012年版，第8页。

[2] 同上书，第9页。

都不包含"①。

对此，罗尔斯在其后期的著作中也意识到了这一缺陷，他坦承"当然，人们在看待哪种政治正义最为合理时，意见不尽相同"，在后来的 The law of Peoples 中，他做了进一步的阐释。"所谓公共理性，是由众多关于正义的政治观念共同构成的，而非一条。由于存在多种自由主义观或相关观点，因此，与合理的政治观念相对应的公共理性的形式也是多种多样的。作为公平的正义，无论其价值如何，都只是其中一种而已。"② 在多元异质的社会中，存在着多种评判和衡量正义的原则，寻找唯一的绝对正义的原则既不可行，又过于武断。

从必要性来看，森认为先验制度主义对正义问题的探讨和解决也显得过于冗余。"采用与实际选择相关的实践理性，所需要的是对各种可行方案的公正性进行比较的框架，而不是去发现一个也许不存在的和不可能被超越的完美状态。"③ 即便这一方案是真实的，也是理想的，用此种方案的标准也无法去衡量出其他方案的优劣。为此，森用一个通俗生动的例子加以阐释：假定世界上最好的画是达·芬奇的《蒙娜丽莎》（即使真的作出这样的先验主义分析），但如果以此作为标杆和尺度来审视毕加索和梵·高的画，并在二者之间作出优劣选择，恐怕于事无补。同样的道理，如果用世界最高峰珠穆朗玛峰来比较乞力马扎罗山和麦金利山的高度，也不会有什么大的帮助。一个简单易行的办法，就是在选择的对象之间直接进行比较，而无须借助于至高无上的对象。回到社会状态和实际生活当中，亦是如此，当我们针对某一特定社会问题而面临众多方案的抉择时，自然也无须诉诸一个绝对标准和完美模板，而只须在备选方案中进行理性的审思、坦率的讨论，进而在广泛共识的基础上达成一致，作出抉择。

对此，先验制度主义者也许不以为然，恰如罗尔斯所言"一种对于基本结构的正义观是值得为自身的缘故而拥有的，不应当因为它的原则不

---

① ［印］阿马蒂亚·森：《正义的理念》，王磊、李航译，中国人民大学出版社2012年版，第51页。
② John Rawls, *The Law of Peoples*. Cambridge, MA: Harvard University Press. 1999, pp. 37 – 141.
③ ［印］阿马蒂亚·森：《正义的理念》，王磊、李航译，中国人民大学出版社2012年版，第8页。

能到处适用就放弃它"①。在他们看来，即便是先验的方法不能为方案抉择提供绝对的标准，也能借助于有关绝对公正的社会制度衍生出"副产品"，即通过把各种状态和方案与绝对公正和完美方案之间的距离进行排序，从而间接地评出方案的优劣。但森认为事实并非如此，排序也远非这般简单。在辨识距离理想状态远近时，既要考虑多重因素的影响，又要受程序平等方面的制约，确立先验性目标无助于解决这些问题，自然也就无法得到关于距离远近的比较性排序。为此，森强调指出："无论从非等级的'正确的'角度，还是在存在等级划分的'最好的'框架中来思考先验主义，我们都不可能从中获得些许关于不同社会安排的有比较价值的信息。"②

2. 对制度的过度关注易陷入制度原教旨主义的泥潭

除去实践上的冗余性和不可行性，森还指出，先验制度主义正义观围绕一个既定的国家和民族虚构的社会契约来追求和实现制度的公正，往往会导致对"公正制度"的过分关注和对"公正社会"的相对忽视而陷入制度原教旨主义的泥潭。诚然，在一个制度和行为俱不完备的社会中，要想消灭不平等，纠正不公正，自然离不开一套公正的制度，以合理引导和约束人们的行为，保障人们的自由，增进人们的福祉。概言之，"任何公正理论都必须将制度的作用置于重要地位，任何有关公正的合理分析都必须将制度选择作为其核心要素"③。然而，森亦指出，在强调制度本身对促进公平正义发挥重要作用的同时，我们也不应该忽略一些根本性的问题，制度本身的合理与公正能否等同于社会的公正？制度能否脱离其他因素而独自运行？制度的完美能否自动引致好的结果？

对此，先验制度主义者明显持肯定态度，并陶醉其中。在他们看来，公正的制度俨然就是公正的全部，他们将公正制度的寻求与确立等同于公正的实现，对影响制度运行的各种复杂因素熟视无睹，甚至对制度运行所带来的后果缺乏必要的审视和应有的关注，似乎将公正问题交给完美的社会制度之后，就万事大吉，可以自动达致正义了。在森看来，先验制度主

---

① [美] 罗尔斯：《正义论》，何怀宏等译，中国社会科学出版社1988年版，第9页。
② [印] 阿马蒂亚·森：《正义的理念》，王磊、李航译，中国人民大学出版社2012年版，第90页。
③ 同上。

义者的这种观点，带有明显的制度原教旨主义倾向，事实上，社会公正和正义的实现，离不开社会制度，但又绝不仅仅取决于社会制度，更与社会环境和人的实际行为模式高度关联。一种制度的良性运作，离不开周边的经济、文化和社会因素，它不可能在真空的环境中独自运作。更为重要的是，任何一项制度的推进与实施，都离不开人这一重要载体。对此，先验制度主义者虽然没有采取回避的态度，但他们更多的是把人看成一种制度的附属和派生物，把人看成一种从属于正义观念和制度的理想个人，似乎公正的制度一旦确立，个人的行为就会与之自动吻合。但在现实的世界里，人的行为模式是异常复杂的，既有可能与公正的正义观念一致和统一，也有可能违背和僭越。而一旦人的实际行为与预期的合理行为不相符合，被选择的公正制度将何以为继？

先验制度主义者除了上述缺陷外，在森看来，更一般的问题还在于，他们往往对实际发生的事情无动于衷，抑或乐观地认为自己提出的制度会按预期完美地发挥作用，进而使他们对制度产生和带来的结果鲜有关注。但一项制度，无论多么完美，都不应当由制度制定者自我评判，而应依据实际发生的结果和所产生的社会状态来对其公正与否进行客观的评价。为此，森还专门对戴维·高蒂尔的"协议性道德"和诺齐克自由至上主义中所隐含的制度原教旨主义进行了批判。高蒂尔非常倚重市场经济，然而，他却非常极端地认为只要借助于市场经济就社会制度达成一致的协议，就可以凭借正确的制度将各方从道德的持续约束中解放出来，在他的理念中，制度被赋予了无上的优先地位，且不受该制度所导致的实际后果的制约。森对此进行了反驳，在他看来，我们之所以选择某项制度，恰恰是"因为我们考虑到它们进入谈判或协议所产生的结果，市场经济固然是一种有效的制度，但倡导市场经济并不需要忽略其支撑体系的条件性"[①]。在这一点上，即便是有着保守主义倾向的英国政治哲学家格雷也为森提供了支持，他直言，"市场是一种受结果影响的制度"。与格雷相比，诺齐克虽然没有表现出非常明显的制度原教旨主义，但却内在地隐含着这一思想。他认为制度具有内在的价值，并将其极力主张的极端自由权

---

① [印]阿马蒂亚·森：《正义的理念》，王磊、李航译，中国人民大学出版社2012年版，第75页。

利建立在制度保障的基础之上,并视之为公正社会的必然要求。诺齐克虽然将一切诉诸制度,但却并不根据结果对制度进行评价抑或修正;虽然他也坦承自由权利的绝对优先可能会导致一种"灾难性的道德恐怖"(catastrophic moral horror),但却可以做例外处理。森对此进行了诘责,例外情况何时何地才能发生?一旦作出了例外,其公正理论中的基本优先还剩下什么?森进一步追问,"如果灾难性道德恐怖足以让我们放弃对一切所谓的正确制度的依赖,则不是那么灾难性的却依然相当糟糕的社会结果,能否让人有理由对制度的优先性进行冷静的反思呢?"①

制度固然重要,但我们没有理由只聚焦于制度而无视其他,恰如森所言:"公正最终是与人们的生活方式相关,而并非仅仅与周遭的制度有关。"② 我们也不应该简单地将公正问题交由社会制度之后,就对其束之高阁,而不做进一步的评价与修正,毕竟,"在追求公正的过程中,探究事物的实际运作以及是否获得进一步的改进是一项持久且无法回避的内容"③。

3. 视域的狭隘容易造成对全球公正的忽略

从霍布斯到卢梭,从康德到罗尔斯,无论是借助于强大的"利维坦",还是对道德与公意的追求;无论是先验的论证,还是作为公平的正义,先验制度主义者始终围绕虚构的社会契约,将其制度设计限定在一定的范围之内,聚焦于特定的人群,并将主权国家作为其制度设计和推行的逻辑依托,这种视域的狭隘性在全球化日益深入的今天,无可避免地会导致对全球公正的忽略。

在森看来,这种狭隘性之所以饱受诟病,关键的原因就在于其无法应对全球化日益严峻的挑战。作为当今世界最明显、也最重要的一个表征,全球化的影响可谓无处不在。他使得世界不再由相对"分散的文明"或"分散的政治共同体"构成,人类生活在一个"重叠的命运共同体"当中,国内事务与国际事务的界限变得越来越模糊,超越国界的影响几乎无处不在。不同国家、民族、地域、文化之间的交流和来往也日益频繁。但

---

① [印]阿马蒂亚·森:《正义的理念》,王磊、李航译,中国人民大学出版社2012年版,第76页。

② 同上书,第4页。

③ 同上书,第77页。

与此同时，天下并不太平，不平等的国际经济和政治秩序依然存在，贸易摩擦、地区纷争、贫富差距、宗教矛盾、文化冲突此起彼伏。对正义的渴望迫切需要人们超越国界的狭隘视域，在全人类的高度，妥善处理和协调彼此之间的矛盾，化解各种潜在和现实的风险，实现全球的公平与正义。

对此，森认为，如果依照先验制度主义的正义逻辑，正义的问题若只能在主权国家范围内，在公民共同认可和订立契约、让渡权利的基础上，借助于公正的组织和完美的制度来实现的话，全球正义岂不是只能寻求一个世界性的社会契约，求助于一个全球性的主权国家，在全世界共同接受的通用完美制度上实现正义，除此之外，别无他途。然而在森看来，我们姑且不论完美制度是否可行，即便是果真存在一套完美无瑕的公正制度，但在当今世界中，要真正建立一个全球主权意义上的国家，又谈何可能。事实上，罗尔斯在后期涉及全球正义的时候，也认识到了地域限制这一公正观在理论上的缺陷，他也曾希望"一种关于公正的政治构想必须解决民族之间的公正关系"[①]，为此，在后期的《万民法》中，罗尔斯对前期的理论做了一定程度的补充，他设计了一个由不同民族代表组成的另一个"初始状态"，与先前的在封闭的政治共同体和既定的民族区域之内设定的原初状态一道，共同应对跨界背景下的正义问题。在罗尔斯看来，两个"原初状态"可以分别被认为是国内的（一个国家的个人之见）与国际的（不同国家的代表之间），每一个都是封闭中立的，合在一起就涵盖整个世界的人口了。这其实从某种程度上已经动摇了罗尔斯正义观的理论基础。但即便如此，森对此也并不赞同，他一针见血地指出，罗尔斯的这种做法，不仅存在过于简单之嫌，更重要的是他无视不同政体在资源和机会禀赋上的差异，采用这样一种办法，对于消除各个受影响群体之间的不对称，并无实质性意义。在全球范围内达成一个一致的社会契约，以此来推进全球正义，不论是现在，还是在可预期的将来，只不过是一种过于天真的幻想。

那么，我们是否只能止步于此？我们是否真的对全球的不公束手无策？人类是否要一直生活在纷争、痛苦和不平等之中？倘若先验制度主义

---

① [印]阿马蒂亚·森：《正义的理念》，王磊、李航译，中国人民大学出版社2012年版，第118页。

的方法是解决社会公正的唯一正解,答案似乎是肯定的。因为,"如果霍布斯是对的,那么在没有世界政府的情况下讨论实现全球正义是一种幻想"①。我们真的进入了一条死胡同吗?对此,森另辟蹊径并给出了鲜明的回答,我们不应沉溺于先验制度主义的一域之囿,不同国家的不同人并不是只有通过国际(或民族间)关系才能交往,我们也无须假设并借助于一个世界政府或一个全球性的社会契约,而是完全可以在公共思想框架的洞见和指引下,借助于全球机构、新闻媒体、非政府组织等,通过理性的协商与对话,来追求和实现全球的公正。而在这一点上,先验制度主义无能为力,也难以企及。

三 现实比较主义的继承与发展

在西方智识上,自启蒙运动以来,关涉正义的问题获得了空前的关注,也得到了蓬勃的发展。如前文所述,除了先验制度主义之外,还存在着一条与之迥然相异的路径,即现实比较主义。他们关注源自社会制度、各种行为及其他因素之上的社会现实,致力于"对现实的或可能出现的社会进行比较,而非局限于先验地去寻找绝对公正的社会,以期消灭所见到的这个世界上明显的不公正"②。这其中,以亚当·斯密、孔多塞、马克思、沃斯通克拉夫特等为代表,森声称其正义思想就是遵循着这一哲学传统,沿着这条道路来进行探索的。

(一)现实比较主义的发展理路

亚当·斯密(Adam Smith)是英国著名的经济学家,也是一位道德学家和哲学家,被尊称为现代经济学之父的他,为后人留下了《国富论》这一传世之作,被誉为经济学的"圣经"。事实上,在《国富论》完成之前,斯密的另一部经典之作《道德情操论》早已问世,它对道德哲学和政治哲学所产生的影响,丝毫不亚于《国富论》对经济学的贡献。

如果说《国富论》体现了斯密经世济民的情怀,那么《道德情操论》则以"公民的幸福生活"为主旨。在高擎自由主义大旗,鼓励自由竞争

---

① Thomas Nagel. The Problem of Globe Justice. *Philosophy and Public Affairs*, 33 (2005), p. 115.

② [印]阿马蒂亚·森:《正义的理念》,王磊、李航译,中国人民大学出版社2012年版,第6页。

的同时，斯密也将目光与焦点投注于道德与正义。他继承了哈奇森的道德情感学说和休谟的同情论思想，从人们的自爱、同情心、正义感、劳动习惯出发，对人的行为进行了深度的探究。他从人类的情感和对幸福的感知程度出发来评判人们的行为是否合宜；从人们行为的功过得失来揭示赏罚的标准与尺度；从义务论、效用论的视角论及了道德实践的标准，阐释了何种行为才能彰显美德与正义。

在关涉正义思想时，斯密也常常借助于市场这只"看不见的手"。在斯密看来，"看不见的手"自然可以凭借市场的高效在竞争中带来有益的经济后果，另外，通过市场，在私利和公利之间进行协调，也可以促进人类福利的提高，达到经济与社会的"自然平衡"。当然，人的行为在市场调节过程中，也要遵循必要的法则。"在人类社会这个大棋盘上，每个棋子都有它自己的行动原则"① 而斯密的解决之道就是经济和社会的自我控制，主要包括审慎和正义。前者可以有效地提升个人的幸福，后者则是社会存在的根基，也是社会中每个人实现和保持幸福的前提。作为一种智慧和远见，审慎主要是在避免自身伤害的基础上来促进自身未来的幸福，但仅有审慎是远远不够的，作为存在于现实中的社会动物，个人的幸福也有赖于社会的稳定与进步，而这一切又需要正义的原则和力量来加以调节。

孔多塞（Condorcet, Marie-Jean-Antoine-Nicolas-Caritat, Marquis de）是现实比较主义的另一位杰出代表，他是18世纪法国最后一位哲学家，同时也是一位数学家，作为启蒙运动的杰出代表人物，他被誉为法国大革命"擎炬人"。孔多塞塑造了"人类历史不断进步"的历史观，在宏观透视人类进步的基础上，突破了人类历史循环论的窠臼，以乐观的态度揭示了人类无限发展的可能性和不断进步的历史前景。

他以民主的视野来审视当时的社会现实，反对并主张坚决摒弃旧制度下的不公。他反对劳资和财富的不平等，主张借助法律的手段来抑富助贫，通过社会保险法等相关法律法规的制定和完善来确保劳动者的各项权益，以保障社会发展的可持续。孔多塞尤其重视教育的平等，他提倡并塑造了终身教育的理念，强调教育机会的均等，他从政府严峻职责的高度看

---

① ［英］亚当·斯密：《道德情操论》，蒋自强等译，商务印书馆2003年版，第302页。

待人人机会均等的国民教育的实施,主张建立一套自基本教育始,到高等教育止,涵盖初等学校、中等学校、专科学校、学院和国家社会科学和艺术学社的完善的免费教育体系;他强调男女在教育上应该一视同仁,主张男女平等,享有相同的教育权利。这一系列主张,体现了孔多塞最本源的一种教育理念,即把教育看成提升国民素养的重要手段,把知识的发现和教育对知识的传播视为社会进步的动力之源。

孔多塞还深受笛卡尔理性主义思想和数学推理方法的影响,在他看来,理性对于个人来讲具有普遍的意义,社会作为人的集合体,是以理性作为其存在和运行依据的。为此,他超越了一般意义上的启蒙学者,制定出一个融汇自然科学和人类科学的方法,以"可能性"概念作为联通自然科学和人文科学的纽带,并运用这种普遍有效的"新的数学方法"来阐释其人学理念和社会政治思想,为人们过理性的生活和制定合理的政策提供科学的依据,并在理性的指导下,捍卫人的天赋的各项权利①。此外,孔多塞借助于数学的理性思维工具,提出了著名的"孔多塞投票悖论",不仅为后来的社会选择理论提供了重要的启迪,也为民主决策、公众参与和民主政治的发展提供了现实的镜鉴。

玛丽·沃斯通克拉夫特(Mary Wollstonecraft)是英国著名作家、哲学家,然而后人却更多地冠其以"女权主义家"的美誉,她被称为"西方女权主义的起源与化身"②,是现代女权主义的奠基人。沃斯通克拉夫特生活的年代,正值欧洲启蒙运动风起云涌之际,自由、平等、博爱的理念日渐深入人心,人们的主体意识不断觉醒,个体权利也日益受到社会的认可与尊重。然而,彼时的英国,女性在社会中的地位非常低微,日常活动主要被禁锢在家庭之内,往往依附和屈从于男性,就连最起码的教育权利,也被极度漠视,只能在家庭接受"非正式教育",更遑论就业权和公共参与权等其他权利了。沃斯通克拉夫特本人的家庭则更为不幸,除了传统男尊女卑的思想根深蒂固之外,其母亲还经常无端地遭遇家庭暴力。正是对种种不幸和惨状的耳闻目睹,埋下了她追求女性独立人格和自由精神

---

① 参见韩震《科学的人学是如何可能的?——论法国启蒙思想家孔多塞的人学思想》,《天津社会科学》2001年第4期。

② Cora Kaplan, *Mary Wollstonecraft's Reception and Legacies*, in Cambridge Companion to Mary Wollstonecrft. ed. Claudia L. Johnson, Cambridge: Cambridge Un iversity Press, 2002, p.247.

的种子。

针对以伯克为代表的保守主义势力的独裁专制言论,沃斯通克拉夫特非常愤慨,并给予了针锋相对的回击。她直面当时英国社会的种种黑暗现实,对罪恶的黑奴贸易、游戏般的法律和穷人的悲惨境遇等进行了无情的鞭挞。然而,最为后人所津津乐道的还是她那部惊世骇俗之作《女权辩》,在这部作品里,沃斯通克拉夫特凭借着自己对生活的现实观察,剖析了男尊女卑的无情现实,体察到了广大女性所遭受的屈辱和种种不公平,她直斥陈旧的教育制度使女性处于一种"无知和奴隶式依附"状态,也是造成女性地位卑微的罪魁祸首;她用"合法的卖淫"来指称婚姻,虽略显过激,但其初衷却是对女性自甘沉沦于依附甚至奴性状态的一种痛心疾首。

值得称道的是,沃斯通克拉夫特在对种种非正义进行严词批判的同时,并没有止步于此,而是透过这种不公正的表象,揭示出妇女所遭受不平等的根源在于当时的社会条件和不平等的制度。为此,她直言,在这个世界里,我们所希望得到的东西不是施舍,而是公正。她看到了女性的生存条件只是整个社会有机体的一个组成部分,而要提高女性地位,改变这种根深蒂固的不平等,唯有进行巨大而深刻的经济与社会变革。沃斯通克拉夫特对现实社会的口诛笔伐,对不平等的深刻洞见以及为女性权益的真诚呐喊,既是时代的产物,又远远超越了那个时代。

马克思的正义思想则是在深刻批判西方古典正义观、资产阶级政治正义观和抽象的小资产阶级社会主义正义观基础上,着眼于现实的人和人的现实,从资本主义社会关系出发,以"人的存在方式"这一最根本的实践为逻辑主线,开辟出了一条"实践正义"的道路,使现实比较主义正义思想获得了质的飞跃与发展。

"哲学家们只是用不同的方式解释世界,问题在于改变世界。"① 这是马克思正义思想的哲学基础,其对不公平问题的省察和对正义的思索也正是沿着这一道路展开的。从马克思的视角来看,关注于抽象思维的思辨正义,脱离了人及其活动的终极存在和现实境遇,把正义的追求与实现建立在先验的世界之上,自然无法达致正义。马克思以现实世界为依托,不再

---

① 《马克思恩格斯选集》第1卷,人民出版社2012年版,第136页。

从人之外的超感性实体,而是从现实活动的人出发来理解人与人、人与社会,并以"感性的""对象化"的实践活动作为处理人与世界活动的中介,从而摆脱了从超人的先验本体那里寻求和实现正义的束缚,克服了人与人的分裂和人与社会的脱节,在把握人与现实既相互否定,又辩证统一这一本质关系的基础上,使正义从抽象走向具体、从分裂走向完整、从虚幻走向现实①。

马克思的正义思想不仅实现了思维向度和方法论的变革,也为正义的实现指明了方向。既然思辨正义无助于不公正问题的真正解决,那么,用现实的办法解决现实的问题,自然就成为达致正义的不二选择。只有通过人实践性的劳动创造,推动生产力的发展,才能摆脱资本主义商品拜物教的桎梏,为正义的实现创造坚实的物质基础;也只有通过废除资本主义私有制的实践革命,"使现存的世界革命化",才能打碎资产阶级旧的锁链,在生产资料公有制的基础上,实现人真正的自由、平等和发展。

(二) 森对现实比较主义的继承和发展

1. 森对现实比较主义的继承

辨识先验制度主义及其时代局限,使森走出了以"社会契约"为中心的正义迷雾。需要强调的是,尽管森对先验制度主义整体上并不赞同,并对之进行了严肃的批判,但却并不意味着他对先验制度主义所包含的思想一概拒斥,进而完全漠视其对正义理论发展的贡献。恰恰相反,森以包容的眼光和辩证的态度来看待和分析先验制度主义。他曾明确地指出:"先验制度主义者在探寻绝对公正的制度的同时,有时也会针对与适当的社会行为相关的道德或政治责任,提出发人深省的分析,尤其是伊曼努尔·康德和约翰·罗尔斯。他们主要致力于先验制度的分析,但也对人的行为规范作了影响深远的论述。"② 当然,对包括罗尔斯和康德等的正义理念所给予的部分的褒奖与肯定,绝不意味着森在正义立场方面含混不清,他直言:"尽管罗尔斯也极富启发性地探索了政治与道德语境中正确

---

① 参见许祥云《从思辨正义到实践正义——马克思正义观研究》,博士学位论文,吉林大学,2008年,第67—70页。

② [印] 阿马蒂亚·森:《正义的理念》,王磊、李航译,中国人民大学出版社2012年版,第5—6页。

的行为规范，但对'正义原则'的界定依然完全是基于绝对公正的制度。"[1]

事实上，与先验制度主义相比，现实比较主义正义观对森的影响显然更为深远，他本人即一再声称其正义思想就是遵循这一传统与路径。而在现实比较主义的诸位先贤中，对森影响最大的莫过于斯密，在森的系列著作中，处处可见斯密的影子。其《伦理学与经济学》中所体现的重建经济学伦理之维的思想，之所以从某种程度上实现了经济学的人本复归，与斯密在《道德情操论》中所呈现出的理念之影响不无关系；他对贫困与饥荒的深入探究，对弱势群体的深切关注，又融进了斯密同情、怜悯与利他的思想；斯密宽泛的理性观和思考问题的多元主义路径则对森社会选择理论的形成和正义理论的构建提供了重要的启迪；斯密把正义视为一种"消极的道德"，是市场经济运行必须遵守的一种底线伦理，这对森正确理解市场经济中规范与制度的差异，把握经济效率和社会正义之间的平衡，具有重要的借鉴意义。总之，森的正义思想是对斯密正义观的一种继承，在森正义的理念中，无论是对理智与正义的审思，还是对中立与客观的理解；无论是对公正的把握，还是对全球正义的追求，都深受斯密"旁观者理论"和"理性正义观"的影响，其正义之思带有着浓厚的"斯密色彩"。

森的正义思想也继承了孔多塞的平等观和正义理念。孔多塞的"抑贫助富"思想、利用社会保险法来保障劳动者权益以及通过免费的终身教育体系提升国民素养的理念，对森的正义观尤其是其可行能力的塑造提供了重要的启迪。他的"孔多塞悖论"，引出了"阿罗悖论"和"阿罗不可能定理"，而森又通过对"阿罗不可能定理"的破解，使"以理性争取自由与发展"得以确立，推动了理性正义观的发展。沃斯通克拉夫特在森正义思想建构的过程中同样功不可没，除了对穷人具有共同的怜悯和同情以外，沃斯通克拉夫特对女性权利的呼吁和对男女平等的追求对森也产生了重要的影响。在森对正义的思索中，始终对儿童尤其是女性主体地位给予高度的关注，他对妇女在政治、经济和社会发展中的作用以及妇女权

---

[1] ［印］阿马蒂亚·森：《正义的理念》，王磊、李航译，中国人民大学出版社2012年版，第6—7页。

益保障等方面的诉求，无不带有沃斯通克拉夫特的影子。

森的正义思想还镌刻着马克思实践正义观的深刻烙印，共同彰显了对实践正义的追求，后文将做专门阐释，在此不再赘述。值得玩味的是，森一方面对功利主义及其正义思想进行了诸多批判，但另一方面却将功利主义的代表人物边沁和穆勒（又译为密尔）也归于现实比较主义的阵营（至少是非典型代表），并从边沁的"个人自由"和"权力平等"以及穆勒的"协商式治理"等方面获益良多。这是否意味着森在对正义研究路径的划分上语焉不详？需要澄清的是，森之所以这样做，源于其现实比较主义的归类不是严格意义上的，因为现实比较主义的诸位代表对正义的理解也各不相同，彼此之间的理论甚至大相径庭。但之所以将他们宽泛地归于一个阵营，主要还在于他们在方法论上，都着眼于现实和比较，森对此有着清醒的认识。因此他坦承尽管他遵循着现实比较主义传统，但并不意味着他赞同他们的具体观点，只是理论出发点和研究方法的一种承继。

2. 森对现实比较主义的进一步发展

可以说，森正义思想的建构正是站在这些巨人的肩膀之上，他们对现实比较主义的探索，为森提供了深厚的素材和丰富的营养。然而，相对于处在当代西方政治哲学主流地位的先验制度主义而言，现实比较主义的正义显然还有很长的路要走。因此，森并没有停留于对现实比较主义的简单继承，而是沿着先人所开辟的这条道路不断耕耘，推动了现实比较主义正义观在当代的继续发展。

在森正义思想建构的过程中，他以可行能力作为贯穿其正义始终的一条红线，搭建了一个以能力方法（capability approach）为基石、逻辑严谨的正义体系，明确了正义的核心要义在于追求可行能力之上的实质自由、能力平等和积极发展。森把人们有理由珍视和享受的实质自由视为正义的首要辖域，这是对消极自由的一种扬弃和积极自由的一种拓展；他廓清了"为何平等"与"何为平等"之间的逻辑关系，对传统的平等观进行了理性地祛魅，并将正义的核心变量聚焦为"能力平等"，从而使实质平等不再是缓解自由与平等之间内在张力的权宜之计，而是呈现出一种基础性和根本性的转变。在发展方面，森突破了发展观的狭隘范式，把自由与可行能力融入发展之中，以自由看待发展，实现了发展理论从功能——物质能力、权利——转换能力再到自由——可行能力的转换，实现了人本价值的回归。

而在正义的实现方面，森把公共理性视为正义的基石，他没有像罗尔斯那样提供实质性的正义原则，也不打算像哈贝马斯那样为协商民主提供形式化的条件限制，而是把"正义"与"民主"从哲学家手中交给现实生活的具体个体去思索和对话[①]。在森看来，达致正义有赖于公共理性基础上民主的实践、人权的拓展和全球正义的实现。为此，他指陈民主在实质上是一种政治权利和权力的平等，具有三重价值和功能，在追求民主的过程中，既要尊重少数人的权利，又要体现包容性的优先。而就人权而言，森认为，从本质上来看，人权是一种强烈的道德宣言，其意义就在于认识到应该尊重某些重要的自由，以及相应的社会应以不同的方式承担支持和推进这些自由的义务。他超越了立法与权利的"子母"之争，以自由看待权利，从而把人们对正义中人权的角色认识提高到了一个新的水平。在全球正义能否实现和何以实现的问题上，森同样给予了出色的回答。森本人对全球正义的实现持乐观的态度，在他看来，即便是没有一个全球性政府，但一些全球性机构和非正式的交流与贸易，也会加强全球的合作与对话；积极的公众行动、独立新闻媒体的评论和开诚布公的公开讨论也都可以推进全球正义的进程。但与此同时，森也指出，全球正义要注意避免掉入"文明冲突"的陷进，注重文化的交流和沟通，在差异与共融的基础上实现全球正义。

总之，森正义思想和理念之形成，既有着深厚的思想文化渊源，也有着深刻的历史与现实背景。东方传统文化中所孕育的朴素正义理念，为森的正义研究提供了很好的素材。理智的审思、宽容的平等、文化的交融等也成为森正义思想中的重要理论渊源。当然，森不是一个狭隘的民族主义者，他在充分肯定印度、中国等东方传统文化对正义贡献的同时，并没有忽略西方文明对正义的创造性作用。他既继承了亚里士多德、亚当·斯密、马克思等人的思想，也从当代西方政治哲学的先锋人物罗尔斯、柯亨、德沃金等人当中，得到启发与借鉴。他对先验制度主义的发展理路和时代局限进行了深入的剖析，对现实比较主义进行了合理的继承。也正是

[①] 周濂：《把正义还给人民——评阿马蒂亚·森〈正义观〉》，《复旦政治哲学评论》2010年第1卷。

这种潜心治学的严谨态度、学贯东西的理论素养、敢于批判的学术操守、永不懈怠的精神追求,使得森的正义思想既深受西方政治哲学的影响,又带有深刻鲜明的东方文化烙印,在融会贯通、批判继承的基础上,形成了独具特色的正义理念。

第二节 阿马蒂亚·森正义思想研究的基点

森并未沿袭西方所谓的"正统与主流"的先验制度正义观,而是继承和发展了由亚当·斯密、马克思等开辟的现实比较主义道路,实现了对先验制度主义的超越。这种超越不同于约翰·格雷(John Gray)和雷蒙德·高斯(Raymond Geuss),他们虽然笔触辛辣,针针见血,但破坏性大于建设性——高斯甚至坦言,作为批评者自己没有任何义务提供备案作为替补①。相较于格雷和高斯,森显然要走得更远,在对先验制度主义批判的基础上,森并没有忽略替代性理论的完善,他把铲除现实不义而非阐释完美正义作为其正义观的基本主题,运用社会选择理论作为分析工具,注重实证研究与规范分析相结合,以能力平等作为评估正义的尺度,从而在学理层面上实现了正义研究范式的转换。

一 铲除现实不义而非阐释完美正义:正义的基本主题

正义,是一个古老而又历久弥新的话题,千百年来,人类追求正义的脚步从未停止,恰如康德所言:"如果公正和正义沉沦,那么人类就再也不值得在这个世界上生活了。"② 尽管正义是古今中外人类孜孜以求的共同期盼,然而,任何一种正义思想的产生都基于特定的历史语境,正义的主题也随着时代的变迁而几经嬗变。

西方古代的正义观经历了天道、人道、神道诸多转换,原始正义观可以追溯至古希腊朴素的宇宙正义论,正义必须遵循天道,以维护宇宙万物之平衡作为正义的要旨。苏格拉底把正义从天上带到了人间,正义不再是

---

① 参见周濂《把正义还给人民——评阿马蒂亚·森〈正义观〉》,《复旦政治哲学评论》2010年第1卷。

② [德]康德:《法的形而上学原理》,沈叔平译,商务印书馆1991年版,第165页。

统摄宇宙万物的"天道"法则，而是支配人们行为的"人道"规范，正义追求的是人们的行为合宜以及德性之美。随着中世纪宗教的兴盛，正义的主题再次回到了神学的视野，用宗教的"神道"原则来为君权神授作合法辩护的同时，也把此视为判断正义与否的标准和约束个人行为的准则。

文艺复兴拉开了西方近代伟大变革的帷幕，也带来了正义观念的重大转变：在正义的价值取向上，从对神的信仰转到了对人的尊重；在正义的内容上，从要求人们各守其位、各司其职，到对自由、平等、博爱的追求；在正义的标准上，从宗教准则转到了以人的理性为标准。正义的主题则围绕革命的推进、秩序的构建和功利的追求而不断延展①。社会契约理论开始登上正义的舞台，功利主义也曾一度占据主导地位，实现了契约正义与功利正义的交替发展。

罗尔斯《正义论》的问世，宣告了社会契约正义的回归和当代政治哲学的复兴。以罗尔斯为代表的先验制度主义，把阐释理想状态下的完美正义确立为正义的主题，而对于现实的不公与社会实践的正义却并没有给予充分的考量。罗尔斯直言，其对完全正义社会的追问，是建立在"良序社会"（a well-ordered）和"部分服从"（partial compliance）原则之上，"一个完全正义的社会的性质和目标是正义理论的基本组成部分"②。不仅罗尔斯，德沃金、高蒂尔、诺齐克等正义论者也采取了同样的路径。尽管彼此在正义的理解和具体制度建构方面，他们意见不尽相同，有的聚焦于"公平的正义"，有的着眼于"资源的平等"，有的倾向于"道德的博弈"，有的执着于"极端的自由"，但是对终极正义的寻找和完美正义的追求却是异曲而同工，"描绘绝对公正的社会制度俨然已成为当代正义理论的核心内容"③。

这种阐释和追求完美正义的路径，初衷虽好且不乏殚精竭虑之举，但却有纸上谈兵，坐而论道之嫌。由于沉溺在微言大义的文本研究之中，偏执于绝对正义的先验设计，醉心于精巧复杂的概念建构，而漠视生活中的

---

① 沈晓阳：《正义论经纬》，人民出版社2007年版，第21—22页。
② [美]罗尔斯：《正义论》，何怀宏等译，中国社会科学出版社2009年版，第7页。
③ [印]阿马蒂亚·森：《正义的理念》，王磊、李航译，中国人民大学出版社2012年版，第7页。

种种不公,其结果往往沉沦为先验制度主义者自娱自乐的智力游戏,对于现实社会中非正义的消弭,并不会产生过多的帮助。

迥异于先验制度主义,森并没有致力于对绝对正义的追求,而是将对公正的关注聚焦于现实比较的视域之下。他以深切的济世情怀,来观察和审视现实世界中的种种不公,在其《正义的理念》一书中,他以狄更斯名作《孤星血泪》中小主人公皮普的话作为开篇引言:"在儿童艰难度日的小小世界中,再没有比不公正更容易让人感受至深了。"① 在这里,与其说皮普生活命运的悲惨,毋宁说不公正会给每一个人,包括成年人都留下难以磨灭的深刻印记。森以巴黎市民攻占巴士底狱、圣雄甘地带领印度人民反抗英国殖民统治、马丁·路德·金争取种族平等的斗争和18—19世纪的废奴运动为例,指陈这些反抗不公的正义之举,其初衷或许只是为了反抗明显的赤裸裸的不公,而并非幻想整个世界会因他们的行动而变得绝对公正,但恰恰是这种消除不公的实践活动,不经意间却可以逐渐消除现实中的不平等,彰显真正的正义。由此可见,"对正义理想的追求(就像对真理理想的追求一样),并不预设何为正义(或何为真理)是已知的,而只是预设了我们知道何者被我们视作是不正义的(或谬误的)"②。正义的起点不必置于假定的社会契约之上,其终点也无须以虚幻的完美制度而收官。恰恰相反,对不公正的探究和解决既可以成为正义的起点,亦可以成为正义问题的终点。正是基于此,森强调指出:"正义的主旨并不仅仅是努力建立或者梦想建立一个绝对公正的社会或确立绝对公正的社会制度,而是避免出现极度恶劣的不公正。"③ 辨识并最终消除现实中的不公,其实质意义要远大于对完美正义不切实际的追求。

当痴迷于完美制度的构建和绝对公正的追寻,正义可能渐行渐远,甚至南辕北辙;当执着于种种不公的矫正和现实不义的铲除,正义反而有可能离我们越来越近,触手可及。森以他这种独特的逆向思维,把铲除现实

---

① [印]阿马蒂亚·森:《正义的理念》,王磊、李航译,中国人民大学出版社2012年版序1。

② [英]弗里德里希·冯·哈耶克:《法律、立法与自由》第二卷,邓正来等译,中国大百科全书出版社2000年版,第57页。

③ [印]阿马蒂亚·森:《正义的理念》,王磊、李航译,中国人民大学出版社2012年版,第17页。

不义而非阐释完美正义作为正义的主题,不仅使我们跳出了先验制度主义的一域之囿,改变了我们思考正义问题的向度,更为我们消除不公,实现正义指明了方向,提供了一条切实可行的光明之路。

二 社会选择理论:正义分析的工具

在森的学术生涯中,他对自己在社会选择理论方面的贡献十分倚重。之所以能获得诺贝尔经济学奖,主要源自其对福利经济学方面的三大贡献:社会选择理论、分配问题以及对贫困原因的揭示。但森却直言:"我确实以不同的方式研究过这些主题,但只有社会选择理论……才能对各种可能性的评价和选择提供一般性的方法。"[①] 森之所以如此推崇社会选择理论,一方面,确因贫困、分配、不平等、社会福利等问题,有赖于社会选择进行评估和测度;另一方面,要真正跳出先验制度主义的束缚,摆脱契约论分析方法的影响,还必须为现实比较主义寻找一个可以替代的、行之有效的分析工具,在为现实比较主义进行合法辩护的同时,也使现实中种种非正义问题的解决成为可能,社会选择理论恰恰扮演并承担了这样的角色。

(一)社会选择的理论溯源

作为一种系统的分析方法和工具,社会选择理论最初肇始于法国数学家和哲学家孔多塞。其最初之动机主要是借助于相当数学化的方式,构造一个理论框架,为理性和民主的群体决策服务,以避免社会选择过程中的任意性与不稳定性。不过,令人遗憾的是其理论上的探索,却得出了相当悲观的"孔多塞悖论":看似民主的多数规则,并非可以达成完全的一致,反而会造成群体决策的困难。阿罗为了使社会选择理论走出困境,接过了孔多塞的大旗,以现代形式对其进行了重建。他对个人偏好和社会偏好给予了同样的关注,要求社会决策在满足帕累托效率、非独裁、独立性和无限制域这四个相对温和的理性条件下,作出恰当的排序和选择。阿罗用明确的表达、缜密的逻辑和精巧的推理,赋予了社会选择以结构化和解析化的形式,催生了现代意义上的社会选择理论。然而,其结论却依然是

---

① [印]阿马蒂亚·森:《理性与自由》,李风华译,中国人民大学出版社2012年版,第60页。

悲观的，它清晰地表明："即使是某些很弱的合理反映社会成员要求的社会选择条件，也无法被任何可称得上是理性与民主的社会选择程序所同时满足。"① 而要实现一致性，似乎除了武断和独裁以外，别无他途，但这种畸形的一致却会带来广大民众政治参与的牺牲和不同群体异质利益的损伤。尽管阿罗为社会选择理论运用于实际做了积极和富有开创性的探索，但其"阿罗不可能定理"这一结论无疑使本已阴影重重的社会选择理论雪上加霜，福利经济学似乎陷入难以名状的悲观之中，缺乏对社会政策的基本研判与选择，民主政策和民主制度自然也就变得寸步难行。

（二）森对社会选择理论的突破与重塑

当这种悲观情绪日益扩散和蔓延，甚至被贴上"福利经济学的讣告"之标签时，当学界对社会选择理论充斥着质疑甚至批判之时，森并未随波逐流，他一方面肯定了阿罗在社会选择理论方面的开拓性贡献，直言"阿罗不可能定理"不是社会选择理论发展的绊脚石和终结者，而是其进一步发展的召唤者和源动力；另一方面他又以严谨的态度和科学的精神破解了"阿罗不可能定理"，使社会选择理论得以继续前行并不断完善。

在森看来，阿罗之所以得出了"不可能"结论，一个重要原因在于他对定理自身条件的苛刻规定，他要求社会选择程序必须运用于每个可认知的个人偏好。因此，如果能够对阿罗所限定的部分条件加以放松，结果则可另当别论。首先，可以放松传递性条件。在森看来，若要保证在任何情境中择优选择方案，既不需要一个有严格偏好和无差异的传递性，亦不需要一个相对较弱的非循环性，而是可以用一个比非循环性强但比传递性弱的"拟传递性"来替代，如此，就可以实现社会排序的不可能结果到社会选择的直接可能性结果的转变。其次，可以对个人自由这样的条件加以放松。在不考虑无差异偏好淡漠个体的前提下，借助于"价值限制"，突破投票悖论，使依仗于多数规则来获取一致性决策成为可能。最后，要对"无关方案独立性条件"进行放松。为此，森指出若要排除个体效用的汇集，必须从独立性入手，用对策分析和效用显示来解

---

① ［印］阿马蒂亚·森：《正义的理念》，王磊、李航译，中国人民大学出版社2012年版，第84页。

决社会排序的混乱①。尽管森把放松公理性条件视为破解"阿罗不可能定理"的一个有效办法,但他亦承认这并不能使问题得以彻底解决,要想寻求真正的破解之道,必须在更广泛的基础上对信息进行甄别和比较。

森指出,信息扩展,不论形式如何,都是克服社会选择悲观主义,重新展示其生命力和影响力的建设性路径。传统的社会选择理论之所以误入歧途,概因其"将注意力过于集中在一个相当狭隘的信息基础上,忽略了完全可以合理作出人际比较的判断并运用于福利判断和社会选择分析的可能性"②。将人际比较视为人际效用比较,并进一步缩小为单纯的人际精神状态效用比较,面临着众多的局限。一方面,精神状态具有很大的延展性,持久且已习惯于遭受剥夺的人们因为状况的些微改善或许就可以得到较大的精神满足,但这并不能掩盖和遮蔽他们被剥夺的残酷现实;另一方面,人际比较拘泥于狭隘的效用比较而忽视了福利、机会、自由等众多丰富的信息。

为此,森强调人际比较固然应该把商品所有权等视为重要的指标,但更应该将眼光放在将其转化为幸福的现实能力之上;贫困不仅仅来自收入低下,更源自权利的被剥夺;性别不平等的妇女、屡遭盘剥的工人、长期受政治压榨的公民,绝不能用简单的效用改善来衡量其幸福与否。正是通过对阿罗定理中限制条件的松绑和扩大信息基础的探究,森以更加广阔的视域超越了传统社会选择论的狭隘视野,突破了"阿罗不可能定理",从可行性和可操作性上对社会评价和社会政策的连贯一致予以了澄明,推动了社会选择理论的重大发展。

(三)社会选择理论对正义的工具性价值

社会选择理论具有很强的包容性,森在阐明了多数规则条件下明确而一致决策之可能性的同时,也明确指出社会选择理论对不同利益下社会良性运行的研判、不同境遇中贫困的测度、不同偏好中权利和自由的厘定等方面,也有着相当广泛的意义。除此之外,森还从以下7个方面深入阐释了社会选择理论与正义的内在逻辑关联及所呈现出的工具性价值。

---

① 参见周文文《伦理·理性·自由——阿马蒂亚·森发展理论研究》,博士学位论文,复旦大学,2005年,第45—48页。
② [印]阿马蒂亚·森:《理性与自由》,李风华译,中国人民大学出版社2012年版,第78页。

1. 基于对比较的关注而非先验的聚焦改变了思考正义的方向。对于比较性问题的关注，可以视为社会选择方法对正义理论最基础，也是最重要的贡献。森强调指出，正义理论不应沉溺于虚幻的前提和喃喃自语之中，不能因为看似精致的逻辑自洽而罔顾现实中的种种不公。社会选择理论之所以为正义之思提供了新的向度，就在其具有广阔的比较与选择视野，不拘泥于先验性的固化思维。何为不公？需要基于现实进行比较，而非停留在封闭的构想之中就可以识别；作何决策？需要广泛倾听来自不同群体的声音；如何抉择？需要在众多的备选方案之中作出理性的选择，社会选择理论在这方面为我们提供了一个根本的方法论。

2. 多种缘由的认识有助于深化对相互竞争原则共存的理解和认同。在我们思考公正问题抑或对某种方案进行评价与抉择时，往往会听到不同的声音。就此，森认为，存在并允许多种缘由，是社会选择理论秉持的一个基本立场。正义的理论需要包容多种缘由，不同的价值客体之间存在着不可简化的多样性，在正义的具体立场上有时会相互一致、相互统一，有时也可能存在矛盾、相互抵牾，他们之间并非"不可通约"，而是可以在竞争与对立当中共存，这对于正义理论而言，既是一种客观的现实存在，又可以在对立统一中推动正义的发展。

3. 开放的思维可以为现实中的反思提供可能。人类的思维具有发展性、广延性，但不可避免地也会存在个体局限性和时代局限性。一方面罗尔斯、诺齐克等人的正义理论自然有大批的追随者，但正义是否止步于此？当我们对其他可供选择的正义理念进行审视之时，先前正义理论中所存在的局限和不足自然应当引起我们的反思。从另一个角度来看，正义的产生离不开特定的时代背景，但与此同时，也会为正义打上深刻的时代烙印，我们的思维更多的是立足于当下，而无法精确把握未来的发展，当正义同样需要与时俱进之时，我们就必须作出决定该放弃什么和为什么要放弃。而森认为，社会选择理论恰恰为这种灵活而又务实的反思提供了可能。

4. 允许非完整排序有助于正义空间的拓展。由于多元偏好和不同价值观的存在，必然会出现基于二者优先性所产生的不同排序，而在这些优先性交叉共享的部分又可以产生一个局部排序，最终导致排序的不完整。在森看来，不完整性可分为"固然的非完整性"和"暂时的非完整性"，前者主要是由上述的个人不同偏好所引致，而后者则主要是由于信息的缺失、环境的不确定、经验的匮乏等操作上的困难所造成。社会选择理论可以同时容纳两种不完整性，"一个正义理论根本上是建立在不同排序的交集——或者说共有的集合——所产生的部分排序的基础之上"①。森强调指出，允许非完整排序的存在，既是正义本身的客观要求，也为我们对正义理论本身进行审思和修正开拓了空间。

5. 视角的融合有助于作出理性的判断。森认为，社会选择方法可以从不同的视角，对意见和观点的差异进行整合。在社会决策中，一个人的观点受到广泛的关注，一方面可能在于其本人是利益攸关方；另一方面抑或是因为其本人的观点能够引起大家的共鸣，并能给一项方案带来实际的价值。但无论此人是不是利益攸关方，我们都没有理由对其评价和意见熟视无睹，广泛地倾听会超越单一思维的局限。与此同时，我们也应该认识到，在个人排序的问题上，与其说是不同人之间的差异所造成，毋宁说是抉择时视角的不同；与其说是个人偏好所决定，毋宁说是不同的推理所产生。社会选择所推崇的视角融合可以促使我们在面对正义问题时，从不同的视角作出更加理性的判断。

6. 精准关联与缜密推理有助于理论澄清。一项公正理论要想为受众者理解和接受，必须清晰并且切实可行，这有赖于我们对其假设和原则等进行精准的关联，对其操作性和可行性进行缜密的推理。森以罗尔斯为例，指出尽管罗尔斯对其初始状态下两条正义原则的产生自信满满，但却缺乏必要的理论支撑，甚至在一些关键假设上语焉不详。为此，森明确指出，在事实上，社会选择中的一些理论已经对上述问题的解决提供了诸多帮助。尽管社会理性和人类价值本身的复杂性，决定了我们很难用精确公理对其予以表达和阐释，但公理和正义的要求却又必须建立在精准关联和清晰阐释的基础之上；与此同时，对其可行路径的缜密推理和相关问题的认真探讨也是大有裨益的，而社会选择理论在这方面无疑可以发挥重要的作用。

7. 公共理性推动了现实行为中的审思与笃行。毋庸置疑，社会选择

---

① ［印］阿马蒂亚·森：《正义的理念》，王磊、李航译，中国人民大学出版社2012年版，第370页。

理论是由孔多塞等一些数学家所开创,但其主旨却是为公共讨论服务并与公共理性高度关联。"孔多塞悖论""阿罗不可能定理""帕累托自由不可能定理"等在一定程度上都借助并运用了数学的思维工具,但与此同时也促进了在"投票悖论""选择一致性""个人偏好"等方面的广泛讨论,并引起了对理性行为规范、理性与自由、具有偏好的规范立场等问题的深刻反思。在森看来,具有极大广延性的社会选择理论与具有包容精神的公共理性的高度契合,将会大大推动现实行动的审思与笃行。

三 可行能力:正义评估的尺度

判断一个社会公平和正义与否,并不是随心所欲的,而是必须以一定的标准作为评判尺度,不同的视角有不同的尺度标准。传统的"经济视角"侧重于收入和财富;"功利主义"聚焦于心理效用的满足;"自由至上主义"全神贯注于自由权的程序;而"罗尔斯式的正义"则致力于基本善的取得。森与上述思考路径不同,他以一个人做他有理由珍视的事情的可行能力为尺度,以期超越过于主观和过于僵化的评价标准,来评判个人优势,衡量人们生活是否处于公平与正义的状况之中。

(一)"可行能力"的内涵

可行能力(Capability)是一个旨向实质自由,与各种生活功能密切相关的复合概念,在森看来,它是指"一个人有可能实现的、各种可能的功能性活动组合,从本质意义上来讲,它是一种自由,是实现各种可能的功能性活动组合的实质自由"①。对可行能力的理解,有两个关联性的概念需要澄清,一个是"功能性活动",一个是"实质自由",前者反映了一个人实际成就可及的活动范围,是一个活动向量的集合,后者则突出了机会的把握和自由的选择;前者可以简约为"做什么",而后者则可以概括为"能做什么"。

森强调指出,相对于能力而言,功能可以被视为一个具有"原初"意义的概念,一个人的实际成就和实际能力很大程度上是由其能够获得的不同功能组合来反映的。从这个角度来讲,功能性活动是指一个人想要从

---

① [印]阿马蒂亚·森:《以自由看待发展》,任赜、于真译,中国人民大学出版社2012年版,第63页。

事或者成功达到各种各样的事物或状态。它将生活作为各种"所为与特征"的组合，并且依据可以获得的有价值的功能的能力来对生活质量和生活状态予以评估，具有复杂性和差异性两大特点。从复杂性来看，一些功能是比较基本的，也是较为具体的，如简单的衣食住行等生存功能；另一些则是比较高级的，也是较为抽象的，如社交、自尊、自我实现等功能。对这些功能进行适当的区分是必要的，但由于不同语境下对功能的要求不同，因此，对不同的功能都要给予重视和关注。从差异性来看，功能性活动的掌控与把握还要受个体差异、自然条件差异、社会环境差异和人际关系差异等的影响，在现实生活中，我们不能漠视这些差异的存在，只有尊重这些差异，才能更加灵活而务实地对功能性活动进行驾驭。需要指出的是，不论是复杂性，还是差异性，功能必须与背后的关注与价值相关联，并依据这些功能和价值，对相关的功能活动进行审慎的抉择。

可行能力突出了人在功能性活动中选择的自主性，自然就引申出另外一个关键性的概念"实质自由"。在森看来，实质自由是"享受人们有理由珍视的那种生活的可行能力"。是建立在人不可简约的二元性、自由对结果的敏感性和人际相异性的基础之上，是自由、权利和能力的统一。可行能力与实质自由具有高度的内在关联，实质自由是可行能力的内核和灵魂，也是其逻辑前提。功能性的活动不是简单的累积，更不是外在的强加，而是一种基于自由选择前提下的功能组合，没有实质自由，可行能力就变成了无魂的躯壳；而可行能力则是实质自由的逻辑依托，借助于自由的选择，人们才能塑造自己的可行能力，而可行能力，反过来又可以推进和确保人实质自由的真正实现。

（二）可行能力的具体运用

森指出，可行能力有着广泛的适用性。在森看来，可行能力聚焦于自由本身而非获致自由的手段，不仅有助于我们辨识多种选择域中真正有价值的选项，其本身就是自由的一种基本体现，如若把功能性活动视为个体福利的构成要素，那么可行能力就是衡量一个人获致个体福利自由度的标尺。从这个视域来看，可行能力对自由有着本源上的意义。但与此同时，可行能力也以其自身的广度和敏感度，使其在正义的评估方面具有较强的可适性。

然而，我们也应该看到，尽管可行能力具有更加广阔的视域，更强的可及性和可适性，但这并不意味着我们要将目光始终聚焦于可行能力，更不意味着我们可以借此拒斥其他焦点信息，这本身就与森以及其倡导的可行能力理念相抵触。自由的考量并不总会陷入极端，效用的分析有时可能比单纯的财富更加全面，即便是收入水平，在经过价格差别以及个人和群体境况的差异进行可能的校正之后，在实际赋值工作中也可以作为很有用的起点材料。可行能力，作为一个一般性的评判标准，在其具体运用过程中，必须结合具体的情况和可以利用的信息，采用不同的方法，以便在正义评估和政策评价时发挥更大的作用。在森看来，实际运行过程中，可行能力可以有以下几种运行方式。

1. 直接法：这是把各种可行能力因素应用于赋值的最直接和最纯粹的方式，它旨在通过直接考察并比较功能性活动或可行能力的向量而检验我们对于各种状态可以得出什么结论。当然，森亦认为这种方式也并非只有一种模式，而是可以采用不同的运用方式。有可能是目标较高的"全面比较"，即按贫困或不平等对所有向量进行逐一排序；也可以是显示出权数关键作用的"局部排序"，即不要求评价性排序的完整性，只是对某些向量相对于另一些向量进行排序；还可以采用"突出的可行能力比较"，即对选定作为焦点的某些变量，诸如就业、寿命、识字或营养状况等进行比较，而不要求有完整的覆盖面。

2. 补充法：相较于可行能力的直接运用，这种补充法相对比较平和。可行能力在这里只是起一种辅助的作用，主体上仍沿用传统的程序在收入空间进行人际比较，但信息基础显然更加广延。为此，森强调指出，这种方法既可以对功能性活动本身进行直接比较，也可以对收入之外的，诸如医疗保健是否缺失，性别不平等是否存在，失业情况程度几何等这些影响可行能力的工具性变量进行比较。通过补充我们从收入不平等和收入贫困中能够了解的信息，可以使我们对不平等和贫困问题有一个更加深入和全面的了解。在这里，"突出的可行能力比较"实质上充当了一个很好的补充工具。

3. 间接法：针对这种方法，森解释道，间接法虽仍然聚焦于我们所熟悉的收入空间，但与补充法略有不同的是，收入之外的可行能力决定因素可以用来计算"调整后的收入"。比如，为了与可行能力相符合和相一致，家庭收入水平可以根据教育水平的高低而灵活的调整。这种方法的优点在于收入的概念广为大家所知,而且与可行能力的综合"指数"相比,常常可以更准确的测度,这既可以使解释更加便利,也可以使表述更加明了。当然,这种方法相对而言也比较复杂,一方面,当我们判定等价性收入数值时,也必须关注收入与可行能力之间的相互关系,因为转换率的确定与可行能力进行赋值的因素息息相关;另一方面,对收入作为测度不平等的单位与把收入作为减少不平等的手段相区分并不是一件很容易的事情;与此同时,尽管收入空间具有更高的可测性和明晰度,但就其所涉及的数值而言,其实际的数量大小却可能是非常具有误导性的[①]。

针对上述方法,森强调指出,它们各自具有某些随条件而异的优点,而这些优点又在很大程度上取决于赋值工作的性质、信息的可获得性以及必须作出之决策的紧迫性。不能以僵化刻板的视角看待可行能力,恰恰相反,它本身具有极大的包容性、广延性和灵活性。在正义评估的过程中,可行能力不能因为自身的重要而一成不变,而是应该和变化了实际相结合,灵活地采取不同的方式,这既是实践理性的要求,也是可行能力自身的应有之意。

四 规范研究与实证分析:正义研究的方法

森对正义问题的研究很大程度上借鉴了经济学的方法,这对于长期从事经济研究的森来说,并不是一件很困难的事情。问题的关键在于,经济学方法本身就存在着广泛的分歧,尤其体现在规范研究与实证分析的持久争论之中。因此,秉持什么样的分析立场,采用什么样的分析方法,成为森在研究自由、平等等正义问题时首先必须予以澄清和解决的问题。

在经济学的视域中,"所谓实证分析,是指分析经济现象'是什么'的方法,即对事实判断的分析,也即对客观事物的状况及客观事物之间的关系是什么的事实性陈述的分析;所谓规范分析,是指分析经济现象'应该是什么'的方法,即关于价值判断的分析,也即对价值主体和价值客体之间价值关系的分析"[②]。前者拒斥一切价值判断,以经验性前提来

[①] 参见[印]阿马蒂亚·森《以自由看待发展》,任赜、于真译,中国人民大学出版社2012年版,第68—70页。

[②] 朱成全:《经济学方法论》,东北财经大学出版社2003年版,第185页。

分析并预测经济结果；后者则从一定的价值判断出发，研究并制定一系列经济标准，并依此来分析和处理各项经济活动。

关于规范与实证的争论可追溯至哲学领域。著名哲学家、经济学家休谟曾在其《人性论》中用"是"与"应当"来形容社会事实与价值判断，强调不能从"是"中推导出"应当"，换言之，事实判断不能成为价值判断的前导性基础，对二者应作出严格的区分，此即为著名的"休谟铡刀"。实证主义哲学家孔德对此持同样的见解，他视经验事实为一切科学知识的唯一来源，在他看来，科学与价值判断没有丝毫的关联，是纯粹经验范围内的事。但哲学领域也有不同的声音，"范式"理论的开创者库恩就非常重视价值判断的作用，强调价值观寓于科学发展的过程之中，并与之紧密相连，实证分析与规范分析不应相互拒斥，而应相互结合。

哲学领域的纷争也波及经济领域，西尼尔和穆勒以"科学"与"艺术"对实证分析与规范分析的区别做了最早的阐释，但他们同样排斥规范的价值判断。此后，凯恩斯和帕累托虽又提出了略微不同的划分方法，但基本上沿袭了上述观点。随着经济与社会的发展，这种略显僵化的"二分法"受到了越来越多经济学家的质疑。新制度经济学派的代表人物缪尔达尔认为，在实证经济学和规范经济学之间，不存在一道不可逾越的鸿沟，正如手段和目的之间不存在不可逾越的鸿沟一样，价值判断是无处不在和不可避免的。森的老师，英国新剑桥学派的代表人物罗宾逊夫人，同样主张实证分析和规范分析的结合，她认为，不渗入人的价值判断的"纯粹"经济学是不存在的，对经济问题观察的道德和政治观点，往往同提出的问题甚至同所使用的分析方法是不可分割的纠缠在一起的。新古典综合派代表萨缪尔森也认为，基于社会经济关系及其规律的经济学研究，不可能仅仅采用逻辑推理、统计归纳的方式来进行，而是必然要渗透价值判断等主观因素[1]。尼格尔、海尔布伦纳等一些经济学家也持同样的观点。不过，不可否认的是，尽管价值判断在经济学研究中的作用为越来越多的经济学家所认同，但西方当代主流的经济学派，如凯恩斯主义学派、货币主义学派等仍过于倚重实证分析，主张规范分析的经济学家则被他们视为"异端"和"另类"。

---

[1] 朱成全：《经济学方法论》，东北财经大学出版社2003年版，第185—187页。

森就是"异端"中的一位杰出代表,是"异端"绝不意味着就是"极端"。他高扬价值判断,但却并不否定实证分析的意义,他摒弃了两种方法泾渭分明、非此即彼的僵化思维,继承并发展了罗宾逊夫人等的思想,超越了二元对立的纷争,将实证研究和规范分析有机结合,并成功运用于贫困、饥荒、权利剥夺等正义问题的分析,克服了经济学的"哲学贫困",重建了经济学的伦理之维。

在森看来,实证分析在研究经济问题和公平问题时,发挥着无可替代的作用。他曾直言:"单纯的良心将一无是处。"规范分析要与实证分析有机结合,"一旦我们的伦理观念把我们带入某种亟待回答的问题当中,……我们不应该主要为我们的道德所牵引,以致忽视了那些可被发现的(总是伴随着艰苦经验工作的)实证现象"[1]。森之所以充分肯定实证分析的价值,是因为他深刻地认识到,规范分析所赖以支撑的演绎前提必须建立在以事实为依据的实证检验基础之上;不仅如此,归纳分析所产生的成果,正确与否,能否进一步深化,也都离不开实证的检验与分析。正是基于此种认识,在森对经济的研究和正义的求索过程中,我们时常可以见到他躬身实践的身影。他对孟加拉大饥荒、埃塞俄比亚大饥荒以及爱尔兰大饥荒的考察都是建立在翔实的调查数据基础上,透过表面的现象深入到事情的本质,得出了贫困的原因不仅仅是自然的原因和收入的降低,更在于权利的剥夺;他通过对不同国度死亡率的认真比较,言明了死亡率的降低主要有"增长引发"和"扶持导致"两种类型,进而指出在经济陷入低谷时完全可以依赖精心设计的医保、教育、救助等制度来实现预期的目标;他以比较富裕的欧洲和美国为例,指出失业和医疗保健的缺失在这些国家也依然存在,甚至在一些方面更加严重,意在揭示出繁荣的贫困病之根本症结绝不是绝对收入的低下,而在于实际可行能力的缺失;他以亚非拉广大失踪妇女为例来控诉现实中的性别不平等;他援引印度克拉拉邦生育率降低的事实,指出了自由不仅仅是育龄妇女的一项基本可行能力,在现实上也可以有效地降低生育率,人口的减少,不在于控制,恰在于更多的自由……由此可见,森很多的分析结论和正义理念不是抽象的归纳,而是基于这些实践的生动演绎,这充分彰显了森对实践研究的重视,也有

---

[1] Amartya Sen. Continuing the Conversation, *Feminist Economics*, Vol. 9, 2003, p. 327.

力地阐明了森反对的是单一倚重实证分析的狭隘视野,而绝不是实证分析方法本身。

相较于对实证研究方法的肯定,森在规范分析和价值判断方面的洞见显得更加深刻。在他看来,纯粹的"实证经济学"方法论,"不仅在理论分析中回避了规范分析,而且还忽视了人类复杂多样的伦理考虑,而这些伦理考虑是能够影响人类实际行为的"[①]。从更根本的角度看,经济学的本真目的在于通过规范的经济成果指导微观的经济活动和宏观的经济运行,在经济学家对各种假设进行检验和求证之初,就内在的蕴含着赋予这些假设以普遍意义的愿望,同时,主题的选择、方案的拟订、政策的出台,本身就带有浓厚的规范色彩。概言之,经济的有序运行离不开规范的逻辑推理,而经过实践验证的价值判断又能上升为普遍的行为准则和道德规范,指导新的经济实践。森正是遵循这一逻辑理路展开了对公平正义的研究。他以伦理思想和规范原则指导自己的实践,而在对预期寿命、贫困饥馑、医疗保健、教育与就业权利等微观活动进行研究时,森更多地采用了实证检验的方法,让事实来说话。当然,森并没有止步于此,研究结论的取得并不是研究的终点,看到问题背后的本像与动因,分析其症结所在,并在此基础上,归纳演绎出具有普遍指导意义的价值准则,可能显得更为关键。

总的来看,森始终认为实证研究和规范分析不应相互疏离,而应相互结合;不应相互拒斥,而应相互吸收。只有通过关注伦理和道德,赋予实证分析以更多的价值关怀,实证分析的空间才可以得到更大的拓展;同样,只有借助于翔实的实证研究,才可以使关注构成人类行为和判断的道德思考,变得更富解释性,也更具张力。

第三节 阿马蒂亚·森正义思想建构的理论前设

森不像霍布斯、洛克那样,借助于先验的社会契约来找寻绝对公正,亦不像罗尔斯,在精心设计的"无知之幕"这一虚幻背景下,去追求完

[①] [印]阿马蒂亚·森:《伦理学与经济学》,王宇、王文玉译,商务印书馆2014年版,第13页。

美正义。在他看来,正义之思,须以理智审思、开放中立、多样缘由为理论前设,站在"一定距离之外",借助于"第三只眼睛",以开放中立的立场来审视正义与非正义。正义原则之确定,也应正视不同的缘由,超越刚性单一原则之束缚,在尊重与包容的基础上,建构并实现正义。

一 理智的审思

认识这个世界存在的种种不公,有时并不是一件过于困难的事情,因为有些非正义是显而易见的,靠我们直觉就可以目睹和把握。然而,发现一些隐秘的不公,探究非正义背后的本像,仅仅依靠感性的思维却是远远不够的。只有"通过理智的审思来对感官信号进行批判性考察,才能确定我们目睹的悲剧是否可以成为谴责的依据,才能将不可抗拒的天灾与本可预防而未能阻止的人祸区分开来,才能将我们的视野由对于惨状的单纯观察和施救,转向对于其中不公正现象的深刻分析和解剖"①。认识这个世界不能仅靠直觉,理智的审思是不可或缺的。"将理智带予世上,成为道德的使命,而非形而上学的任务,而这也正是人类的事业与希望。"②

(一) 传统理性观的省察

理性恰同正义一样,也是一个见仁见智的概念,当前一种主流、同时也是较为普遍的理解,是把理性视为经济理性。尽管在这种主流观点之中,他们彼此的看法依然存在差异,但他们共通的地方在于都倾向于把理性定义为某种公式性的条件。比如满足"选择的内在一致性"这一预先设置的条件、或符合"对自利的追求"、或某种"最大化行为"的不同表述等。森对这些传统理性观进行了认真的省察,并作出了细致的分析与批判。

"选择的内在一致性"无视外在的非选择性变量,根据选择本身,在选择结果与不同的"菜单"之间进行比较,以期寻求各种选择在不同情况下的内在关联。然而,一致性是否应该采取这种"内在对应性"的形式?选择的一致性能否独立于环境?森对此提出了强烈的质疑。首先,森

---

① [印]阿马蒂亚·森:《正义的理念》,王磊、李航译,中国人民大学出版社2012年版,第1—2页。

② Christine Korsgaard, *Creating the Kingdom of Ends.* Cambridge: Cambridge University Press, 1996, p. 3.

坚决反对将选择的"内在一致性"作为一种先验施加的形式条件，在他看来，"要理解选择行为的说服力与一致性，就必须超越选择函数的内在特征"①。选择行为通常使用的菜单内对应性条件，并不是孤立存在的，往往是可感知的外在对应推论的一种派生物，毕竟内在对应性的各种条件都与某些外在于选择的事物息息相关。当我们无法对"偏好"或"效用"得出某种直接判断，继而归纳出选择的内在对应性之时，对选择函数先验地施加任何内在一致性条件，都会遇到实质的困难。在这样的情况下，标准"内在一致性"并非合理选择之必须，这是选择的内在一致性在基础层面面临的问题。其次，从应用层面来看，"选择的内在一致性"要求选择函数的不同部分存在特别的对应，这就不仅仅是一种纯粹的"内在"选择，而是要容纳和包含特定的"外在对应环境"，只有借助于目标、策略、价值、渴望、激励、偏好等相关的外在条件，才能确立不同部分之间的联立特征，脱离外在于选择行为事物环境的情况下，根本就无法确定一个选择函数的一致性。正是基于上述原因，在森看来，"选择的内在一致性"这一观点"无论是在实质上还是在理论上都是失败的"②。

"自利最大化"常常被冠以"理性自利观"而颇受当前主流经济学的追捧，对自利的理智追求和"经济人"的假设一度成为经济学的立论基础。相较于"选择的内在一致性"无视外在参数所引致的概念混乱，自利最大化显然摆脱了这一逻辑悖谬，其对自利最大化的追求，因"最大化"的结果导向而使得价值、目标等外在于行动的诸多因素被关涉其中。尽管在这一方他们存在差异，但就其思考的方法论而言，二者却面临着一个共同的缺陷，即都注重于一个方面而忽视了其他。"选择的内在一致性"注重内在的对应性，而忽视了外在的参数与环境；"自利最大化"则醉心于自身利益的追求，而忽视了伦理道德与他人价值。诚然，在追求自利最大化的过程之中，虽然也关注别人的行动，但这主要源自"主观为自我，客观为别人"的动机考量，与其说关注他人之行动在于顾及别人利益，毋宁说担心他人行动对自身福利有所损益。在森看来，这种对自利

---

① ［印］阿马蒂亚·森：《理性与自由》，李风华译，中国人民大学出版社 2012 年版，第 119 页。

② 同上书，第 15 页。

的追求和"经济人"的假设,虽对经济行为模型之建构有化繁为简之举,但却存在着武断与狭隘之嫌。如若人人皆为私利,一切行为皆置于其下并融入冰冷的算计之中,人们缘何在现实行动之中还能相互支持,携手共进?缘何在独善其身之余,还怀有兼济天下之心?缘何常常有按章办事之举,而非仅存见利忘义之行?自利最大化者面对这一挑战,似乎并没有显得过于窘迫,为了维护其不违背自利追求的公理,他们用"延长模型"和"附加解构"的精巧模式来加以应对。然而,这并不能取代我们对各种价值的优先考量,也不能有效地解释我们现实中的种种非自利行为。"自利最大化"无须也不应当成为理性行为的理论核心,毕竟,"人们实际上拥有更广泛的目标以及更具有社会价值的倾向"[①]。

"一般最大化"这一理性观从某种程度上实现了对"自利最大化"的超越,虽然其最终落脚点依然是"最大化",但是这种最大化,已不再局限于狭隘的自利目的,而是扩展至可以辨识的"一般"最大化目标。人类行为既然有规律可循,那么理性选择就是一个辨识最大化目标的最大化行为。与自利最大化相比,这一理性观有着更强的广延性,不仅仅在于它将不同的价值和目标寓于最大化框架之内,更重要的是它并不排斥利他主义和社会利益最大化之举,而且它还要求对行为进行认真的推理和审查后的选择。问题的关键在于,究竟何为"最大化",我们是否跳入了一个陷阱,即先入之见的认为,只有将目标定位为对本人福祉追求的自利最大化才是"最大化",而对于社会总福利和社会公平正义最大化的追求,则因为道义的高度就可以摆脱"最大化"。在森看来,无论是自私自利的最大化还是大公无私的最大化,归根结底,都没有偏离最大化的行为模式,不同的地方只是在于一般最大化应用范围更加广泛。尽管如此,如若把一般最大化视为对理性和理性选择的概括,依然存在诸多局限,森的理由主要基于以下几点:第一,最大化为了便于选择往往注重完备性的排序,偏好基于终极结果的考量而忽视了对综合过程的把握。然而,这种对于最大化的苛刻定义未必是最大化所必需的,"最大化行为公理的选择必须与实质目标相匹配,而不能仅仅服从于所谓的一致性的机械公式"[②]。第二,最

---

① [印]阿马蒂亚·森:《理性与自由》,李风华译,中国人民大学出版社2012年版,第18页。
② 同上书,第26页。

大化目标的确定和行为方式的选择都有赖于个人对信息的充分拥有和掌握，然而，由于不可避免地存在个人知识的不全面性所引致的"有限理性"，在很大程度上制约着最大化目标的实现。第三，理性之意义不在于仅仅充当追求既定目标的工具性价值，更重要的是要对这些目标和价值本身进行合理的省察，如若缺乏理性地去追求单纯行为的最大化，有时候可能事与愿违，甚至非常愚蠢。从这个角度来看，最大化行为至多是理性的必要条件，并不足以成为理性的充分概括，理性的真义需要进一步的省察和开掘。

（二）从"理性选择"到"理智审思"

既然"理性"的理解存在着种种误读，那么建立在狭隘理性观基础上的"理性选择"，自然就带有一种无法克服的先天缺陷。把"理性选择"视为"明智地追求自身利益而别无其他动机"，虽然在经济学，甚至法学和政治学中颇有市场，但这一表述事实上遮蔽了"理性"的本真内涵。在森看来，"理性"从其本源意义上来讲，不是一部实用主义的教条，也不是一条经过证实的公式，而是一种思维的方法。理性选择的本质不在于把自利作为理性行为的唯一动机，也不是追求某些预先规定的最大化目标，而是"将一个人的选择——关于行为、目标、价值和优先——置于理智的审思之下"[①]。对理性的追寻，应从狭隘的"理性选择"上升到"批判性理智审思"的高度，森正是依据这一更加广阔的视野和更有说服力的方式，使理性得到了真正的彰显。

选择不拘泥于自身利益的行为追求，在当今的现实生活中，比比皆是，并非荒诞不经。恰如斯密所阐发的，人们的行为会受到道德力量、合宜行为、社会需要的驱使，从而将"人道、公正、慷慨大方、热心公益"等良善精神寓于我们的行动之中，我们完全可以超越对自身利益的追求。的确如此，自利不可能，也不应该成为行为的唯一动机，人类有着远比自利更为丰富的道德伦理考量。责任的担当、规范的遵守、道德的感化、文化的认同、习俗的传承都可能深刻影响人们的行为，从而使人们的行动不再指向单一的自利，而是蕴含更为广阔的目标与价值。顽固地坚持对自利

---

① ［印］阿马蒂亚·森：《正义的理念》，王磊、李航译，中国人民大学出版社 2012 年版，第 167 页。

的追求并视之为理性的唯一动机，只能成为"理性的傻瓜"。从更深层次的实际效果来看，沉溺于自利之中，不但常常会影响社会整体福祉，对个人利益最大化之提升，有时也并无实质的帮助。如在"囚徒环境"之中，相互合作而非基于自利的相互博弈可能会给自身带来更大的益处。其实，不仅仅是在恶劣的环境下，在良序的氛围中，制度的模范遵守、信任基础上的精诚合作也同样是我们所必须注重和追求的，这不但会带来经济的持续发展与社会的公正稳定，对提升个人的利益也多有帮助。专注于自利的追求，有时并不能实现预期的目标；以更广阔的视野来审视理性与行为，却往往会带来意想不到的效果。

需要提及的是，理智的审思在摒弃自利最大化这一狭隘思维的同时，也要注意避免走入另一个误区，即"无我的利他者"，森对后者同样提出了批评。既然自利不是人们的唯一动机，同样，利他亦是如此。与纯粹的自利相比，完全的利他可能在现实中显得更加高尚，却也更加荒谬。人类发展的驱动力之一就在于自利，如若现实行动中没有了本能的自利行为，正常的经济活动就无法想象，人类社会也就难以为继。"问题的关键不在于人是否自利，而在于是否认为只有自利驱使着人类行为。"[①] 我们反对自利最大化，其实质在于反对把自利视为人类唯一动机，而并非自利本身。

"最大化"聚焦于既定目标的可及范围与实现程度，虽可为理性提供必要条件，但若把理性等同于此，则明显以偏概全。在森看来，"理性不仅用于追求一个既定的目标和价值的集合，而且也用于省察这些目标和价值本身"[②]。最大化只是部分符合了理性的要求，但理性却并不能仅仅归结于此。人具有推理和合理审查的独特能力，将理性选择建立在合理省察和批判审思之上，而非受制于先验的公理或既定的目标，是理性本身的内在要求。这并不意味着理性的领域里没有自利追求的立足空间，而是说自利绝非命令，它在理性中的地位有赖于自我审查。将自利追求视为理性的不可避免的必要条件是对作为自由、推理存在物的"自我"之颠覆，表

---

① 汤剑波：《超越自利的经济学和无我的伦理学——简论阿马蒂亚·森的经济伦理思想》，《东南学术》2004年第1期。

② [印] 阿马蒂亚·森：《理性与自由》，李风华译，中国人民大学出版社2012年版，第27页。

面看似乎是为了彰显自我的重要性,但这样做在事实上高估了自我利益,而忽视了个人应当追求什么的推理自由。"一般最大化"将"最大化"目标进行了扩大与延展,且不乏社会公益之目标,与"自利最大化"的不言自明相比,对一般最大化的审查可能更为复杂,但绝非冗余。一般最大化的目标群体设立的依据是什么?与何关联?何以可能?这都需要在理智审思的基础上作出合理的判断。理性并不要求人们服从任何特定的目标,因为目标本身也在合理审查的范围之内,不仅如此,还要对目标所涉及的其他价值和其先决条件进行检视,包括对任何最大化行为都隐含的目标和价值进行批判性审思。"理性决不可仅仅只是一种追求某些既定的——并未经审查的——目标和价值集合的工具性条件。"①

从"理性选择"到"理智审思",森实现了人的行为动机从单纯的"自利心"向更包容的行为理念的转变,同时,理性评价也不再纠结于"最大化"究竟是"自利"还是"一般",因为两者皆须置于批判性反思之下。如此一来,森将对人之行动的评价视野,从"即时性的理性选择上升至持续续性的理智审思这一更高水平,并将反思的必要性融入其中"②,从而对理性选择作出了崭新的诠释——理性选择乃是基于可持续性的理智思考,在批判性反思的基础上作出的选择,是工具理性和价值理性的统一。这种极具包容且又宽严相济的理性观还原了理性本来的面貌,不仅是形式理性走向了实质理性,同时也为正义的建构提供了更加广阔的视角。

(三) 理智于正义的建构性价值

1. 理智的宽泛与包容,可以使我们对正义作出更加客观的判断。公平与正义问题需要我们客观的思考,而这种客观性则有赖于理智的审思,借助于多元的信息、互动的交流和理性的思辨而达致理智。恰如森所言明的那样,理智之道的一个核心要义就在于其自身所具有的宽泛与包容。

首先,理智可以包容彼此不同甚至相互冲突的观点。位置的局限、视

---

① [印]阿马蒂亚·森:《理性与自由》,李风华译,中国人民大学出版社2012年版,第27页。
② 莫林:《消极正义与可行能力——阿马蒂亚·森正义理论研究》,硕士学位论文,西南政法大学,2014年,第31—32页。

角的差异甚至文化背景的不同，都会对同一问题产生截然相反的看法，结论也可能大相径庭。对于分歧和争端，采取"消极宽容"的方式不仅于事无补，有时可能会使问题变得更加严重，在森看来，理智的审思才是通达正义的坦途。毕竟有些观点在他人看来或许是不合情理的偏见，但事实上却存在多种不能被"合理拒绝"的理由，换位思考之后，看法则可能迥然不同。诚然，理智审思与批判性考察并不会消弭所有纷争，分歧可能最终依然存在，但这绝非回避理智思考的结果，而是理智审思的产物，由此而作出的对正义的评判则可能更加客观与公正。为此，森强调指出："我们并不需要将所有其他的选择都予以排除，只留下唯一的一个理智的选择。"①

其次，理智与情感是相容而非拒斥。公正固然离不开理智的审思，但对不公正现象保持敏锐的洞察也非常重要，情感、心理、直觉等因素在我们审视公正问题之时，同样必不可少。恰如斯密所言，人评判善恶的第一感觉绝不可能是理智，而是直觉，对此，休谟也有过相似的论述②。当然，承认情感力量的积极作用，并不是为了削弱理性审思的重要，而旨在阐明理智和情感不是拒斥，而是相容，不是对立，而是互补。就此，森给出了这样的解释："在许多情况下，了解我们自身情感的伸展与解放作用也能为理智思考本身提供一个好的主题。"③ 正义离不开理智的审思，但同样也不能忽略情感的价值。

最后，理智并不苛求何时何事何人都富有理智。理智的审思固然需要持续性的批判考察，但在这一动态过程中，并不要求任何人在任何时候做任何事情都要打上理智的烙印。在森看来，这既无必要，在现实生活中亦无可能。不是每个人都愿意进行审思，也不是每个人都能够进行审思，假定每个人的思维都富有理智，明显过于理想化。当然，这也绝

---

① [印]阿马蒂亚·森：《正义的理念》，王磊、李航译，中国人民大学出版社2012年版，第10页。

② 休谟认为在几乎所有的道德判断与结论中，理性和情感并存。当然，他虽然有时把情感看得高于理智，但也认为"当认识到推测存在谬误或无计可施时，情感必将无话可说地让位于理性"，尽管在理性与感情的认识上存在局限，但在理性与情感的关联与并存上，休谟与斯密持有同样的见解。

③ [印]阿马蒂亚·森：《正义的理念》，王磊、李航译，中国人民大学出版社2012年版，第42页。

非意味着人们生活在一个充斥着非理智行为的世界之中,森指出,"即便是蛮横专断的人也会以某种理智,尽管可能是比较粗糙的形式来支撑他们的信条"①。问题不在于苛求每个人都如此自觉,而在于如何吸引更多的人参与到理智审思之中。对于一个充满理性的人而言,也不意味着事事时时都要进行批判性的反思,我们完全可以在感性化的行为方式中,凭借业已养成的生活习惯和积累的相关经验作出抉择,而非将每一次行动都付诸理性的思考,宽泛的理性观并不要求我们在每个场合都进行理智的审思。

2. 理智可以跨越自利和同情,实现超越自我的信奉与承诺。狭义的自利行为将对私利的追逐建立在与他人福利和成就完全无关的基础上,即排他性地在个人利益基础上作出系统的选择。这种过度关注自身利益而完全忽视他人的狭隘自利观已日渐式微,并被广义的自利观所取代。相较于狭义自利观,行为选择最大化的对象只是自己的利益和福利这一目的,并未有实质的改变,不同的是,广义的自利观不再一味排斥他人利益。如果关注他人的快乐或痛苦,能增进自己的福利,即关注他人的利益并不影响自己对私利的追求,那么关注与帮助他人就可以置于视野与行动之内,"同情"即是如此。依据"同情"而见诸行动之时,只是因为目睹了别人的痛苦而感到痛苦,帮助别人减轻痛苦是为了改善自己的福利状态,而非损失或牺牲自己的利益,概言之,帮助别人是为了幸福自己。从这个角度讲,同情并没有超越自利的范畴,其本质上与斯密所说的"爱自己"是一致的。"之所以努力去减轻他人的苦难,仅仅是因为——也仅仅在以下这个程度上——这影响了自己的福利。"② 在森看来,这种基于自利的同情只能谨慎地促进正义,仍然没有跳出传统理性观的思维束缚。

与"同情"相比,森所言及的"信奉"与"承诺"则在理性审思的基础上打破了个人福利与行为选择之间的关联。减轻别人痛苦,并不是源于自己福利提升这一自利动机,而仅仅是为了帮别人,抑或说是受正义

---

① [印]阿马蒂亚·森:《正义的理念》,王磊、李航译,中国人民大学出版社2012年版,序10。

② 同上书,第175页。

的驱使。其结果并不会带来自身利益的扩大，恰恰相反，甚至可能会造成自我利益的损失和牺牲。在这一过程中个人并没有受到外在的强迫，完全是基于自我的一种主动行为，这并非是对个人理性意志的任何否定，而恰恰是个人深思熟虑的结果，这与斯密所阐发的"人性和正义的恰当性"不谋而合，是"主体感情与旁观者感情的同一与和谐"。作为社会人，个人不能离群索居，个人的价值和行动应顾及别人的存在。正是理智的审思，我们才能在自身优势的基础上，对别人的利益予以充分的考量，从而超越了广义的自利范畴而寓正义于其中。

3. 理智对"全面"而非"终极"结果的关注，有助于我们对行为过程与社会现实的审思。从概念上来看，结果是受行为、规则及个人倾向等众多因素影响而呈现出的一种事务状态，既有过程的选择，也有结局的考量；既有主体责任的厘定，也有主客关系的协调。由此延展，森把结果区分为"全面结果"（comprehensive outcomes，又称"综合结果"）和"终极结果"（culmination outcomes，又称"顶点结果"），前者既注重结局，也关注过程、行为、动机和主体性；后者则将目光聚焦于单一的结果，即"结果"就是"结局"，与其他无关，其他因素充其量是实现结果的条件，本身并不能包含在结果之中。如此，终极结果实现的关键主要就在于设定的任务能否完成，而任务又往往与义务有着紧密的关联。森援引了印度史诗《梵歌》中阿朱那和克里须那的辩论对此进行了阐释。阿朱那对战争有可能带来的杀戮和生灵涂炭忧心忡忡，而克里须那则认为基于责任和义务，战斗必须进行，而无须关注后果。这场辩论往往被后人视为关注后果的评价方式与无视后果的道义论之间的经典对决。在森看来，这种理解并不准确，道义论者绝不像克里须那那样，冷酷地专注于义务，而恰如康德所阐发的那样，道义论应该对后果异乎寻常地关注；用结果论者来形容阿朱那也并不公平，因为他并不是关注狭义的结果，而是将目光投向了更为广域的主体责任、交战双方的相互关系以及由此而带来的战争屠戮，这远非终极结果主义者所能及。在森看来，这虽非张冠李戴，但也确实存在误导，与其给克里须那和阿朱那冠以"道义论"和"结果论"的帽子，还不如把其形容为"终极结果者"和"全面结果者"更为贴切。只不过克里须那的结果在于义务的遵守和责任的履行；阿朱那的结果则包含了主体责任、交战过程和对生命的敬畏与尊重①。

理智的审思关注的是"全面"而非"终极"意义上的结果。个人的思考必须建立在与现实世界的关联之中,社会现实的视角相较于终极结果的狭隘观点,具有更强的包容性。"一个人不仅有充分的理由去注意到某个具体选择将会带来的后果,而且有充分的理由从一个充分宽广的角度来看待由之产生的社会现实。"② 无论自己的理由多么冠冕堂皇,都不能超越现实,更不能僭越于人类生命意义的生死考量之上。个人在其行动与后果中承担着主体责任,审慎的推理因此必须成为负责任的选择的一部分。正如森所指出的那样:"它应基于选择者对于事物状态的评价,包括对所做选择可能带来的所有相关后果,以及将要发生的事情相关的全面结果加以考虑。"③ 这自然需要我们对行为过程给予充分的审思,这绝非意味着我们就此可以作出一致的评价,恰恰相反,理智的意义就在于我们能从主体性、过程、人际关系、现实结果等方面予以综合考量。后果的敏感固然重要,但对主体性和相关关系保持敏感亦不能忽视。恰如森所言:"我们有充分的理由既关注与主体相关的事物,也关注独立于主体的事物,从而在'正理观'的意义上对正义进行评价。"④

二 开放的中立

正义需要理智的审思,但开放的中立对正义之建构同样不可或缺。身

---

① 与此相似的是德国小说家施林克小说《朗读者》中的汉娜和阿伦特《耶路撒冷中的艾希曼》中的艾希曼。汉娜是纳粹灭绝犹太人计划机制中的一名普通工作成员,为了出色地完成自己的本职工作,在运送犹太人的途中发生火灾而锁门不让犹太人逃走,酿成了犹太人被烧死的惨剧。汉娜认为遵循规章制度,完成自己的工作是首要考虑的问题,生命受到威胁的结果和人性的价值善恶服从于自己的责任和义务。艾希曼是纳粹中大屠杀的设计者,也是使得大屠杀得以可能的技术官僚,被称为"最终执行者",他因阿伦特对他的辩护而名噪一时。阿伦特认为他只是一个忠于职守的勤勉工作者,不是与生俱来的"根本恶",而是一种对结果不作为的无思想的"平庸的恶",正是这种"平庸的恶"的驱使,使他们沉湎于遵章守纪,机械服从而无视残忍的后果,阿伦特认为罪在于遮蔽人性的罪恶制度而非科层制度中的个人。对克利须那,人们只是道德上的谴责与审判,而现实中的汉娜和艾希曼,则最终受到了法律的严厉制裁。

② [印]阿马蒂亚·森:《正义的理念》,王磊、李航译,中国人民大学出版社2012年版,第204页。

③ 同上书,第203页。

④ 同上书,第205—206页。

在何处不仅决定着我们目光所及的范围,还影响着我们对公平正义的判断和信仰与道德的生成。寻找客观中立的认识是探讨正义问题的关键所在。为此,森强调指出:"我们一方面可以通过合理地选择比较对象,而不是先验主义的乌托邦理想,来尽可能地避免位置产生的局限对我们判断的影响;另一方面通过开放的中立性,来最大限度地拓宽我们的视野。"①

(一) 位置客观性及其幻象

"客观性"本身就是一个复杂的概念,也是哲学史上恒久不衰的话题,始终处于解构与重构、批判与反思的旋涡之中。森并未介入这场旷日持久的争论,这显然不是他的兴趣所在。他对客观性的理解,并没有从哲学的本源意义出发,而是置身事外,侧重于现实问题的解决。他在对道德客观性进行阐释时,曾明确指出道德客观性的本质,绝不是探讨何为道德客观性这一本体论,而是能以宽泛的视角对其背后复杂的人性和根本性问题予以充分的审思,即"无客体的客观性"。森对位置客观性的阐释,也恰恰是从这里开始延展的。在他看来,"位置客观性"是"从某个特定位置观察结果的客观性,客观评价的对象是任何占据某个给定观察位置的正常人都能够确定的事物,观察到的内容可以因位置的不同而不同,但观察结果却不因人的变化而变化,不同的人从同一位置进行观察会得出同样的结论"②。

为了使这个概念更加清晰明了,森用了一个通俗的物理现象来加以阐释。在地球上观察太阳和月亮,会得出两者大小相似的结论,换成另外一个人,只要他仍处于地球之上,不论他的精神状态、心理因素与前者有多大差异,都会得出同样的结果。当然,若换到另外一个地方,如从月球上观察,两者的大小可能相去甚远。很显然,影响对这个问题的判断主要是位置使然,与个人的主观因素并无多大关联。尽管从科学的角度看,两者的实质大小与我们观察到的结果大相径庭,但这并不能因此就否认上述观察的客观性,毕竟从地球的位置肉眼观察,两者的大小的确相差无几,位置的客观性不是用科学去阐释,而恰恰需要依赖位置去澄明。

---

① [印]阿马蒂亚·森:《正义的理念》,王磊、李航译,中国人民大学出版社2012年版,第4页。

② 同上书,第147页。

然而，位置客观性虽然对一些表象的观察有所启迪，但若把客观性概括为此，不仅过于简单，也不够完整和准确。尽管两者都反对主观，但前者的基础在于所处的位置，后者则可能刚好与之相左。如托马斯·内格尔所言："如果一种观点或思想形式更少依赖于个人特点以及所处的位置，或者对于其具体性格和特征的依赖性更小，这种观点或思想形式就更为客观。"① 显然，客观性不依赖于位置，恰恰相反，它要追逐的目标是摆脱对位置的依赖与束缚。位置客观性只是证明了其存在的客观性，但并不是客观性本身。若因为太阳和月亮在地球上看起来大小相同，就得出它们也具有同等质量的结论，不仅有悖于科学，也严重违背了不依赖于位置的客观性，其结果只能陷入"客观的幻象"② 之中。

即便认识到摆脱位置依赖，走出位置客观幻象的重要性，但由于在现实中很难获得对"纯粹客观"的认识，我们仍然需要时常面对位置对于观察结果会产生影响这一现实。在所处位置上形成的视角，会使人们难以超越其位置带来的视野局限，从而使我们对事关公平与正义的诸多问题缺乏有效的认识和判断。为此，森专门以健康与疾病的感知为例，来对此加以澄清。一般而言，经济和卫生条件比较发达的地区人均寿命相对都比较长，但与此同时，对患病的自我感知率却也非常高；而在一些经济欠发达，人均寿命相对较短的地区，尽管实际患病率和死亡率非常高，但人们对疾病的自我感知率却比较低。对此，森明确指出，这看似奇怪的现象绝非统计上的意外误差或者个人主观上想掩盖自己的病情（一般而言，没有人愿意讳疾忌医），造成患病感知率偏低的真实原因恰恰是位置幻象所引致。因为与经济发展相伴而生的往往还有文化程度的提升和公共卫生的普及，从而使处于经济较发达区域的人们寻医问药的实际行为和频率增多，采取自我防范的意识也明显增强，其结果不仅仅是疾病自我感知率的

---

① Thomas Nagel, *The View from Nowhere*. New York: Oxford University Press, 1986, p.5.
② 森所言及的"客观的幻象"，深受马克思对资本主义"公平幻象"批判的影响。在马克思看来，资本主义制度下劳动力市场上看似公平的等价交换只是一种表面的幻象，工人除了出卖劳动力换取表面看似等价的工资之外，别无选择，这种客观的幻象以形式的平等遮蔽了事实上的不平等。森援引了这一概念并指出"客观的幻象是指从某个位置上看是客观的，从超越该位置的角度看却是错误的认识"。参见［印］阿马蒂亚·森《正义的理念》，王磊、李航译，中国人民大学出版社2012年版，第152页。

提升，也会在实际上带来患病率和死亡率的下降。与此相对应的是，经济欠发达地区由于经济条件差，其教育发展和公共卫生条件也相对落后，人们不易察觉自己所患之病，虽然疾病感知率偏低，但实际上人们的健康状况和人均寿命却更加堪忧。这种由于位置客观性所导致的偏颇判断，显然遮蔽了对疾病本身的认识，对健康的关注要超越位置视角的局限。

与此同时，森也指出家庭和社会中的性别不平等也深受位置幻象的影响。基于合作冲突的需要，家庭往往会在利益和分工的相关事宜上达成默契而非诉诸谈判，但妥协与默契的结果往往是以女性权利的相对剥夺而告终，出于家庭和谐的考量，女性一般默许并接受了这种角色。从她的位置来看，这种弱势地位并无不妥，甚至是合情合理，但显然这掩盖了性别不平等的事实。相较于家庭中的性别不平等，位置幻象所造成的社会性别歧视则可能更为严重。如在一个对女性抱有偏见的社会里，固执地认为女性不具备男性的天赋，缺乏进行科学研究的能力，从而不鼓励甚至限制女性从事复杂的科学研究，无疑会造成女性科学家偏少的客观事实。而这一事实又加剧甚至固化了包括女性在内的大多数人的认识，即"女性不宜从事科学研究"，这一观察可能的确基于眼前的事实，但结论却值得商榷。与其说女性很难取得杰出的科学成就是由其天赋所限而造成，毋宁说是由于固有偏见而对女性教育剥夺、机会压制和能力抹杀而引致。在平等对待女性并给予其更多机会的社会中，一个人观察到的现象可能迥然不同，女性完全可以和男性一样出色。然而，不可否认的是，现实社会中的许多妇女仍然没有走出这一客观的幻象，她们不仅被其亲眼目睹的"男性强于女性"的所谓事实所遮蔽，而且往往消极容忍，逆来顺受，使这一本身存在巨大偏见的说辞，披上了合法的外衣，并在现实的生活当中，变得日益根深蒂固。

观察与建构的位置性在科学探索和知识追求过程中有着重要的价值，与此同时，由此带来的客观幻象所产生的消极作用同样不可忽视。森对此有着清醒的认识，在他看来，这一现象极大地影响甚至扭曲社会认识和对于公共事务的评价，对正义的诉求造成了严重的障碍。如上所述，处于经济水平低下、公共卫生设施薄弱、疾病认知不足环境下的穷人，囿于自身的位置和知识，很难及时感知潜在的或业已存在的疾病，其结果是该地区人均寿命的缩短和健康状态的剥夺，这无疑是人类整体福祉的损失。存在性别歧视的社会，妇女也往往会被自身位置所观察到的表象所迷惑，似乎"男强女弱"理所当然，不去诉诸不公的抗争，而是屈从命运的安排，并使这一事实上的不平等日益固化，位置客观性所带来的消极影响可见一斑。然而，要想克服这一局限，从"位置视角"进入"纯粹客观的视角"却并非易事，毕竟生活在大千世界中的我们都处于一定的位置之中，而不能超然于位置之外，我们的所思、所想、所感多赖于此，以至于超越这一局限变得困难重重。

当然，这绝不意味着我们在位置客观性所带来的障碍面前束手无策，也不能武断地认为我们无法以更加开阔的视野来审视正义，恰如森所言"我们可以合理地选择比较的对象，而不是先验主义的乌托邦理想"①。通过更加广阔的视角，采用他者的位置，拓宽正义评价的信息，对观察对象进行批判性考察，从而对事物或者状态有一个更加全面、客观和真实的判断。

（二）"封闭中立性"及其局限

公正是一个具有普适性的概念，从本质意义上来讲，公正需要公平的对待每一个人，而非为了特定群体的利益而置他人于不顾，为此，公正需要秉持一个"不偏不倚"的中立立场。普遍性的包容是中立的一个基本原则，"在行动中只遵守你期望是所有人都遵循的法则"，"任何对我来说是正确的事物，对所有在相似环境下的人来说必须也是正确的"。康德和西季威克对中立的上述表述，言简意赅，蕴含着人际理解和普遍包容，中立必须将对事物的评判和利益的考量置于超越自我和更宽广的、每个人都能所及的范围之内。中立这种普遍性和无偏性的特点对于认识和判别正义至关重要。然而，中立性本身也存在两种截然不同的领域，森将其表述为"封闭的中立性"和"开放的中立性"。前者是指中立的判断在一个封闭的环境中（如国家或既定的民族）进行，评判的主体主要限于这一区域内的成员，没有外部人员的参与。"开放的中立性"是指"中立的评价可以（在某些情况下是必需的）包括来自所关注群体外部的判断，以避免

---

① ［印］阿马蒂亚·森：《正义的理念》，王磊、李航译，中国人民大学出版社2012年版，第158页。

地域性的偏见。"① 两者的一个显著区别就在于焦点人群的不同，前者只关注"内部人"而排除"外部人"，后者则以更加包容的视角将外部人员的判断也纳入考量的范围之内。在森看来，以罗尔斯为代表的"封闭中立性"在前提、程序和方法上，都表现出不可避免的偏颇和难以克服的局限。

首先，罗尔斯以"无知之幕"设计了一个"初始状态"，借助于"身份罩幕"，焦点人群可以消除不同个体在利益和偏好之间的差异化倾向，从而可以作出中立的思考与选择。初始状态中的焦点人群固定为被赋予了"成员资格"的人群之内，通过互相接受的社会契约，依靠公平协商的模式来达致正义。在森看来，这一设计对于超越个人既得利益与目标，抑或在初始状态下选择哪些规则，或许是一个行之有效的办法，但对于开放性的审思却并无实质的帮助。在这一前提下，往往会出现排他性的忽视，即倾向于对"资格成员"意见的聆听与尊重，而忽视了成员之外"他者"所起到的"启蒙作用"。事实上，任何"他者"都会受到封闭群体所做决策的影响，反过来也会影响决策本身。此外，焦点群体也并非一成不变，当人口组成和规模发生变动之际，也会产生内部的不一致性，进而会对这一理论和前提本身带来挑战，而"中立的旁观者"则因超脱于焦点人群之外，而不会出现诸如此类的困扰。还有一个关键性的问题在于，初始状态之初衷是为了消除个人既得利益所带来的偏颇，但谁能保证焦点群体本身所作出的"一致决议"就不带有自身的地域狭隘性？

其次，"封闭的中立"在程序上并没有对开放的审思敞开大门。森指出，尽管罗尔斯本人对来自不同领域和地方的观点并不拒斥，有时候还颇感兴趣，在阐释"反思的平衡"时尤为如此，但其"作为公平的正义"在程序上的设计却并不完美。封闭的中立"不仅没有程序性的障碍来防止地域偏见的影响，也没有系统性的方式使初始状态下的反思向全人类开放"②。通过封闭群体的内部一致所达成的公正，仅仅只是相对意义上的，因为任何一致都是有限能力之上的部分排序，已达成的公正也只是相对合

---

① [印]阿马蒂亚·森：《正义的理念》，王磊、李航译，中国人民大学出版社2012年版，第113页。

② 同上书，第118页。

理而非绝对唯一。封闭群体内所形成的"一致公正观"需要借助他人的眼睛，通过开放的中立程序对其进行理智的审思。而在森看来，"封闭的中立性"显然无能为力。

最后，"封闭的中立"会造成相关问题的严重忽视。不可否认，当今世界的权利运行主要依赖于主权国家，然而，公正的理念不应拘泥于此，而应超越现实的政治框架。如若将正义的思考仅仅圈定在封闭的主权范围之内，不可避免地会造成相关问题的严重忽视。第一，忽略对他人义务的合理考量。一种被严格限定在一个主权范围内的中立理论，是沿着具有法律意义的领土界限前行的，如此，对群体内事关自身的人和事给予充分的关注，似乎才是分内之事；而对群体之外的人，并不负有任何义务，对他人的帮助，更多只是一种道义的考量。在森看来，这种封闭中立下呈现出的义务观非常狭隘，主权确需法律和领土来维系，但道德却并无国界的划分，人与人之间负有彼此相关的义务，对他人的帮助不能仅仅是人道主义的关怀，而恰恰是开放中立下责任和义务之驱使。第二，忽视了对其他地区人们生活的影响。当今世界，任何一个国家的行动都可能对周边，甚至世界产生影响。如对伊拉克和叙利亚等国家的武装干涉，在某些发动国看来，似乎是正义的事情，但由此带来的民生凋敝、战乱丛生、地区动荡却使我们对此抱有强烈的质疑；发达国家的对外贸易政策，表面上看是为了促进全球经济的进步，但由其操控的不平等的国际经济秩序所带来的结果却往往是发达国家自己的繁荣以及南北差距的拉大和裂痕的进一步加深。在全球化日益发展的今天，当我们试图作出一项可能关涉他人的决策时，难道只能在封闭的主权范围内讨论，而不去对相关人的意见去侧耳倾听吗？第三，忽视了可能是根深蒂固的偏见之存在。人们的习俗和观念不仅受文明的影响，也往往带有很大的地方烙印。生活在一个封闭而又缺乏外界信息的环境之中，往往对一些问题和偏见自以为是，这或许是因为其闭目塞听，抑或是习以为常。如森所指出的古希腊当时普遍存在的对杀婴行为的默许、美国内战前对奴隶贸易的鼓励和纵容、当代一些国家对死刑的支持、选择性堕胎等行为，这些现象在当时抑或当地看起来也许是非常正常的事情，但如果以更加开放的审思，超越地域之囿，可能会听到不一样的声音。封闭的中立掩盖了多元的看法，自然就对长期存在的、即便是我们看来带有地域狭隘性的陈规陋习，也难以作出实质性的改变。

（三）"开放中立性"及其优势

与罗尔斯封闭的中立性相比，森秉持开放中立的立场，其"开放的中立"思想，在一定程度上借鉴了斯密"中立的旁观者"理论。斯密明确指出，"我们审视自己的行为，就如同我们设想任何其他公平和中立的旁观者审视它一样"①，当我们通过公众理性来寻求正义之解时，关注当事人和相关人的观点固然重要，但也应该站在"一定距离之外"，以反事实的形式，倾听来自不同文化和不同环境中人的心声，以"中立的旁观者"视角来对事物作出客观公允的评价，相较于封闭的中立性，开放的中立性具有前者无法比拟的优势。

首先，"开放的中立性"有助于我们摆脱地域狭隘的局限。在封闭的环境下，针对一些问题所产生的看法和行动之所以有时会呈现出地域狭隘性，并非皆源于个人的固执己见，有的或是受传统习惯的影响，抑或自己本身也不易察觉。虽非主观使然，但如若要摆脱这一局限，则必须置身事外，借助"其他人的眼睛"。恰如斯密所言："如果我们不离开自己的位置，并以一定的距离来看待自己的情感和动机，就绝不可能对他们作出全面的评述，也绝不可能对他们作出任何判断。我们只有通过努力以他人的眼光来看待自己的情感和动机，或以他人可能持有的看法来看待它们，才能做到这一点。"② 开放的中立性所具有的这种反思功能，承认并且要求从位于或近或远的"旁观者"角度，来对业已接受的传统习惯进行开放而又理性的审视，从而使人们跳出固有的思维，摆脱地域狭隘的局限。

其次，"开放的中立性"有助于"启蒙作用"的发挥。与封闭的中立所要求的"成员资格"不同，森所秉持的开放中立则对成员之外的人群也持包容的态度，并注重他们作用的发挥。在森看来，来自他处的"旁观者"虽无意充当"仲裁者"的角色，但与"将注意力仅仅局限在那些直接相关方的意见上的人相比，其解读和评价能够帮助我们对某一问题的道德和公正获得更为中立的认识"③。之所以重视一个人的意见，不是取决于其自身是否是利益攸关方所呈现出的成员资格，而在于意见本身是否

---

① 转引自［印］阿马蒂亚·森《正义的理念》，王磊、李航译，中国人民大学出版社2012年版，第115页。
② 同上书，第117页。
③ 同上书，第122页。

具有建设性,有时候焦点群体之外的个人见解往往也能产生启发和拓宽视野的作用,超脱于利益之外的看法有时可能更加客观,倾听而非拒斥基础之上作出的选择或许可能更加理性。

最后,"开放的中立性"有助于跨界之间的交流。"封闭的中立性"因排他性的忽视而阻塞了跨界之间的交流。然而,我们生活在一个相互依赖的社会中,不同国家和民族之间的交往无处不在,封闭的中立无益于全球公正的解决。我们无须借助于罗尔斯的"万民法",在不同国家之间再设立一个"初始位置",也无须借助于一个全球性的国家,才能达成一致的见解。在森看来,开放的中立本身就鼓励我们在国与国之间、不同国家的人际之间、具有普适性的话题之间开展开诚布公的讨论。当然,这种跨界交流也并非去追求一个完美的结果,也不要求我们对相关问题的讨论必然达成一致的见解,开放中立的意义在于通过跨界的交流,我们能从不同位置的中立旁观者中获得有价值的观点,并对一些能引起共鸣的问题产生共同而又有益的认识,从而使全球公正问题得以更好的解决。当然,森亦坦承,这种解决,并不是终极意义上的,更多的是一种推动和促进。

三 多样的缘由

理智的审思和开放的中立使我们能对关涉正义的问题进行深入的反思和更加合理的审视,在这一过程中,不可避免地会出现许多正当且有力的理由。对此,森强调指出,我们不能采取回避的态度漠然视之,更不能不加分析地拒绝所有的缘由,而只留下一个在个人看来也许完美且义正词严的理由。通常情况下,我们并非出于一己之私才使正义的缘由呈现出多样化,即便是在完全中立和纯粹客观的基础上,正义的缘由也绝非唯一。在正义理论的建构中,我们必须对多种多样的正义缘由进行理性的审思和认真的考量。对此,森没有以纯粹思辨的形式对多样的缘由进行阐释,而是通过一些清晰明了的例子对此予以澄清。

在开篇,森就以埃德蒙·伯克对时任英国东印度公司督办黑斯廷斯的暴行指控为例,来揭示这一道理。伯克雄辩地列举了黑斯廷斯的种种罪行,进而指出了多条独立但不同的理由来说明对其进行严厉控诉的必要性。这些理由并没有被有意单独挑选出来作为对黑斯廷斯的致命指控,而是以"多重论据"的方式将不同的理由作为一个整体提出。森进而强调,伯克指控黑斯廷斯的每一条理由，都足以使我们怒不可遏，没有必要就哪一条相对更加重要达成共识，正义对每一种诱发我们强烈不公正感的缘由，都应予以充分的尊重。

紧接着，森又讲了一个三个小孩与一支竹笛的故事。在这个例子中，三个小孩安妮、鲍勃和卡拉均认为他们应该理所当然地拥有那支颇具争议的笛子。安妮的理由在于她是三人中唯一会吹奏笛子的，她拥有笛子将会是物尽其用；鲍勃则是三人中家境最困难的，常常因为没有一样自己的玩具而难过，而一旦拥有笛子，自然就会改变这一伤心的处境；卡拉则认为笛子是自己辛苦的结晶，归属于制作者本人，自然是一件合情合理的事情。三个人的理由各不相同，安妮注重的是自我实现的效用最大化，鲍勃追求的是消除贫困的经济平等，而卡拉则致力于劳动所有权的坚决捍卫。尽管三种观点存在严重分歧，但他们却都符合客观中立性，且都有自己合理的缘由，我们很难对其中的任何一个进行否定①。

与上述故事类似，森又以一则寓言，进一步证明了多样缘由存在的合理性。在这则寓言里，安娜帕娜想雇用一个人打扫庭院，迪努、毕山诺和若季妮三个人都比较贫穷，也都希望得到这份工作。三个人在薪金和工作效果方面并无明显的差异，且这份工作又不能平均分配，只能由一个人来承担，安娜帕娜在究竟雇用谁时，面临着多重选择。将工作交给三人中最穷的迪努，显然是一个可以说服自己的理由，把帮助最穷的人视为第一要务并没有什么不妥；若将工作交给最近家庭突遭不幸而处于三人中内心最痛苦的毕山诺，亦同样可行，消除痛苦，带来快乐自然可以成为第一选择；由若季妮来承担这份工作，也有其不可忽视的理由，因为若季妮长期遭遇病痛的折磨，虽不最穷，亦非最不快乐者，但承担这份工作可以提高其生活质量并可以享受免受疾病的自由。这三种理由，无论是摆脱收入贫困，还是消除现实不悦，抑或是提高生活质量，似乎都可以打动安娜帕娜，将工作究竟交给谁才算是最公允的选择，在安娜帕娜这里，似乎找不到完美的解决方案②。

---

① 参见［印］阿马蒂亚·森《正义的理念》，王磊、李航译，中国人民大学出版社 2012 年版，第 10—12 页。
② 参见［印］阿马蒂亚·森《以自由看待发展》，任赜、于真译，中国人民大学出版社 2012 年版，第 46—47 页。

森以这三个例子，有力地证明了多样缘由存在的客观性和合理性。当然，缘由的多样性有时的确会使我们产生一定的纠结，但这并非意味着事情都会陷入不确定性之中。很多时候，对一种事情或一种状态，我们无须达成一致，也并不需要寻找完美之解，缘由多样性的价值在于我们能够以更加全面的视角，来对我们的行为进行合理的审思，进而使我们的行动更加明智，方案也更加从容。

超越个人狭隘利益而作出相应的抉择，并非困难的事情，当然，我们还可以走得更远，不仅可以超越对利益的关注，甚至可以超越个人目标本身。判断善恶是非，不能仅从个人目标出发，社会中或其他地方的任何人都可以提出不同的理由，来思考什么对他们来说是合理的，哪些是"不能被拒绝的缘由"。即便是相关各方因为各自不同利益而立场迥异，但他们关于能不能合理拒绝的辩论，只要言之有理，就可以产生全然不同的思考视角，并体现出各自的优势。这种优势视角不仅对经济发展、生态保护等具有重要的借鉴，对人们的行为规范也具有重要的启迪和引导作用。

当我们惊叹于经济高速发展给世界带来巨大变化的同时，也为自然环境的破坏而忧心忡忡。经济问题和环境问题往往相伴而生，但关键在于我们能否使他们相向而行。一个不争的事实就在于当前全球环境的变化的确与人类的行为息息相关，这虽非对后代人利益的刻意漠视，更非对后代人的有意伤害，但客观上确实造成了当前环境的恶化。我们是否应该进行反思，对人们当前利益的考量，能否成为我们行动的唯一动机？保持优质生活的可持续性、增进子孙后代的福祉难道不能成为合理的缘由吗？如果对这些缘由，我们都能够给予充分的考量，那么在促进经济发展的同时，注重生态环境的保护和社会的可持续发展，自然就会成为我们必然的选择。

还有一种思想，在现实社会中也颇具吸引力，即从现实的角度，把人们的合理行为视为对个人利益的追求并借此进行相互合作的结果，基于这种互利互惠思想的公平合作体系似乎有着强大的市场。对此，森亦指出，合作互利的确是人们行为的一个重要驱动力，但与此同时，我们也要清醒地认识到，追求合理行为可以有不同的缘由，而非所有的方法都需要从基于优势的互利合作来加以思考，这不是采取合理行为的唯一动机。与互利合作相比，基于有效权利之上的义务和责任同样值得我们考量。森指出，我们对动物负有责任，显然不是因为我们能彼此合作，而是因为我们之间的不对等，使我们对比我们弱得多的物种负有一种不可推卸的责任；同样的道理，母亲对孩子的抚育义务和责任，不是因为她着眼于孩子的回报，也不仅仅是源于那份天然的血缘关系和伦理情感，而恰恰是因为母亲的角色是他们能以不对等的方式做一些影响孩子生命而孩子本人却无能为力的事情，这远非可以用互利来解释。恰如森所言："基于对等和互惠的相互利益，并不是考量对待他人的合理行为的唯一基础。具备有效权利及其间接产生的义务也可以成为中立的理智思考的重要缘由，而这远远超越了互利的动机。"①

和谐统一固然重要，但差异和多样也是一种美。多样缘由的存在，既是客观使然，对正义的审思也多有裨益。对于多样化的差异，与其不遗余力地去消除，不如以开放的心态去包容，因为分歧也是人际之间联系的重要纽带，而缘由的多样性，本身也是正义的内在要求。这同时也昭示了这样一个的道理：既然多样的缘由客观存在，我们难以，事实上也无须达成一致的意见，那么所有人都认为中立且表示赞同的绝对公正的社会安排，在现实社会当中，并不能真实的存在。

从理智的审思，到开放的中立，再到多样的缘由，共同构成了一个逻辑严谨，但又宽泛包容的正义框架。正义之思，必须以此为理论前设，在理智的基础上，秉持开放的中立，尊重多样的缘由，才能对各种不公和非正义作出更加清晰的辨识，才能对正义形成更加正确的判断，由此而得出的正义原则也才可能更加公允、理性和客观。不仅如此，从更加宽广的视域来看，不同的正义理论之间，也离不开理智性、开放性和多元性的对话和思考，以此为基产生的碰撞与交融，推动着人类对正义的共同探索和不懈追求。

---

① [印]阿马蒂亚·森：《正义的理念》，王磊、李航译，中国人民大学出版社2012年版，第193页。

第二章　正义思想的内涵：实质自由、能力平等与自由发展

在森追求正义的过程中，始终围绕着一个基本的主题，即提升人类的可行能力，并由此构建了一个以能力方法（capability approach）为基石、逻辑严谨的正义体系。在森看来，任何关于政治哲学的实质争论，尤其是关于正义的理论，都要选择一个信息焦点，作为判断一个社会和评价正义与非正义的标准。功利主义着眼于个人的幸福和快乐、德沃金着眼于资源和财富、罗尔斯则注重基本品（primary good）。与上述思考路径不同的是，森所构建的可行能力方法通过对一个人做他有理由珍视的事情之可行能力来评价其优势。从偏向成就到注重机会，其关注的焦点不在于一个人事实上最后做什么，而在于他实际能够做什么，由此延展，正义的核心要义就在于追求可行能力之上的实质自由、能力平等和积极发展。可行能力作为一条主线，贯穿于森正义思想发展的始终。

第一节　实质自由：正义的首要辖域

自由是一个社会最大的福祉，也是公民孜孜以求的目标，它既是正义自身的本质属性，也是正义理论大厦建构的基石。"当我们评价一个社会的利弊或者某种社会制度正义与否时，我们很难不以某种方式思考不同类型的自由以及它们在社会中的实现和剥夺。"[①] 当然，森所言及的自由，不是传统意义上的，而是一个人所拥有的、享受自己有理由珍视的"实质自由"。我们对个人处境的分析，对社会公正的评价，都应以我们享有

---

① ［印］阿马蒂亚·森：《理性与自由》，李风华译，中国人民大学出版社2012年版，第6页。

的实质自由为评判标准。不仅如此,森还把实质自由视为正义的首要辖域,之所以赋予其如此地位,概因实质自由在评价性和实效性两个方面所凸显出的独特作用。从评价性来看,实质自由不仅着眼于机会的获得,更注重选择过程的自由,是机会和过程的统一;从实效性来看,实质自由具有建构性作用和工具性价值,是目的和手段的统一,它不仅是评判正义的尺度,也是个人自主能力和社会持续发展的决定因素。它以更加宽广的视角拓展了我们对传统自由的认识,不再是简单意义上的内生性变量,更是正义的首要辖域。

一 自由的历史追问

(一) 自由的多层面孔

自由,是一个常说常新的话题,从古至今,人们对自由就各有说辞,莫衷一是,其本身也往往呈现出多层的面孔。既可以成为正义的象征,亦可成为罪恶的化身;既可以成为人们追求的目标,也可以成为难以承受的重负。恰如阿克顿勋爵所言:"自由,自从2000多年前在雅典播种以来,就仅次于宗教,成为善行的动力和罪恶的常见托词。"[①]

如果纵向溯源的话,自由大抵滥觞于古希腊,但就自由本身而言,却并没有统一的答案,对自由的理解见仁见智。古希腊时期的自由最初主要源自对奴隶和自由人的区分,自由意味着摆脱人身奴役,是对自己人身的一种自主权利,后逐渐延展至社会关系领域,从社会中人们的行为规范和公民权利来理解自由。真正意义上对自由范畴的探讨,则肇始于文艺复兴和西方近代资产阶级革命。

英国早期资产阶级思想家霍布斯曾指出:"自由这个词,按照其确切的意义说来,就是外界障碍不存在的状态。"[②]"自由就是用他自己的判断和理性认为最合适的手段去做任何事情的自由。"[③] 洛克从自然权利的范畴对自由做了进一步的阐释:"处在社会中的人的自由,就是除经人们同意在国家内所建立的立法权以外,不受其他任何立法权的支配;除了立法

[①] [英]阿克顿:《自由史论》,胡传胜等译,南京译林出版社2001年版,第5页。
[②] [英]霍布斯:《利维坦》,黎思复、黎廷弼译,商务印书馆1986年版,第164页。
[③] 同上。

机构根据对它的约束所制定的法律以外，不受任何意志的统辖或受任何法律的约束。"① 孟德斯鸠延续了洛克的这种思维，指出："自由就是做法律许可的一切事情的权利。"② 从以上近代资产阶级思想家对自由的阐释大抵可以看出，他们往往把自由视为天赋的自然权利和社会权利，这与他们所处的时代背景和为资产阶级辩护的初衷是相契合的。

与上述思想家不同，卢梭不是从资产阶级国家的合法性来阐释自由，恰恰相反，他对强权加之于人的诸多不自由进行了反思。在他看来，自由须借助社会契约为自身立法，不再受控于国家，是一种"公意"的自由，自由由此从经验的领域进入了对原则的诉求。康德接过了卢梭的大旗，他以实践理性为指导，以道德律令的方式赋予了自由意志绝对至上的地位，完成了对自由的道德救赎，实现了"人是人的最高目的"的主旨追求。然而，在黑格尔看来，康德的自由之思因为主客观之间的不可逾越性而容易陷入知性思维的陷进，为此，黑格尔以绝对理念为引擎，逻辑地消解了这一矛盾。他不仅把自由作为概念运动的内在动力而贯穿于其对自由的至思之中，而且还把国家作为绝对理念的最高形式，赋予自由以伦理的客观内容，最终完成了对自由的客观形式证明，从而把人类意识中的自由推向了顶峰③。

如果说康德、黑格尔等的关注点在于"自由何以可能"，那么马克思则致力于"自由何以实现"。抽象的自由概念无法解决现实的问题，自由的问题只能依赖于实践去解决。在马克思看来，"自由的有意识的活动恰恰就是人的类特性"④。人的本质在于自由，劳动是人特有的本能，把自由的理解建立在劳动和实践的基础之上，将自由的诉求寓于现实之中，才能跳出形而上学自由观的思维束缚，为自由寻找到现实的栖居地。恰如恩格斯所言："自由不在于幻想中摆脱自然规律而独立，而在于认识这些规律，从而能够有计划地使自然规律为一定的目的服务。"⑤ 自由只有在实践当中认识规律、把握规律、驾驭规律，并把其视为实现自由的"内在

---

① [英]洛克：《政府论》（下篇），叶启芳、瞿菊农译，商务印书馆1964年版，第16页。
② [法]孟德斯鸠：《论法的精神》（上卷），张雁深译，商务印书馆1961年版，第54页。
③ 参见侯小丰《自由的思想移居——以概念史为视角》，《现代哲学》2014年第6期。
④ 《马克思恩格斯选集》第1卷，人民出版社2012年版，第56页。
⑤ 《马克思恩格斯文集》第9卷，人民出版社2009年版，第120页。

性平面",才能使自由这一人的本质得以真正实现。从康德、卢梭的抽象自由到马克思、恩格斯实践自由的转变,不是自由发展的断裂,恰恰是自由的一种重新开显。

(二)"两种自由"的分殊

在对自由的追索过程中,思想家们似乎很热衷于二分法,往往从不同的视角对自由进行二维分析。孟德斯鸠就从哲学意义和政治视角对自由进行了区分。在他看来,"哲学上的自由,是要能够行使自己的意志,或者,至少(如果应从所有的体系来说的话)自己相信是在行使自己的意志。政治的自由是要有安全,或者至少自己相信有安全"①。穆勒也认为有两种自由,一种是意志自由,一种是社会自由,他所讲的是后一种自由。即自由是个人和社会的一种权力划分,是社会或统治者应该给予个人的权力。法国思想家贡斯当则从古代人的自由和现代人的自由视角来讨论自由。古代人的自由追求的是个人在公共事务中的社会权利,确切地说是一种基于公民资格之上的政治权利;现代人的自由则注重个人人格的独立和法律对个人权益的保护。前者可能会因为仅仅聚焦于政治事务的分享而忽视了个人的权利追求,后者则可能会因为个人利益的追逐而放弃了应有的政治权利。两者利益分殊、追求各异,但都存在着潜在的风险。雷蒙·阿隆在对马克思和托克维尔自由思想深入比较的基础上,提出了形式自由和实际自由的划分,从而使自由不再是抽象的概念和纯粹的意志,而是与现实生活、个人权利和国家制度紧密相连,推动了人们对自由认识的深化。

对自由的二维划分最著名的莫过于英国思想家以赛亚·伯林,他在1958年所做的"两种自由概念"之演讲中,对"积极自由"和"消极自由"的划分,引发了半个多世纪以来对两种自由范式的持久争鸣,成为西方哲学界关涉自由时不可绕过的话题。当然,伯林并非积极自由和消极自由的首创者,在他之前,康德、费希特、黑格尔等都对此有所提及,但他们多从哲学视角而非社会政治意义上对自由进行阐释。伯林深耕于此,他对积极自由和消极自由的划分,也成为西方分析自由思想的主流范式。在伯林看来,消极自由是指"主体被允许或必须被允许不受别人干涉地做他有能力做的事、成为他愿意成为的人的那个领域是什么",积极自由

---

① [法]孟德斯鸠:《论法的精神》,张雁深译,商务印书馆1961年版,第188页。

则关涉以下问题:"什么东西或什么人,是决定某人做这个、成为这样而不是做那个、成为那样的那种控制或干涉的根源。"[①] 两者侧重点不同,消极自由回答的是"我的行动究竟有无受到限制以及限制的程度几何",受限制越大,自由度越小;反之,则自由度越高;积极自由回答的则是"我的选择和命运由谁来主宰",如果自己支配和掌握,则是自由的,反之,则是不自由的。概言之,消极自由就是不被限制与束缚的自由,积极自由就是自我支配和自我决定的自由。

伯林本人推崇消极自由而贬抑积极自由。之所以如此,在伯林看来,消极自由建立在个人本位论基础上,它表达了对外在干涉的强烈抵制,这种"外在"不论是他人、集体抑或公共权威,都不应当侵犯个人的利益,消极自由的突出意义就在于对个人权益的尊重与维护。与此相对应的是,积极自由追求的是自在之我,行为的动机与目标的设定完全在自我掌控之中,通过对既定目标的躬身实践和外在障碍的积极克服来实现自我价值。如此看来,积极自由似乎并无不妥,然而,伯林指出,现实中的自我并非都是理性自我,而是理性与欲望的混合体,一旦被非理性所左右和驱使,积极自由往往会被操纵和滥用,在追求积极自由的幌子下,甚至可能滑向极权主义的深渊,这不是对自我的褒扬,恰恰是对自主的否定,也是对自由的背离。

伯林的消极与积极自由之分以及他对现实的人所具有的有限理性和对极权主义的反思,对我们分析和研究自由问题提供了有用的工具和框架。从深层次来看,伯林反对的并非是积极自由本身,而是对积极自由的僭越与滥用。客观来讲,恰如贡斯当古代人的自由和现代人的自由各存利弊,各有潜在的风险一样,积极自由和消极自由亦是如此,它们理应成为完整自由中不可或缺的内容。个人独立的追求和个人利益的捍卫,固然离不开对消极自由理念的尊奉;但是,对消极自由的倚重并不能排斥积极自由的价值,只不过在追求和实现自我的过程中,应在理性的基础上把握更加真实的自我。

(三) 可行能力视野中的自由

自由的多层面孔为森理解自由提供了丰富的素材,他对伯林的"两

---

① [英]伯林:《自由论》,胡传胜译,译林出版社 2004 年版,第 189 页。

种自由观"进行了深入的分析,明确指出:"长期以来广泛存在着两种看待自由的不同方式,一种从一个人能选择什么或者实现什么的'积极'角度看待自由,与之相反的是,'消极'自由则强调自由不受外在的约束,不论这种约束是来自个人,还是国家。"[1] 可见,他的自由观深受伯林的影响,但与此同时,他并没有拘泥于此,也不再以传统的视野来审视自由。在森眼中,自由是"实质"意义上的自由,即人们享有有理由珍视的那种生活的可行能力,由此,可行能力进入了自由的视野,从而给自由的大厦增添了新的内容。

与伯林明显倾向于"消极自由"不同,森对两种自由持中立的立场,旨在两种自由之间把握一种内在的平衡,他对实质自由的界定有力地印证了这一点。在他看来,实质自由是免受困苦——诸如饥饿、营养不良、可避免的疾病、过早死亡之类——基本的可行能力。从这个概念来看,免于什么的自由,与消极自由相类似,而其落脚点——可行能力则与积极自由的一些理念相吻合。由此可以看出,森既对消极自由保持一定的肯定,也对积极自由给予了较高的褒奖。在他看来,捍卫个人价值与利益的消极自由与可行能力并不矛盾,对他人侵犯个人权利进行约束,在保护个人自由的同时,也有助于可行能力的提升和实质自由的实现。与此同时,森所倡导的可行能力方法与伯林的积极自由在理念上存在着共通的地方,都注重能做什么的实际能力和机会,强调的是一种主体性和能动性,这与积极自由观的主旨高度契合。从这个意义上来讲,森所言及的可行能力之上的实质自由,可以被视为一种"积极"的自由观。

就可行能力与自由的关系而言,两者相互依存,高度关联。从本质来看,可行能力也是一种自由,是一种能过有价值生活的实质自由,这样的自由,既意味着享有的"机会",又关涉着选择的"过程"。如若我们有一个足够全面的清单来表现人的能力,那么这份功能性活动组合清单的厘定,就是一个自由选择的过程,一个人能够实现的能力就可以通过他的实际选择而表现出来。不仅如此,它还在很大程度上决定着其他自由的实现范围和可实现程度,它聚焦的并非是自由的手段,恰恰是自由本身。作为

---

[1] Amartya Sen. Freedom of Choice: Concept and Content, *European Economic Review*, Vol. 32, No. 2-3, March, 1988, p. 272.

人们追求的一种价值和目标，自由的实现有赖于主体能力，尤其是可行能力的发挥，而可行能力的高低，本身就是一个人自由度的彰显。换言之，自由既具有建构性的价值，也具有工具性的作用，可行能力本身就蕴含于自由之中，而自由的实现程度又决定着可行能力的提升。自由被赋予优先的地位，是正义的必然要求，但自由的视域应该更加宽广，完全可以将可行能力纳入其中。

二　实质自由对正义信息基础的祛魅与重塑

人们在现实生活中有着多种多样的价值追求，不同的追求呈现出不同的价值观和价值标准。伦理学关注人的行为规范、经济学聚焦资源的有效配置、社会学关注社会的流动与变迁、心理学聚焦心理结构与功能、政治哲学则致力于公平与正义。然而，无论哪一种价值观，都必须借助于一定的信息基础来进行厘定和评判。政治哲学，尤其是关涉正义的理论，也必须以一定的信息焦点为基础，进而衍生出特定的标准作为评估的尺度，据以判断人们的生活和社会状况是否合乎正义。恰如森所言："一种正义理论真正的'切中要害之处'，在很大程度上，可以通过其信息基础来理解：哪些信息被认为是——或者不是——直接切题的。"[①]

（一）　对主流正义信息基础的理性祛魅

几种传统的评价方式，借助于不同的信息基础，从各自的视角和立场出发，提出了各自认为重要的但又存在较大差异的评估标准，虽各有其存在的合理性，并对非正义的识别和正义的评判有所帮助，但亦不可避免地存在难以克服的局限。森对几种主流的评价观进行了条分缕析，并以实质自由作为正义评估的全新价值标准，在更加广域、更加包容的基础上实现了对正义信息基础的祛魅与重塑。

功利主义以效用[②]为工具来对个人优势、行为方式和社会状态进行评判，并以三个方面作为基本着力点：其一是着眼于"后果主义"，即一切

[①] ［印］阿马蒂亚·森：《以自由看待发展》，任赜、于真译，中国人民大学出版社2012年版，第49页。

[②] 效用在功利主义者的理解中也不尽相同，古典功利主义者往往以快乐、幸福为界，侧重于心理成就的满足；现代功利主义者则关注于人的选择行为的表现，侧重于愿望的实现，在当代，更为流行的是把效用视为个人选择的一种数量缕述，更确切地说，是一种关于个人偏好的表述。

选择都依其产生的后果来评价；其二是着眼于"福利主义"，即以每种状态的效用作为事物赋值的标准；其三是着眼于"总量排序"，即以效用的总体加总来衡量社会的公平与幸福度。功利主义的这种评判方法，自有其可取之处。我们虽然反对极端的后果论，但任何一种社会安排如果完全不考虑后果的敏感性，是无法想象的；同样的道理，如果我们对快乐和幸福所带来的福利熟视无睹，自然也很难对社会的公正与否作出合理的评判。当然，相对于这种局部的赞同，森也明确指出了功利主义自身所存在的明显局限，这主要体现在三个方面：首先，表现在功利主义者只注重效用总量而对分配的公平与否和现实中福利的不平等漠不关心，这也是功利主义者最饱受指责的地方；其次，只关心快乐的追求和愿望的满足，而忽略了包括自由、权利等非效用因素。注重幸福本身并没有错，但快乐并不是孤立存在的，幸福也有赖于权利的保障和自由的实现；最后，就是主观的心理感受和愉悦程度具有较大的弹性空间。长期处于生存困境中的人们可能习惯了逆来顺受，"固化的剥夺"也是他们对幸福与快乐的渴望变得谦卑且容易满足，但现实中的不平等往往会被这种虚假的表象所遮蔽。

对罗尔斯，森也进行了理性的审视。在他看来，罗尔斯是以"基本善"的获得来判定一个人能否享受公平，持有正义。罗尔斯创设了"基本善"的概念，在这一范畴当中，"基本善"由"权利和自由""权利和机会""收入和财富""自尊"等构成。在众多的善束当中，罗尔斯并没有给予同等的对待，而是将自由置于优先的地位，并作为其正义的第一原则，而把机会平等和差别原则作为正义的第二原则。基本善既为原初状态中的人们提供了理性思考的框架，也标识出了区分社会中最不利者的基本指针。他以基本善中的自由和平等，超越了功利主义者狭隘的主观效用标准，并以差别原则来审视社会中弱势群体的权益，以消除因"基本善"的被剥夺而造成的贫穷与不幸，罗尔斯在这方面的探索无疑是积极和富有建设性的。然而，以"基本善"作为评价正义的信息基础，并给予不同善束以词典式的优先和差序，固然有其值得借鉴的地方，但也面临着不小的挑战，其中，"自由权优先"就首当其冲。在森看来，尽管相较于极端自由主义，罗尔斯对自由权优先的表述相对温和，但并不能掩盖其赋予自由较其他善品优先这一缺憾。自由权固然可以予以优先考量，但不是在任何条件下均需如此,更不能赋予自由权在与其他事物发生冲突时具有压倒一切的程序优先。强烈的经济需要是达致良善生活的必备条件,在极度贫困的国度里,有时甚至生死攸关,决不能因为对自由的优先,而忽视了对经济因素的省察。自由的意义不在于政治评价的装饰和表征,而在于根据需要选择增加自身切实利益的自由,也即选择自由的自由,在森看来,这才是真正的自由之道。此外,尽管基本善是一种通约资源,但我们"不能从各自持有的'资源'或者'基本善'的角度去评估正义,而是从他们实际享有的,可选择他们所看重的生活方式的自由的角度去评估"[①]。因为,基本善的获取,并不代表其就自然拥有了幸福,只是获得了通往幸福的手段和条件,能否将基本善转化为实现美好生活的可行能力,才是通达正义的关键所在。

以诺齐克为代表的自由至上主义,显然比罗尔斯更加极端,他赋予自由权利以绝对优先的地位,在他看来,任何对自由权利的侵犯,都是对公平与正义的践踏。至于由此可能产生的后果,却并不在诺齐克正义的考量范围之内,除非发生其称之为的"灾难式道义性恐慌状态",否则,"人们通过行使这些权利而享有的'权益',一般来说,不能由于后果而被否定,不管那后果是多么糟糕"[②]。这种仅以"自由权力至上"为正义标尺而无视后果的行为,可能会给人们能够享受的各种实质自由带来极大的损伤。在森看来,由于自由权利的维护和任何程度的恐慌状态都可以相容,从而会产生自由权利看似满足,但在事实上又出现大规模饥馑、营养不足、健康无保障等侵犯实质自由的非正义状况。给予自由权利以绝对的、不可软化的优先性,将权利与后果人为地割裂,忽视包括人们理应享受的实质自由在内的普遍后果,只会使人们失去对实际机会的洞见和实际能力的把握。在这一点上,诺齐克与罗尔斯并无二致,只不过,极端自由主义者走得更远,也更加偏离正确的航道。

上述观点都有其赖以支撑的理由,也都有各自的拥趸者,在一定时期和一定领域内曾经作为主流的正义评价标准,森对这些关涉正义的信息基

[①] [印]阿马蒂亚·森:《论经济不平等,不平等之再考察》,王利文、于占杰译,社会科学文献出版社2006年版,第295页。

[②] [美]罗伯特·诺齐克:《无政府、国家和乌托邦》,姚大志译,中国社会科学出版社2008年版,第115页。

础进行了理性的祛魅。在他看来，上述观点存在着一个共同但又非常严重的缺陷，即都把某种信息或价值标准置于"绝对"优先的地位，不加区别地对其他信息焦点予以排除。森认为，这种见解难免过于偏颇，"每一派别的长处和局限性，在很大程度上，可以通过考察其信息基础的范围和限制来理解"①。为此，他提出要扩大信息基础，对不同的价值要素给予共同考虑，而非独断地把其他信息排除在外。但与此同时，森也指出，共同考虑不等于等量齐观，在对各种信息充分考量的基础上，也要区别对待，给予特定要素以程序性的优先。比如自由权利和个人收入，尽管都是源于不同的个人偏好，但森认为自由权利在多数情况下优于个人收入，这并非是对于个人偏好和选择的任意僭越，毕竟每个人都有自己选择偏好的自由，但如果从经济学的视角来审视，自由权类似于经济学上所讲的"公共物品"，其重要性不能单单依据个人评价自己的福利状况来确定，毕竟像包括普选权在内的诸多自由权利，其存废、调整和完善涉及所有公民。而收入则基本上可以归属于"私人物品"，个人收入的变化对他人和社会虽也有影响，但整体来看并不很大。这种现实中表现出的非对称性，使得我们往往需要赋予自由权以更高的权重。这种"优先"是"在共同考虑的基础上由分析产生的区别对待，不是事先排除其他考虑的绝对优先"②。当然，森指出，何种选择应予优先考量，绝不能仅凭一己之见，而应通过广泛的民主讨论和社会选择来确定。至此，森既肯定了几种信息焦点在评价正义之时所起的作用，也中肯地指出了它们自身的局限和不足，并提出了共同考虑、区别对待的利用原则，从而完成了对主流信息基础的理性祛魅。

（二）实质自由：正义信息基础的建构与重塑

在对几种主流信息基础分析批判的基础上，森并没有止步，既然认识到以上信息焦点在面对正义评判时面临着诸多不足，必然需要寻找一种替代性的评价思路，实质自由由此进入了人们的视野。在森看来，实质自由是"享受人们有理由珍视的那种生活的可行能力"。这种建立在人不可简

---

① ［印］阿马蒂亚·森：《以自由看待发展》，任赜、于真译，中国人民大学出版社2012年版，第49页。

② 同上书，译者序言第7页。

约的二元性、自由对结果的敏感性和人际相异性基础之上的实质自由，以自身的广度和敏感度，在公平正义的评判中发挥了重要的作用，其对正义信息基础的建构与重塑，主要从以下几个方面进行延展。

首先，实质自由包容更加广泛的信息。森之所以对几种传统正义评估方法颇有微词，乃是看到他们存在一个共通的问题，正义赖以支撑的信息焦点过于狭隘。当然，森并无意抹杀收入、效用、自由等在正义建构与评估中的作用，只是不赞成把正义聚焦在过于单一的信息焦点之下。效用主义者心无旁骛，只关注总体效用的获得，对正义其他变量视而不见；极端自由主义者坚持自由权利绝对优先，似乎违背这一点，便是对正义的僭越与侵犯；实用主义经济学则专注于收入和财富的增加，俨然把这些物质财富看成通达正义之门的钥匙。森对上述观点并不赞同，而是主张以更加包容的信息，更加宽泛的视角来审视正义。他以实质自由突破了一叶障目之束缚，在指陈上述方法各自长处和局限的基础上，以更加包容的信息来考察正义，兼顾了"功利主义对人类福利的兴趣，自由至上主义对选择过程和行动自由的关切，以及罗尔斯理论对个人自由权、对实质自由所需资源的集中注意"①等优点，在广阔的视域上，对公平与正义作出了更加客观和理性的评价。

其次，宏观指导而非微观规划。实质自由在比较个体优势和评判社会公正之时，指向的是一个以功能性活动为基础的信息焦点，并且根据实际机会来对信息所具有的优势进行研判，并不提供任何具体的方案或政策。与此同时，森虽以可行能力突破了信息焦点只限于一域的狭隘范畴，体现出很大的广延性，但他并没有完全拒斥其他的评判方法，他尤为反对"要么全盘应用，要么全盘不用的想法"，"一个一般性方法可以根据具体情况和可获得的信息，作不同的应用"②。实质自由的关键意义不在于对传统评估尺度完全拒斥并取而代之，而是以更广阔的视角和更深刻的洞见给予正义之思以一般的宏观方法论指导，而非微观的制度与政策设计。显然，实质自由在这方面的价值尤为重要。

---

① ［印］阿马蒂亚·森：《以自由看待发展》，任赜、于真译，中国人民大学出版社2012年版，第71页。

② 同上书，第72页。

最后，对结果进行宽泛理性的评价。森以非常理性的眼光来审视结果，他既不赞成功利主义者的效用结果论，因为他们只以快乐或欲望的满足来判断结果，而不管后果事态之前的过程及其他后果特征；也反对自由主义者对结果的无情忽视，因为正义不能独立于结果而只是作为一种程序性的存在。相比于前两者，实质自由可以被视为"非结果论者但又敏于结果"。实质自由的视野在于人类生活，这必然涉及对我们丰富多彩生活中众多需要关注的事物特征及其结果进行评价，以衡量其是否符合正义的要求。实质自由以宽泛的理性观，调和有权引起我们关注的多种不同关切结果，以一种更明确而且某种程度上是更完整的评判框架，将"全面地把包括为一个人的行动的性质承担责任在内的千差万别的关切结合在一起，而又不忽视其他类型的后果"①。这种宽泛而又理性的特点，使实质自由在进行正义评判时有更大可适性与延展性，拓展了正义评价的空间，使实质自由有了更加广阔的应用范围。

三 实质自由是手段与目标、机会与过程的辩证统一

"在评价自己的生活时，我们不仅有理由对能过上什么样的生活发生兴趣，而且更有理由关注在不同的生活方式之间选择的自由"②。实质自由为此提供了切实可行的途径，它不拘泥于单一的手段，而是有着更加广域的目标；它不单单关注机会或者过程，而是主张两者之间的辩证统一，它使我们关注有理由珍视的生活道路之自由成为可能。

（一）实质自由是手段与目标的有机结合

收入、效用、资源等在提高人的自由，促进社会公平正义方面的确发挥着重要的作用，这一点毋庸置疑。收入的高低与人们的实质自由有着高度的关联；身心的快乐和愿望的满足同样可以提高人的实质自由；而"基本善品"的拥有也是实质自由不可或缺的。但问题的关键在于，它们只是实现满足人类生活的手段，美好生活的目的不在于此，而在于可行能力的提升和实质自由的实现。恰如森所言："我们有充分的理由不去混淆

---

① [印] 阿马蒂亚·森：《后果评价与实践理性》，应奇编，东方出版社2006年版，第402页。
② [印] 阿马蒂亚·森：《正义的理念》，王磊、李航译，中国人民大学出版社2012年版，第211页。

手段与目的,不去认为收入和富裕具有内生的重要性,而是将其价值定位于它们帮助人们实现了包括良好和有价值的生活在内的某个目标。"①

尽管经济发展快和收入水平高与实质自由确有关联,但它们之间也不总是一致,更不能就此说明它们可以直接转化为可行能力。森以某些发达国家中的弱势群体为例,指出它们的绝对收入要远高于一些发展中国家,但由于它们相对于本国的平均收入而言,整体较低,处于本社会中的弱势地位。因此其本身所受到的剥夺程度与发展中国家相应的人群相比有过之而无不及,其人均寿命甚至还低于一些贫穷的国家。这充分说明了单一的收入,尤其是绝对收入,并不会避免过早的死亡,收入水平只是手段的一种,健康和福祉还与众多因素有关,"尤其是与关于社会组织的因素,包括公共卫生、医疗保障、学校教育、社会凝聚力与和谐程度等"② 高度关联。收入水平不仅在不同社会的国别之间不总是正相关的关系,在个人之间有时亦是如此。如果一个人拥有较高的收入,但身体健康状况却不佳,或者存在先天的残障,那么高收入并不意味着此人就具有较高的可行能力。从手段的角度来看,或者说至少从关涉自由度较高的收入变量来看,他是富足的;但若从另外的视角来审视,他往往会因为自身的身体原因,使其很难将收入转换为现实的可行能力,从而难以实现他有理由享受的生活方式,并进一步影响了他自身所享有的实质自由。

作为手段的"效用"同样如此,如前所述,快乐抑或愿望的满足,对可行能力和实质自由会有所助益,但若将每个有价值的事物都简化为某种所谓同质的"效用",显然过于简单。多种多样的价值必然寓于对社会公正的评判之中。退一步讲,即便是在社会评价之中,我们可以忽略效用之外的所有其他事物,但效用本身也具有多样性。在这一点上,同样作为手段的基本品显然关注点更多,它包含了诸如收入和财富、权利和职位、自尊和个人的实现等。尽管如此,基本品仍然只是实现人类生活有价值的手段,而并非目的。实质自由的着眼点在于人类生活,而不仅仅是收入、效用、基本品之类的同质或易于计算的简单客体,它超越了人们对生活手

---

① [印]阿马蒂亚·森:《正义的理念》,王磊、李航译,中国人民大学出版社 2012 年版,第 210 页。

② 同上书,第 211 页。

段的关注,而将聚焦点转向了实际生活。

与此同时,我们也应该看到,森所倡导的实质自由,以其本身的宽泛与包容,使它不仅关注个人可行能力之提升,也将关注和义务的范围拓展至自己生活之外但却对人类具有普遍意义的目标之上,从而使实质自由的目标更具有广延性,这一点在对环境的关注、"可持续发展"的诉求、动物保护等方面体现得尤为明显。环境的价值不单单在于其"自然的状态",而且在于究竟能向人类提供什么样的机会,对于环境,我们不能消极被动地保护,而应积极主动地干预。发展在本质上是一种赋权的过程,我们不能完全从保护预先存在的自然条件出发来考虑环境问题,而应从增加人类有效自由的视角来予以对待。"可持续发展"的诉求考虑到了环境保护和代际传承的重要性,虽然这一理念对当代人的生活并无多大的帮助,甚至会因为对资源的有限开采和合理利用而从某种程度上降低当前的生活标准,但我们仍然愿意接受这种理念,并在现实中去认真践行,这不是源自我们对生活标准的需要,而更多的是因为这是我们责任之驱使,从而使其成为我们值得珍视的并且有理由的一个选择。对于一些濒危动物的保护,道理亦是如此,我们对它们的一些保护,并非出自直接利益的考量——它们的存在能提高我们的生活质量。"维持生活标准与维系人们拥有与保护他们所珍视和有理由重视的事物的自由与可行能力并不是一回事。我们之所以珍视某些机会,并不总是因为他们对我们的生活标准——或者更一般地说,对于我们自身的利益——作出的贡献。"[1] 人类生活的重要意义不仅仅取决于我们的生活质量是否得到提高、现实需求是否得到满足,更在于我们能否承担相应的责任和享有实质的自由。

恰如森所言:"我们不仅是自身的需要应被考虑的'病人',而且是'能动的主体',我们决定价值判断和其实现方式的自由远远超越了我们自身的利益和需要。我们不能将生活的意义置于自己的生活标准中,或者需求满足的狭小空间里。尽管病人的需求十分重要,但这并不能使主体的合理价值判断所具有的重大意义黯然失色。"[2] 实质自由重视手段作用的

---

[1] [印]阿马蒂亚·森:《正义的理念》,王磊、李航译,中国人民大学出版社2012年版,第230—231页。

[2] 同上书,第232页。

发挥，但又不把他等同于目的；注重生活质量的提高，但又不把他看成生活的全部，而是有着更广域的目标。这种手段和目标的有机统一，使实质自由体现出一种强大的张力，也使其有了更加广阔的使用空间。

（二）实质自由是机会与过程的辩证统一

在森看来，实质自由不仅是手段与目标的有机结合，也是机会与过程的辩证统一。实质自由既涉及确保行动和决策自由的过程，也关联到给定的个人与社会环境下享有可行能力之机会。一方面，外在约束与限制所造成的不恰当过程，往往可以形成对自由不同程度的干扰；另一方面，机会的缺乏，同样也会妨碍自由的实现。

1. 机会而非成就与结果。在森眼中，实质自由中的机会是指"我们达到目标的实际能力。它也指我们所拥有的达到我们能够并且确实重视的目标的实际机会"①。森的这一阐释包含了两个关键点：一方面它聚焦于现实中我们所获得的实际机会，而不是仅仅关注最终的成就与结果；另一方面机会的实现是建立在一个人的可行能力之上，实际能力决定着个人对机会的把握和驾驭。概言之，机会意在揭示一个人实际能做什么，而非事实上做了什么；在于他是否享有这样的机会，而无论他是否选择使用该机会。

功能上的一致和结果上的类同，有时并不能掩盖机会和能力的差异。一个人缺乏营养，可能是由多种原因造成。比如一个富有的人，出于身材和形象的考虑，主动地进行节食，一个人因为自身的信仰和追求而采用了类似于印度圣雄甘地的绝食行动，还有一个人则确实因为贫困或者饥荒而使自己的生活穷困潦倒。三个人在功能上是一样的，也都可能面临着营养缺乏的相似结果。但与最后一个人相比，前两个人明显有更多的选择机会来结束这种局面。比如出于健康的考虑，富人可能不再通过节食而是通过锻炼来保持自己的身材，他完全可以进行正常的饮食而摆脱营养不良；绝食的人可能因为意志的动摇或政治目标的达成而终止这种行动，从而迅速恢复营养健康。与他们相比，生活贫困的人却别无选择，由于缺乏相应的可行能力和选择机会，他可能陷入持续的贫困之中。仅凭结果或者成就，

---

① ［印］阿马蒂亚·森：《理性与自由》，李风华译，中国人民大学出版社2012年版，第468页。

并不能反映上述的差异，实质自由所指向的机会和能力则可以对此进行廓清与澄明。

不仅个人功能注重实际享有的机会，社会政策亦同样如此。"在思考一个负责任的成年人所具有的优势时，应从获得的自由（实际机会的组合所赋予的）而不是事实成就的角度，来看待个人对于社会的诉求。"①完善的社会保障体系可以赋予人们老有所养、病有所医、贫有所补、失有所助的可行能力。如若一个人在如此完备的条件下充分享有社会保障的机会，但他却决定不去享有这种机会，他仍然是自由的；但若一个社会发展滞后，社会保障缺失，人们完全缺乏享受社会保障的充分机会，可行能力受到限制，无疑是对个人在这方面所享受的实质自由的一种剥夺。实质自由所呈现的机会，其核心在于基于个人的偏好，在可行能力之上所享有的实际选择机会，而不是选择的结果。

2. 过程在于自由地选择。选择的机会对于实质自由有着重要的价值，选择的过程同样如此。实质自由中的过程不是一种机械的、被动的或者依附性的选择，而是主动的、积极的、自由的选择。在森看来，过程是指"个人决策的自由，它包括个人选择中自主的范围和免于他人干预的自由"。其重要性也相应地体现在两个方面："选项评价"和"选择行为评价"，前者反映了个人在选择行动中的选项所具有的范围和意义，后者则指与选择行动相关的各种赋值。在检验选择过程时，注意力主要集中在什么样的选择，以及谁作出的实际选择。

为了更直观地说明这一点，森以一个清晰明了的例子来加以阐明。金决定在星期天不进行任何的外出活动，只想悠闲地待在家中，这被设定为"情景 A"。第二种情况是，假定一些暴徒闯进了金的家中，不由分说地把他扔出了家门，这可以被称为"情景 B"。第三种情况则是暴徒严令他待在屋内，对其行动进行了限制，并威胁他一旦违反将遭受严厉的惩罚，这被设定为"情景 C"②。显而易见，金的自由，无论是在机会方面还是在过程方面，在情景 B 中都受到了最严重的侵犯，问题的关键在于我们

---

① ［印］阿马蒂亚·森：《正义的理念》，王磊、李航译，中国人民大学出版社2012年版，第220页。

② 参见［印］阿马蒂亚·森《正义的理念》，王磊、李航译，中国人民大学出版社2012年版，第212页。

该如何看待情景 C。如果单从自由的结果来看,金的自由似乎并没有受到影响,因为他本来的愿景就是待在家中,而情景 A 和情景 C 都实现了这个愿望。但事实上,金的自由在情景 C 中,也受到了明显的侵犯,尽管在两种情况下他都可以如愿地待在家中,从结果与表面成就来看,这并无二致,但情景 C 中,他并没作出其他选择的自由,即便是待在家中本来就是他的愿望,但也是受制于人,迫于无奈的一种选择。选择过程中,既无自由选择的权利,也明显受到了他人的干扰和限制,其选择过程中的自由受到了很大的侵犯。我们必须从更加广阔的视域来考虑选择的过程,而非仅仅从表面的结果来衡量。就此例而言,我们需要的是"自由地选择待在家中",而不是"只能待在家中"。

过程除了与选择的范围和自由相关外,还与个人的偏好紧密相连,具体来说就是与"个人过程关怀"和"系统过程关怀"两种方式相关联。两者有不同的偏好,前者意在强调个人对发生在他们自己生活中的过程具有偏好,而后者的偏好则聚焦于社会中作为一个整体规则运作的过程。"一般而言,个人往往既有个人过程关怀,又有系统过程关怀,虽然它们也许并不能彼此相互映射。系统过程关怀反映了他对社会合理性的信念,而个人过程关怀有可能完全是以自我为中心。"[1] 为此,森明确指出,评价自由过程,"不能局限于个人对于那种对其自由极关键的自由过程的评价,还要考虑某些社会关怀如权利和正义的过程"[2]。个人过程关怀固然重要,但应将更广阔的视域投入对系统过程和整个社会的关怀之中。

在自由的选择过程上,森深受哈耶克和伯林等人的影响,尽管哈耶克的思想显得有些极端,但他对个人自由在实践中免于强制的重要性所具有的持重,对森也多有启迪;而伯林"消极自由"思想则内在地包含了自由的"过程"方面"免于干预"的成分,森坦承他对自由过程的理解借鉴了这一传统。过程的意义不在于选择,而在于能否自由自主地选择;个人的一系列决定关键要看是否源于自我,而非受他人或特定集团与机构的操控。

---

[1] [印]阿马蒂亚·森:《理性与自由》,李风华译,中国人民大学出版社2012年版,第568页。

[2] 同上书,第8页。

3. 机会与过程的辩证统一。机会和过程作为实质自由的两个层面，既相互独立，又辩证统一。我们不能倚重一方，而忽略另一方，而是要根据具体的情况、背景予以不同的考量；同样的道理，机会或者过程任何一方都没有固定的优势或绝对的优先，其相对重要性取决于所选问题的性质及其所处的环境，并随其变化而变化。

一般情况下，机会和过程是相互协调的，但有时候也会相互抵牾。在很多情况下，当我们过于关注选择过程之自由时，可能不经意间会削弱成功达致目标的机会，即便"能够亲自选择"是一个非常重要的理念，但当我们选择自由时，必须恰当考虑各类选择行动的效果以及拥有更多选项的实际后果。"这并不是反对自由一般或任一空间中的选择的理由，但是我们确实有理由更审慎地检验以何种方式追求更多的自由以及在什么领域要求更多的选择。"① 同样的道理，如果仅仅关注机会的获得而罔顾选择过程中的自由，往往只会聚焦"终极结果"，而忽略了对"全面结果"之考量，从而将实质自由置于一个相对狭隘的现实境遇之中。

机会与过程的相对独立性并不意味着可以将它们完全割裂开来，而应该在对立之中把握它们的统一。一种考虑"综合性"的选项的手段，使我们必须将机会和过程同时嵌入实质自由之中。实质自由应该容纳更加广阔的视角，既要避免单纯聚焦于过程而无视实际享有的机会以及由此而带来的后果，也要避免仅仅盯住机会而忽略选择过程中的自由。在实质自由的追求过程中，过程和机会各有其存在的重要性，都应给予高度的重视和充分的考量。

第二节 能力平等：正义的核心变量

平等一直是正义的焦点诉求，各种关涉正义的阐释都与相应的平等观有着紧密的联系。但在平等的诉求上，人们往往侧重于"为什么平等"（why equality），进而去追问平等的必要性和重要意义，却往往忽视了"什么的平等"（Equality of what）这一更基础性的问题。在森看来，人际

---

① [印]阿马蒂亚·森：《理性与自由》，李风华译，中国人民大学出版社2012年版，第550页。

相异和多元主体的存在使得"什么的平等"显得更加重要。能力不平等往往会引致众多负面问题,贫困与饥荒、性别不平等的实质原因就在于能力的剥夺。为此,森提出并构建了一个包容性更强、建立在可行能力之上的能力平等观,以功能和能力为视角来看待个人利益和衡量平等,从而使实质平等不再是缓解自由与平等之间内在张力的权宜之计,而成为评判正义与否和公平得失的一个核心变量。

一 "什么的平等"

(一)"什么的平等"与"为什么平等"

"为什么平等"与"什么的平等"是密切关联而又存在显著差异的两个问题,在森看来,对平等的关注不仅仅要聚焦于"为什么平等",更要关注"什么的平等",后者才是平等的关键之所在,其缘由主要在于以下几点:

1. "什么的平等"是"为什么平等"的前提和基础。在没有弄清平等包含哪些变量,平等的诉求是什么之前,我们如何去捍卫平等,如何去批判平等?诚然,平等是一个一般性的观念诉求,不论平等观如何迥异,如何千差万别,但却都包含着对"平等"的共同诉求。在每一个平等的理论当中,我们都能找到这个共同的影子,"即使那些被认为是反对平等或'分配正义'的观点中,也仍有对平等的诉求"[①]。但这个共同之处并没有把对抗的阵营拉到同一战壕,反而更加凸显出"什么的平等"的重要价值,因为平等绝不能仅仅止步于观念的表达,它更体现出一种实质性的要求,只有确定了特定方面的平等,才能使平等的共同诉求具体化为更加真实和有效的内容,才能保证一个关于社会安排的规范理论之合理性,才能进一步确保和实现人与人之间真正的平等。从这个意义上来讲,"什么的平等"是"为什么平等"的前提和基础,"为什么平等"的确立和解决,有赖于我们对"什么的平等"的合理回答。

2. 对"什么的平等"的优先考量是辨识各种平等观的关键所在。对平等的共同诉求并没有遮蔽平等观自身的丰富多彩性。不同的平等观既相

[①] [印]阿马蒂亚·森:《论经济不平等/不平等之再考察》,王利文、于占杰译,社会科学文献出版社 2006 年版,第 234 页。

互融合，又相互交锋，尽管他们在平等的最高主旨上有着共同诉求，但这并不意味着不同的平等观就具备了整齐划一的特征。他们对平等有着各自不同的理解，有的并不相容，甚至根本对立，在各自评价域内对某种特定平等价值的推崇与尊奉，有时恰恰就是对别的平等观的排斥与否定，"在某一评价域（不论该评价域按照传统的看法被看得多么神圣）的平等诉求到了另一个评价域里可能就成了反平等主义的了"[①]。每一种平等观都有其自身的长处和优点，我们并不需要站在平等的制高点上，把他们分成赞成或者反对两个泾渭分明的阵营，对"什么的平等"的深入分析，能使我们充分了解和辨识不同平等观的合理诉求和内在价值。

3. "什么的平等"对"为什么平等"有指引和导向的作用。当我们对特定问题或事情发出"为什么平等"的疑问时，我们要想给予赞成或批驳性的回答，在很大程度上就取决于选择的变量和所在的问题域，"什么的平等"在这时自然就会对"为什么平等"的解答起一种指引和导向的作用。比如，当我们要回答为何要经济方面平等的相关问题时，可以由何为经济平等来对之进行解读；同样，当我们需要回答为何要资源平等时，也需要以资源平等的阐释作为指引；即便是要回答功利主义者为何主张效用总和最大化而非个人各自享有的总效用平等这个隐含问题之时，也需要对功利主义中所蕴含的平等主义实质进行导向性的解答。缺少对"什么的平等"的廓清与澄明，就会使"为什么平等"的回答缺少必要的引导和支撑，从而变得语焉不详，甚至难以自圆其说。只有以特定领域内平等的阐释和解读为指引，才能使关涉此领域的平等之辩得到理解、支持和认同。

当然，森也指出，"什么的平等"虽具有优先性，但这绝不意味着"为什么平等"就无足轻重，只是意在阐明前者是后者的前提和条件，后者的实现有赖于前者的解决，对"平等"问题进行伦理意义分析时，我们需要对两者都作出充分的考量。

（二）人际相异性与多元化的平等

对不平等的评估和平等的追求，必须借助于特定的评价域来选择一定

[①] [印] 阿马蒂亚·森：《论经济不平等/不平等之再考察》，王利文、于占杰译，社会科学文献出版社 2006 年版，第 237 页。

的评价变量。但可供选择的变量本身亦是多种多样的，权利、自由、效用、收入、资源等，不一而足。究竟该选择何种变量作为我们分析的工具和视角，是评价公正与平等的关键所在。

1. 人际相异。人与人之间面临着诸多差异，从生理到心理、从自然到社会，每个人都有着异于他人的性格和能力，生活的内外环境也可能千差万别。从自然环境来看，有的人生活在气候适宜、物产富饶、交通便利的良好环境当中，有的却远不能及；从社会环境来看，有的地方政通人和、社会和谐、基础设施和公共卫生条件发达，有的却战乱纷争、经济凋敝、基本公共服务相对不足。除去这些外部差异外，每个人的聪明程度、体质状况、年龄分布也都具有迥异于他人的特征。这种无所不在的人际相异性，使得对人们行为能力的优劣判断不能借助于单一的视角。比如，同样是出行，对交通便利的人来说可能是轻而易举，对交通不便的人而言，则可能是举步维艰；同样的收入，身体有障碍的残疾人，相较于身体健康的人来说，可能并不能做同样的事情。恰如森所言："从一个评价变量而来的不平等排序方向与由另一个变量而来的不平等的排序方向就未必一致，此域的平等到了彼域可能就变成不平等了。"① 如若所有人都可以看成同质的，则不同评价域之间的平等差异自然就会消失，但问题的关键在于现实中的人们并非千人一面，而是各有不同。正因为人际相异性的广泛存在，森才特别强调对平等的评估不能只从某种单一的变量出发，用一种"模式化"的平等来对其衡量。

2. 利益分殊。评价域的多样性和由此而带来的对平等的不同诉求，似乎把平等置于一个只有躯壳和抽象概念，而无具体所指和实质内容的尴尬境地。在森看来，这种说法并不准确。"即使是没有选好评估平等的具体评价域，但只要认为在某个特别重要的评价域内应有平等的诉求，则该要求本身并不是一个空洞的诉求。"② 这其实也折射出另一个更深刻的多样性，即价值目标和利益要求的多样性。多样性并不只是评估平等具有多样缘由的单一专利，也是对如何评估个体间利益思维的一

---

① ［印］阿马蒂亚·森：《论经济不平等/不平等之再考察》，王利文、于占杰译，社会科学文献出版社 2006 年版，第 240 页。

② 同上书，第 244 页。

种反映。不同的平等诉求，有不同的评价域，评价域本身的选择过程与隐藏在平等诉求下的利益动机高度关联，而一旦平等的内容确定之后，自然就会产生相应的价值目标，从而造成彼此之间的利益分殊，而在不同的价值目标域内，都有着对利益目标的明确阐释和相对完整的逻辑自洽。这种个体利益的分析理路，进一步彰显出评价域多样性的现实存在及其客观价值。

3. 多元平等。不同选择域和选择变量，往往会形成各不相同的平等观，既有罗尔斯"基本善束"的平等，也有德沃金"资源和待遇"的平等；既有功利主义的"效用平等"，也有诺齐克的"极端自由权平等"；既有内格尔的"经济平等"，也有斯坎隆的"机会平等"。在这多元的平等观里，森重点对收入平等观、效用平等观和罗尔斯式的平等观进行了分析。收入平等观以收入作为判断平等与否的唯一依据，在森看来，是非常偏颇的。如若仅仅用来衡量收入分配而非个体福利，收入的办法并无不妥，但若依赖收入对其产生的成就效用进行评估，则这一办法却值得商榷。因为人们所面临的机会不平等未必真的就肇因于收入不平等，对不平等的考量还要充分关注人际相异性，毕竟不同的人将收入转化为个体福利与自由时的能力，存在着较大的差异。功利主义注重的是效用的平等，在森看来，用这种方法来表示个体优势具有两个明显的局限：一方面，它只关注于成就而忽视了自由；另一方面，除主观感受外，其他的成就都被忽略了。尤其是在涉及那些相对稳定或"固化"的差异、不平等、剥夺，如阶级分化、社会差异、种姓等级制和性别不平等时，效用量度的误导性则更加明显。针对罗尔斯的平等观，森也提出了不同的见解。森指出，罗尔斯言及的"基本善"的平等，往往由于人际相异性而导致不同人实际拥有的自由的严重不平等。罗尔斯的理论只是关注了可获致自由的手段，而没有对自由的程度予以足够的关注，但手段与实际自由之间的联系却因人而异。罗尔斯关注"基本善"持有的平等，追求的是实现自由的手段上的平等，而恰恰忽略了对实际自由本身平等的追求。

上述平等观存在着一个共同的问题，即对人际差异的忽视，以此为基础的平等观也往往导致事实上的非平等主义。"因为主张对所有人都予以平等考虑实际上也暗含着赞成对处于不利地位的人予以不平等的对待，也意味着对平等诉求的最主要特征的忽视。"① 这不仅仅是来自实际应用中不同平等观持有者的一种简化之需，也往往受"人生而平等"这一理念的影响，似乎在这一至高理念的指引下，就可以实现不同评价域之间的自由转换。其实这顶多只是从表面上消解了有关平等分析的不同理路之间的紧张对立，对不平等问题之解决并无多大助益。对平等的评价，显然需要一种更加行之有效的办法。

（三）平等观的崭新向度：能力平等

正是基于对上述平等观局限的分析，森提出了一种替代性的分析框架——能力平等。这种新的平等观以个体可获致他所看重的"生活内容"之能力来评价社会制度安排，它既尊重个人的福利与成就，又不漠视客观存在的人际差异，而是将人际相异性的事实与评价平等的不同信息焦点联系起来，使得我们对平等的考量有了一种新的思路，体现出一种崭新的思维向度。

在森看来，一个人平等与否，可以依据其生活质量来判断，而生活质量又与生活内容，即"一个人处于什么样的状态和能做什么"的集合紧密相关。生活内容是一个内涵丰富的概念，既包括基本的生存需要，也包括较为复杂的成就需求。个人的平等依赖于他可表征的状态，需要借助于生活内容的实现来加以彰显，个体平等方面的成就可以视为生活内容的向量。能力则是指一个人有可能实现的、各种可能的功能性活动组合，反映了人们能够过某种生活的实质自由。如若把功能性活动视为个体平等的构成要素，那么可行能力就是衡量一个人获致个体平等的标尺，相较于传统的评估方法，能力平等观具有明显的优势。

首先，它突破了评估不平等的僵化模式。能力平等观与传统评价观的差异不仅在于所选择评价域的不同，更关键的还在于对所选择评价域的评价方式。传统的关于不平等测度的"主流"理论，常常聚焦于"恰当的指标"，并借此设计了一个评估不平等的公式，把它视为一个通用的准则。森所倡导的能力平等观则改变了这一僵化的模式，它聚焦的是平等本身而非获致平等的手段，更确切地讲，它聚焦于可获致有价值的"生活

---

① ［印］阿马蒂亚·森：《论经济不平等/不平等之再考察》，王利文、于占杰译，社会科学文献出版社 2006 年版，第 224 页。

内容"的能力。这不仅有助于我们辨识多种选择域中真正有价值的选项，而且其本身就是平等的一种基本体现，从这个视域来看，可行能力对平等有着本源上的价值。

其次，能力平等观改变了我们对不平等的固有思维。传统对不平等的认识，往往借助于某个核心变量，即便是这些变量相互各异，但总能被贴上"平等"的标签。但一方面这些变量各有其难以克服的局限，如收入没有顾及将其转化为能力时可能面临的各种困难、效用回避了心理上所具有的弹性空间、基本善则忽略了人际之间的众多差异。另一方面不同的变量之间有时也会相互矛盾，对一种平等的诉求就往往意味着对另一种平等的拒斥。如此一来，究竟何为不平等，似乎难以达成统一的认识，从而会造成在平等诉求之中的相互抵牾，以至于会形成一种"在抵制平等的诸思想中，比起诸如秩序、效率或自由更有力量的恰是平等本身"[①] 这样的逻辑。能力平等观则超越了不平等的传统认识，不再以单一的变量来衡量不平等，而是以实现各种可能的功能性活动组合之现实能力来加以统摄，不平等不再仅仅被视为整体收入低、效用总和小、基本善匮乏，而在于其有效自由之可行能力的缺失。这种广域的能力平等观不仅改变了我们固有的思维，用能力方法作为评价平等的尺度，也使平等本身呈现出一种更加广阔的视角。

最后，能力平等观使我们重新审视公共政策和政府行为。饥荒的防止、贫困的消除、不平等的解决，需要政府的有为之举和公共政策的大力支持，在这方面，森所倡导的能力平等观为我们提供了现实的启迪。一方面，政府对于不平等的消除义不容辞、责无旁贷。很多关涉平等的"公共物品"和"准公共物品"都需要借助于公共政策来有效实施，如社会保障制度的覆盖、基本公共卫生服务制度的普及和教育体系的完善，都有赖于能力政府的构建。另一方面，也要注意改进政府在消除不平等方面的具体举措。森认为，消除不平等，不能仅仅关注于对不平等者进行物质上的帮助，更应该提升他们改变自身命运的实际能力。如扶贫，政府不应该仅仅只是资金的补贴这样单纯的输血，而应通过教育、培训等手段从根本

[①] 转引自［印］阿马蒂亚·森《论经济不平等/不平等之再考察》，王利文、于占杰译，社会科学文献出版社2006年版，第243页。

上改变他们的思维观念,提高脱贫致富的实际能力,增强他们自身造血的功能;当饥荒发生时,政府的合宜行为不应只是保证粮食的供给,而应提供更多的就业机会,提高他们获致粮食的实际能力,与单纯的增加粮食供给相比,"增能""增权"显得更加重要。

对"什么的平等"的阐释与回答,是我们理解和分析平等问题的核心与关键,其重要性源自人际相异这一经验事实,而要消除众多变量引致的多元平等之间的众多分歧与矛盾,一个可行之道就在于推进能力平等。当然,森也坦承,能力并不能穷尽所有价值,它可以与其他平等观"共处";它尽管有着显著的优点,但却并非尽善尽美,也存在着理论和实际上的不完备性。之所以倡导能力平等,"正是出于要检验生活内容和能力的价值的需要,以此反对将注意力集中于获得成就和自由的手段(如'资源''基本善''收入')的分析方法"①。不平等的评估方法,绝非唯一,但能力平等显然更加切实可行。

二 贫困的实质在于能力的剥夺

贫困往往与收入低画为等号,经济不平等也习惯被视为收入不平等。然而,在森看来,这一概括难免过于偏颇,低收入只是造成贫困的一个重要诱因,贫困的实质不在于此,能力剥夺所导致的能力不平等才是贫困的根源所在。

(一)以可行能力剥夺看待贫困

可行能力聚焦于人类的生活,关注的是人类享有的实质自由,贫困不应该被定义为资源占有的不足抑或收入的不平等,而应该从个人所拥有的整体可行能力出发来看待和审视贫困。

1. 贫困的传统测度方式。依据特定的标准设置一个贫困线,将个人收入与此线进行对比,以此为标尺来区分贫困与否,是评判贫困的主流方法。一般而言,有两种具体的测度方式,一是"人口计数法",主要包括贫困者识别和贫困指数汇总两个步骤。对贫困者进行识别主要借助于贫困线,收入低于贫困线者则被归为贫困人口,在此基础上,对贫困人数进行

---

① [印]阿马蒂亚·森:《论经济不平等/不平等之再考察》,王利文、于占杰译,社会科学文献出版社2006年版,第263页。

统计,并计算出贫困者占总人数的比重,即"贫困人数比率"。另一种方式是"收入差值法",它测量的是一个收入的"拟增加值",即"将依贫困线确定的贫困者都提升至贫困线以上所需的收入值的最小值。该'差值'可用'人均'的形式表示,即将这个最小增值除以贫困者的人数得出的平均值"[①]。前一种方式虽然简洁明了,易于操作,但这种"一刀切"的方式,只关注贫困者的总人数和比率,而对贫困者收入之间的差别视若无睹;后一种方式虽对贫穷者收入的平均差值相对敏感,但却对贫困者的人数无动于衷。两种方式都以收入为唯一变量,虽各有侧重,但又各有不足,我们不能采取一种简单的加总方式来弥补他们各自的缺陷,因为无论是"人口计数法"还是"收入差值法"都忽略了贫困者之间的收入分配状况,也没有看到收入与可行能力之间的内在关联。

2. 为什么是可行能力而非收入?传统测度贫困的方式之所以存在重大缺陷,一个很重要的原因就是它把收入作为单一的变量。无可否认,收入不足的确是贫困的一个重要原因,但它更多的是充当一种手段,呈现出一种工具性的价值。对贫困的理解应超越这一认识上的偏颇。为此,森指出将贫困概括为"达到某种最低可接受的目标水平的基本能力的缺失"[②]更为合宜,贫困不是以收入为唯一坐标,而是以可行能力为评判标准。

首先,能力剥夺对于贫困而言具有本源的意义。森所言及的能力,关注的是个体可获致他所看重的"生活内容"之自由,这些生活内容域既有衣食住行的基本要求,也有自尊、社交和自我实现的复杂需求。一旦这些人们有理由享受的功能性活动组合之实质自由受到限制,即意味着可行能力受到剥夺,自然就会导致贫困的产生。我们应按照人们能够实际享有的生活和他们实实在在拥有的自由,来理解贫困和剥夺,在森看来,能力的缺失与剥夺既是贫困的表征,也是贫困问题产生的根源。

其次,收入不是影响能力的唯一要件,其他众多因素也会使能力受到剥夺,进而会影响到真实的贫困。在森眼中,文化的繁荣、教育的发展、公共卫生与医疗保健的普及、人与自然的和谐、社会氛围与社会环境的融

[①] [印]阿马蒂亚·森:《论经济不平等/不平等之再考察》,王利文、于占杰译,社会科学文献出版社2006年版,第263页。

[②] 同上书,第319—320页。

洽，都与可行能力高度关联。借助于他们，在提升人的可行能力的同时，也可以使剥夺情况减少，剥夺程度减轻，最终对降低和摆脱贫困多有助益。

最后，也是最关键的是收入转化为可行能力存在着很大的人际差异。同样的收入并不意味着同样的可行能力，不同的人面临着不同的条件和境遇。比如一个新陈代谢过快的人需要消耗大量营养，与一个身体正常的人相比，同样的收入未必能满足他最低的营养需求，相较于后者，他可能依然会被归类于贫困者。虽然从收入的数字来看，可能高于贫困线，但其收入并不足以使他转化和实现特定的能力。对于身体有残疾的残障人群而言，这一点表现得可能更为严重。一方面，由于自身的残疾，可能会导致其获取收入的能力受到很大的限制，我们可称之为"赚取障碍"；另一方面，即便是可以获取与健康人正常的收入，但与健康人相比，他们显然需要更多的照料，同样的收入不足以使他们实现和正常人相同的功能性活动，我们可以称之为"转化障碍"。两种障碍所产生的叠加效应会使残疾人将收入转化为良好生活变得更加困难。

收入对于免于贫困的确重要，但如果我们最终关注点是可行能力，在人际相异的情况下，我们就不会把"收入"看作可行能力本身。漠视个体禀赋特征的"收入"往往遮蔽了我们对贫困背后能力缺失这一根本问题的关注。为此，森指出，我们不能把贫困简单地等同于低收入，而不顾个体间在收入和能力之间的转化率的不同。判断某个人是否贫困或者贫困程度几何，不是从收入，恰恰是从能力的角度出发的。

3. 贫困的实质。在现实生活之中，贫困具有不同的表征，收入低至多是贫困的一种表征。一个拥有较高收入但却缺乏政治参与的人，虽不是通常所理解的穷人，但显然就一种重要的自由而言他是贫困的；一个比其他多数人收入更高但却患有一种治疗费用高昂疾病的人，虽然就单纯收入而言并不能被归类于贫穷，然而，他实现他向往的生活方式显然受到了限制；一个求职被拒但从国家得到"失业津贴"的人，在收入上似乎并没有遭到过多的损失，但就其珍视的职业机会与自由而言，他自然面临着一种剥夺。上述现象虽然各异，但却存在着一个共同的问题，那就是他们各自拥有的、享受自己有理由珍视之生活的实质自由，也即可行能力受到了剥夺，从这个视角来看，他们都是某种意义上的贫困者。对"基本需求"和"生活质量"的关注有助于我们了解其在人类生活中的作用，但这并不能取代我们对基本能力的关注。在森看来，对贫困的理解更多地应聚焦于享有自己珍视生活的自由度之上，包括收入在内的基本需求的匮乏不是贫困的真因，能力的缺失才是贫困的实质。

（二）繁荣的贫困病——难解的戈尔迪之结

如果仅以收入为变量，在经济落后的国度里存在贫困，往往被我们视为很正常的事情，但在经济繁荣富庶的社会里却依然充斥着贫困，看上去就会令人匪夷所思，然而，这又的确是客观存在的事实。以当今世界上最大的发达国家美国为例，在这个富裕的国家里，仍有为数众多的人处于饥饿和营养不良之中。在经济如此发达的社会中还存在饥饿现象，的确令人费解，毕竟在美国，即使最贫穷的群体，其收入也远远高于穷国里的中产阶级，但前者却饱受饥荒的困扰，后者则可以免于饥馑之虞。这其实从侧面再次印证了为何在评估贫困时要超越收入域的局限，而应将目光投注于可行能力之中，借助于森的能力视角，我们可以打开这个难解的戈尔迪之结。

首先，森特别强调饥饿是一个关乎多种变量的综合问题，而非仅仅取决于收入高低。饥饿和营养不良都与食物摄入量和食物吸收有关，后者受制于人的健康状况，而健康状况又与社会环境、家庭生活方式，尤其是与医疗保障供给高度关联。然而在当今的美国，公共医疗供给却存在着巨大的不平衡，由于推行私人医疗保险，仍有数千万人没有任何的医疗保障，时刻面临着巨大的疾病风险。这种医疗救护和保健护理的不平等，本质上是对人的医疗自由和健康能力的一种剥夺，它导致了健康及营养摄入方面的能力缺失，进一步加剧了饥饿和营养不良。不仅如此，医疗保障能力的缺失也很大程度上影响了人均寿命，非洲裔美国人的人均寿命不仅远远低于美国白人，也低于中国、印度这些发展中国家，甚至还不及哥斯达黎加、牙买加等不发达国家。尽管从国际通行的标准来看，这些人的绝对收入并不低，但事实上却面临着巨大的生存困境，对此，我们很难将其归咎于单纯的低收入，而应视为健康能力的缺失与剥夺。

其次，在富裕社会里，贫困本身就是能力的残缺所引致。森指出，

"在收入域里的相对剥夺可产生能力域的绝对剥夺"①。一方面,生产成本的差异也会导致生活成本的不同,富裕国家的商品价格相对于发展中国家而言,可能更加昂贵,要购买同样的商品,可能需要支付更多的金钱。另一方面,在一个普遍富裕的社会里,人们的生活水准都比较高,一个人要想体面地出现在众人面前,或者积极参与到社会各项活动之中,需要花费更多的钱来购买足够多的商品以达到相同的社会性的生活内容。而这些生活内容都依赖于对商品的需求,至于商品的数量和范围则往往因社会标准的不同而不同,相对于发展中国家而言,在发达国家中,所需的商品自然更加丰富多样,与此相伴而生的自然是不菲的花费,最终会导致个人或者家庭处于一种贫困之中。

正是基于上述分析,森才明确指出,只从收入的角度去分析贫困未免与我们探究"到底何为贫困"的动机相去甚远,只围绕收入去分析贫困并不能揭示真正的问题所在。看似难解的戈尔迪之结,一旦我们跳出了收入之囿,去关注收入及其他资源与各种可行能力之间的转化,那么,在富裕的国度里存在"繁荣的贫困病"这一令人匪夷所思的问题,自然就不难理解。

(三)失业与性别不平等中的能力缺失

失业与性别不平等往往交织在一起,在失业浪潮的冲击中,广大女性往往首当其冲。对此,森并没有从表面来看问题,而是从本质上对其进行了分析。在他看来,无论是失业,还是性别不平等,其实都面临着一个共同的问题,即都意味着可行能力之缺失,也都意味着处于一种广义上的贫困之中。

失业对任何国家来说都是不可避免的,只不过失业率高低不同,如若把失业视为一种单纯的收入损失,则其大可通过完善的失业保险制度加以弥补。比如在社会保障体系较为完善的欧洲各国,尽管失业率相较于美国而言普遍较高,但失业人员的收入并没有显著的递减,概因其失业津贴之作用的发挥。如果仅从收入来看,欧洲各国在避免因失业带来的收入不平等方面,似乎有理由为自己所取得的成就而骄傲,但若从更广延的视角来审视不平等,则这种沾沾自喜未免显得过于乐观。从更深层次来看,森指

---

① [印]阿马蒂亚·森:《论经济不平等/不平等之再考察》,王利文、于占杰译,社会科学文献出版社2006年版,第325页。

出,除了收入损失外,失业还会产生众多负面问题,包括"心理伤害,失去工作动机、机能和自信心,增加身心失调和发病,扰乱家庭关系和社会生活,强化社会排斥,以及加剧种族紧张和性别歧视"①。显而易见,这些都是对个人能力的一种伤害,失业并不一定减少实质收入,但可能造成可行能力的剥夺。因此,对降低失业来讲,弥补收入可能只是一种权宜之计,提升可行能力方是治本之策。

就性别不平等而言,女性可行能力剥夺主要体现在两个方面:一个是较高的死亡率;另一个是较低的就业率。从死亡率来看,女性过高的死亡率往往并非源自自然因素,而恰恰是人为所致。姑且不论其自身的残酷性,但就其人为的妇女高死亡率而言,就是对妇女可行能力的一种严重剥夺,森强调指出这一现象在亚洲、北非等一些发展中国家表现得尤为严重。选择性的堕胎、对女性在医疗保健、入院治疗、营养健康方面的有意忽视,都会加剧这一现象。从就业率来看,女性的就业率在世界范围内整体比率偏低,近年来虽有所上升,但仍低于男性。女性承担了更多的家庭角色,在工作机会方面却面临着众多歧视。不仅如此,从就业领域来看,女性往往也多从事更为普通的职业,这不仅是位置客观幻象使然,也与社会对女性根深蒂固的偏见密不可分。这种性别歧视所造成的性别不平等,当然也是对妇女权益的一种践踏,它不仅造成了妇女可行能力的剥夺,也使广大女性相对于男性而言处于一种贫困和弱势的地位,并使这一地位在现实之中日益固化。

从森的上述分析中我们不难看出,将贫困等同于收入低下,无疑是一种非常偏颇和狭隘的看法。收入低固然可以引致贫穷,但收入高却并非一定能摆脱贫困,将收入转化为一个人享有的实质自由之过程,往往受制于众多因素。繁荣的社会中依然可能存在贫困,性别不平等和广泛存在的失业,也是贫困的一种表征。我们应超越固有的传统思维,以可行能力来看待和审视贫困,毕竟低收入只是造成贫困的一个重要诱因,恰如森所言,贫困的实质在于能力的剥夺。

三 能力在正义中的关联效用与应用价值

提及正义,人们首先想到的往往是自由和平等。如果说自由是正义的

---

① [印]阿马蒂亚·森:《以自由看待发展》,任赜、于真译,中国人民大学出版社2012年版,第91页。

首要价值,那么平等就是正义的核心变量,各种关涉正义的阐释都与相应的平等观有着高度的关联。在对"什么的平等"进行澄明的基础上,森明确指出平等不是一种单一的"效用平等"或者"基本善的平等",也非"机会平等"或者"资源平等"。在森看来,正义视野中的平等,应是个体可获致他所看重的生活内容之自由基础上的"能力平等"。它不仅是正义的核心聚焦点,也关联到正义的其他变量,在正义的审视与评判当中,能力平等观有着广阔的应用价值。

(一) 能力的关联效用

1. 能力与价值。能力是对一个人有可能实现的、各种可能的功能性活动组合之自由度的一种彰显,各种行为与状态的功能性组合构成了我们现实中的生活。在这些不同的功能性活动中,既有简单和基本的衣食住行活动,也有复杂和较高要求的自尊、社交活动,尽管它们形态各异,但都具有各自不同的价值。因社会环境、个人需求,尤其是可行能力高低不同,个人对功能性活动的选择也存在较大的差异。一个人生活质量的高低主要依据其获得有价值的功能性活动之可行能力来评估,然而,一个人既没必要,也不可能穷尽所有功能性活动,为此,森强调指出,能力评估赖以需要的功能性活动就必须经过缜密和恰当的选择。选择的依据主要聚焦于功能性活动本身所具有的价值,据此来判定功能性活动对个人的轻重与缓急,从而赋予它们各自不同的权重。

森所倡导的能力方法,主要关注的就是价值对象的确认,并且依据功能性活动和能够发挥功能的能力来认识评价空间。这就意味着在具体的评价过程中主要有两个步骤:首先,要确立价值客体是什么?其次,相应的对象价值几何?从实质来看,前者的工作处于首要的地位,一般而言,在确认具有正权重的价值客体集合的同时,本身就促成了一个优势排序。能力不同于诸如效用、财富、资源等方法,它并没有赋予生活的手段或自由的手段以直接的重要性,而是"为各种人类行为和状态本身具有价值留下了空间,也以能力的形式为评价各种自由留下了空间"[①]。

---

① [印] 阿马蒂亚·森、[美] 玛莎·努斯鲍姆:《生活质量》,龚群等译,社会科学文献出版社 2008 年版,第 38 页。

2. 能力与自由。在正义的追索过程中，自由和平等往往被视为最重要的两个范畴，然而也是最容易相互抵牾，甚至相互冲突的两个领域。亚里士多德、卢梭、罗尔斯等人的正义思想，对平等可能更为持重；而诺齐克、哈耶克等人对正义的思索，则把自由放置在更加重要的位置。从表面上看，两者之间似乎有着不可调和的矛盾，自由的追求似乎往往意味着对平等的排斥，而平等也在某种程度上被视为对自由的僭越。但森认为，平等与自由并非天然的对立，在最基本的诉求上它们是内在统一的。它以能力为中介，以能力平等打通了自由与平等之间的隔膜。在森看来，平等首先表现为能力的平等，而能力平等又集中体现为自由的平等，能力平等的实质就在于可行能力方面所拥有的实质自由。如此看来，平等与自由之间虽有着异质的追求，但也存在着巨大的张力，二者之间既高度关联，又相互统一。

从现实生活来看，能够享受不同类型生活的自由反映在个人能力集合之中，个人的能力取决于包括个人特性和社会安排在内的诸多要素。个人自由不仅仅与个人生活的能力相关联，也须将关注的目光聚焦于其他的社会目标之上。但毋庸讳言，个人的能力构成了个人自由的重要部分，一个人生活质量的提升和平等地位的彰显，不在于他获得了什么事情这一结果上的平等，而在于他有机会可以从不同的选项中进行选择的实质自由，由此体现出的能力平等才是平等的关键所在。在森看来，对生活内容向量集的选择自由，于能力平等而言，不仅具有工具性的意义，也有着自身固有的内在价值。

3. 能力与福祉。一个人的福祉成就是从一个人自己的个人福利角度对他存在状态的构成要素进行评估的运用，是对他的存在状态之"福性"（wellness）的一种评价。功能性活动是获取福祉的核心，这与福祉的源泉是否来自个人并无本质的关联。然而，依据获得福祉的自由而非实际的福祉成就来认识个人对社会的要求可能更为重要。这自然就将我们的评价目标从检验一个人存在状态的"福性"转移到一个人追求他有理由促进的所有目标的成功，也即从"福祉成就"的评价转移到"能动性成就"的评价。相较于"福祉成就"的评价，"能动性成就"的评价超越了功能性活动的评价空间，它"依据能力而不是获得的、被选择的或最大值的功能性活动来看待福祉"①,从而使我们对福祉的评价和运用,变得更加宽泛和理性。

能力是根据功能来派生地定义的,能力就是功能性活动的一个集合,代表着各种不同的活动和存在状态的组合,它本质上体现的是对各种功能性活动选择的实质自由。选择的自由不仅是能力的一种充分展现,也可以被视为生活的一部分,"福祉成就"不必独立反映在能力集之外,"福祉自由"和"福祉成就"都可以借助能力集来进行评价。从能力视角来看,能力不仅使福祉的评价获得了更为宽泛的运用,其本身所表现出来的自由,对于一个人的福祉来说,也具有内在的重要性。"自由行动和能够自由选择可能直接就产生福祉,不仅仅是因为更多的自由可以使得我们更好的选择。"②如此看来,能力对于福祉,有着更为本源的意义。

(二)能力平等在正义中的应用价值

1. 能力平等观拓宽了正义的实现路径。平等对于正义的价值与作用,无须进一步的赘述,但究竟何为平等,却一直众说纷纭。任何正义,都离不开特定的场域;任何平等,也都需要借助特定的评价空间。在森看来,评判平等的合适空间,"既不是效用(如福利主义者所声称的),也不是基本品(如罗尔斯所要求的),而应该是一个人选择有理由珍视的生活的实质自由——可行能力"③。在此基础上,森跳出了平等思考的传统之域,他以能力为引擎,赋予了平等新的内容,改变了我们对平等的思维向度。这种新的平等观以个体可获致他所看重的"生活内容"之能力来审视人们在社会中的地位是否公平,来评价具体的社会制度安排是否合宜。与此同时,能力平等观也将物与人的关系、人的内在价值与外在价值之间的关系、平等的诉求与评估等推向了新的层面,在丰富平等内涵的同时,也使正义的实现路径进一步得到拓展。如此,要改变人们在现实中的不平等,着力点不仅仅在于提高个人收入、增加总体效用、丰富基本善品,更要注

---

① [印]阿马蒂亚·森、[美]玛莎·努斯鲍姆:《生活质量》,龚群等译,社会科学文献出版社2008年版,第44页。
② 同上书,第45页。
③ [印]阿马蒂亚·森:《以自由看待发展》,任赜、于真译,中国人民大学出版社2012年版,第91页。

重个人可行能力之塑造和提升,在能力平等的基础上扩展人的实质自由,方是实现社会公平与正义的正道与坦途。

2. 能力平等使正义摆脱了外在价值的束缚。物品和效用都是外在于人的一种价值,虽对正义之实现有重要的作用,但更多地呈现出一种工具性的价值。作为一种静止、被动的外在物,物品和效用离开了人的作用,其价值就无法得到有效的实现。森的能力观,并没有完全忽视物品和效用,只是不再将其看成平等的中心,而是实现平等赖以需要的一系列功能性活动的组合。通过作用于人,变为人的能力,使其从外在物品转化为人的内在价值,物品和效用的作用才能得到充分的彰显。与此同时,我们也应该看到,能力平等观不仅关注较低层次的功能性活动,也关注较高层次的需求,能力的关注点从外在价值提升到了内在价值,即人的尊严、社交等高级需求。从一定意义上来讲,能力平等观超越了物品决定论的狭隘视域,是对康德式的尊重人的自主性、能动性和创造性的一种具体再现。它纠正了只注重物品效用,见物不见人,颠倒人与物主客关系的错误做法,强调了外在物品和价值服务于人、作用于人的理念。森的这种平等观是对外在价值传统束缚的一种突破,它使我们对正义的关注有了新的视野,人的尊严是人所追求的高级的、内在的价值,正义之思应该对所有人予以平等看待,应该充分关注人的尊严。

3. 能力平等走出了个人正义的思维局限,进入了人与人、人与社会的关系之中。人际相异和多元主体的客观存在,使得正义必须跳出个人正义的单一局限。收入的转化、效用的加总、基本善品的分配,都有意无意地忽视了个体之间的差异,只聚焦于单个人,既无法在各种功能性活动之间进行比较,也无法管窥正义的全貌。能力平等将平等的考量置于人与人、人与社会的宏观视野之下,强调能力平等"必须具有平等的社会条件:权利、民主、自由等内容,涉及文化背景、家庭成员、道德风尚等"[1]。从而使平等进入了人与人、人与社会的关系之中,也使平等和正义的思考有了更为坚实的社会根基。

---

[1] 孙君恒:《贫困问题与分配正义——阿马蒂亚·森的经济伦理思想研究》,当代中国出版社 2004 年版,第 131 页。

作为正义的核心变量，森对平等的探讨可谓孜孜以求，他在廓清"什么的平等"与"为什么平等"逻辑关系的基础上，对传统平等观进行了深入细致的分析，提出了"能力平等"这个崭新的平等理路。他以能力平等作为分析框架，以可行能力来看待和审视贫困，指出贫困的实质不在于传统收入之判定，而在于可行能力之剥夺，从而使我们对平等有了全新的认识。在森看来，贫困不是发展中国家独有的，发达的国家依然可能存在"繁荣的贫困病"、性别不平等和失业等众多问题，这些问题既是贫困的具体表征，其存在的根源也恰恰在于能力平等之缺失。能力平等既是正义的核心变量，也与正义中的价值、自由和福祉等其他变量高度关联。他改变了我们思考平等的向度和评估平等的模式，正义的要义不在于追求效用、财富等外在价值的平等，而在于可行能力这个内在价值的塑造与提升，在于实质自由之上的能力平等。

第三节 自由发展：正义的伦理吁求

发展往往呈现在经济学视野之中，致力于经济平稳增长、资源合理利用、结构优化调整，似乎与将自由、平等、权利、公平作为其惯常诉求的正义并无明显的交集。这种看法难免过于偏颇，发展滞后不仅影响人们的生活质量，也是对人们有理由享受的自由和机会的一种剥夺。森赋予了发展更为广延的意义，彰显了他对现实层面的人充分的伦理关怀——在生活世界中让人的发展能力切实可行。为此，森提出以自由看待发展，把发展看成"扩展人们享有真实自由的一个过程"。实现了发展理论从功能——物质能力、权利——转换能力再到自由——可行能力的转变。这一过程不但是可行能力理论的形成过程，同时也是发展概念的转换过程；既是正义伦理吁求的深刻展现，也是人本价值的理性回归。

一 发展与正义的关联与耦合

发展与正义虽常常被人关注，但却很少将它们相提并论，概因我们对二者的理解常常存在偏颇之处，这一点在发展经济学领域内体现得尤为明显。一方面，正义往往被狭隘地理解为分配正义，似乎公平的分配才是正义的精髓；另一方面，发展又经常被教条地解读为单纯的经济增长，俨然经济增长才是发展的第一，甚至唯一要务。如此一来，正义与发展不仅不会相互促进，反而经常会相互抵牾，狭隘的正义观往往成为发展的束缚，教条的发展观也往往阻碍正义的实现。然而，正义与发展的关系远非可以用同质化的"收入"来简单地加以识别，两者之间存在着高度的关联，正义既是发展的价值诉求，也是评判发展正义与否的标尺；发展既是正义的具体表征，也是正义实现的外在保障，正义与发展相辅相成，辩证统一。

(一) 正义是发展的价值诉求和评判标尺

发展是一个动态的概念，其自身经历着不断的嬗变与重构，正义既是发展的价值和目标，也内在影响和规定着社会的发展，是发展基本的价值诉求。整个人类社会的发展，既是对发展理念、发展模式、发展道路的不断革新，也是追寻发展之正义性的动态过程。正义原则因其对过去之反思、对当今之评判以及对未来之选择的理想性，为人类发展确立了最高准则，发展也恰是在正义的价值引领下，才能不断趋于合理和进步。从更本源的意义来讲，发展的根本落脚点在于人，是为了促进人自由而全面的发展，而正义从哲学的意蕴来看也具有深刻的属人性。换言之，正义是人的群体活动中的一种"合理的关系"，是对人的生存方式及社会关系是否具有合理性的伦理反思和正义追问，也是对人类发展与社会关系和谐完善的历史性追求与表达。这就昭示着发展不能从单纯经济增长的角度来衡量，而应从更加广域的视野考虑"如何发展""为谁发展"这一深层问题，这自然就需要将正义融入发展之中，并将正义作为发展的价值诉求和道德引领。如此，发展就既要包含对人的尊严与价值的渴望，也要融入平等、自由的追求；既要明晰主客体的应然地位，又要坚持工具理性和价值理性的统一，在正义之中推进发展，在发展之中实现正义。

与此同时，我们也应该看到，发展理念的确立和发展道路的选择，其合理性和成效性要接受实践的检验，而正义恰是评判发展的合理尺度。对发展进行正义评价，既是人对生命意义追求的存在本性之尊重，也是对发展进行伦理评价的基本吁求；既是对人作为利益关系存在的客观之需，也是对传统发展模式引致的"存在危机"之现实追问。正义对发展的评价，本质而言，就是对社会发展质量的评价，就是对社会发展合理性的理性拷问。一方面以正义价值理想、标准、目标、规范来关照和规范现实的发展实践，同时对现实的发展实践进行评判，使正义评价对发展实践具有批判性；通过正义的评判，否定现实中的不正义状况或不正义原则，使之朝着理想中的正义状态和正义方向发展。而在对发展进行正义评价的具体过程中，要坚持发展的正义之维，把正义作为发展评判的标尺，寓人的自由、价值、尊严之追求于发展之中，实现自由与发展、效率和公平、德性和幸福、经济社会发展与人的全面发展之统一①。

（二）发展是正义的具体表征和外在保障

正义从理念上来讲，更多地体现出正义价值之追求、正义原则之表达、正义制度之建构，然而，从现实层面来看，正义的真正实现则需要借助于人类丰富的实践活动，在发展中具体来加以展现。发展既是正义的具体表征，也是通达正义的桥梁与纽带，离开了人的实践和社会的发展，正义只能变成无魂的躯壳，只能是一种虚幻的正义。自由是正义的首要价值，发展就是为了促进人的实质自由，然而，恰如罗尔斯所言："自由是社会形式的某种样式。"自由只有在社会发展之中才能得到有效的开掘和充分的彰显；平等亦是如此，作为正义的核心变量，能力平等倚重的恰恰是与个人可以获致并与生活质量高度关联的"生活内容"之能力，这自然离不开社会的充分发展。发展制约着能力平等的高低，而能力平等的高低，很大意义上又决定着正义的实现，如此，一个社会的发展状况自然可以成为这个社会正义与否的外在表征。除此之外，宽泛意义上的发展反映了对单一经济增长、狭隘的人类中心主义和人类主体利益最大化的拒斥和反对，取而代之的是对人与自然的和谐、主客体地位的统一、职责，价值和权利的公道分配，彰显了人们对自然正义的敬畏和对实质自由与平等的向往。

发展不仅是正义的表征，也是正义实现的物质基础和外在保障。自由的实现、平等的获得、权利的享有，都离不开社会的发展。生产进步所带来的物质资料的丰裕，不仅可以使人摆脱贫困和饥荒的困扰，也使个人的生活质量能够得到切实的提高。当然，发展不仅仅是物质财富的增加，发展之于正义的作用，也不止于此，正义的最高价值与目标，恰恰也与发展相连，在于人类自由而全面的发展。而要达至这一目标，除了必要的物质

---

① 参见何建华《论发展的正义维度及其评价》，《中共浙江省委党校学报》2012年第5期。

资料外，还需要和谐的社会氛围、优美的自然环境、健全的制度安排，唯有如此，人们才能在生产发展、生活富裕、生态文明、社会和谐、制度完善之中，自由地选择自己有理由珍视的各项活动，可行能力之提升、实质自由之享有、最终正义之实现才成为可能。而这一切，皆赖于发展，通过发展，创造人类合宜的生活条件和生存环境，既是发展的应然性要求，也是实现正义的必然抉择。

（三）发展与正义相辅相成，辩证统一

发展与正义是相辅相成，辩证统一的。作为两种不同的价值观，发展与正义既各有所指，又相互统一，它们虽都有各自持重的价值理念，但却并非泾渭分明，而是存在着千丝万缕的联系。首先，发展和正义是相互一致、辩证统一的，两者拥有共同的价值追求和价值目标。人的全面自由发展是正义的最高价值和终极关怀，反映到现实世界之中，则昭示着社会的进步与发展。正义是为了追求人类社会的平等、自由与福祉，而这也恰恰是发展之所向，发展从根本上也是为了促进社会的整体进步和人的全面发展，在其多元化的目标结构之中，包含着对正义的多种考量。其次，发展和正义还是相互促进、相辅相成的。发展需要正义理念的引领和提升，正义的内容和形式也要随着社会的发展而发展；发展可以为正义提供坚实的物质基础、创造良好的自然与社会环境，而正义也可以为发展提供目标、规制和引导，使其沿着正确的轨道健康、稳定、有序的发展。

发展与正义重要的关联与耦合之处就在于利益，作为社会关系总和的人类共同体，总是生活在不同的利益之中。这种利益不是狭义上的个人财富之累积或者个人欲望之满足，而是具有更为广延的意义，包含人们所关心和倚重的所有东西，既有利己的因素，也融入了利他的成分，它寓于现实生活之中，既是正义观和发展观的理论基础，也是促进发展和实现正义的现实根基。"一种正义观是否可欲和可行，归根结底在于它是否能在人的本质属性中找到合理性根据，而一种发展观最终也必须在人的本质属性中寻找对发展的内涵和动力的解释"[1]，这种合理性的根据与解释从利益中可以找到答案。尽管发展和正义的问题域各有不同，但他们都需要对

---

[1] 任重道、徐小平：《作为公平的正义与作为自由的发展——罗尔斯与阿马蒂亚·森的相互影响》，《社会科学》2008年第9期。

真实利益的范围与所指给予解答,只有在人自身本性之追求和人真实利益之反映的基础上,正义与发展才能实现关联与耦合,才不至于相互抵牾,才能相向而行,共同推进人自由、尊严、价值与目标的实现。

发展与正义统一于人。人既是发展和正义的出发点,也是其实践主体和最终归宿,发展和正义统一于人。首先,对发展和正义的渴望与追求,是人类特有的活动,人之所以对发展和正义孜孜以求,源于人超越现存状态,追求理想自我这一人的本性之驱使。"人对自身本质的追求与占有具有最高的价值和意义,人的正义追求,体现了人对人的尊严、价值以及自我实现的憧憬,这种追求蕴含在人类文明与进步的发展之中。正义和发展不是抽象的空洞说教和自我标榜,而是致力于自身本质的追求和人类整体的发展。"① 其次,人是发展和正义的创造者,是发展和正义的实践主体。发展的推进和正义的实现都寓于具体的人类实践活动之中,而不能脱离人的历史的、现实的实践,离开了人的社会实践和主体创造,发展和正义就变成了无源之水,无本之木,发展就会陷入停滞,正义也只能成为虚幻。最后,人是发展和正义的享有者,也是发展和正义的最终归宿。发展就是人类不断追求自我解放,实现个体真正自由的动态过程,而正义的主旨也在于对现实个人生活状态之关照,在于人性的完善和人自身的全面发展。发展和正义的看法虽各有千秋,概念和范畴也几经变迁,但即便是对正义和发展的一些偏颇理解,其背后最终落脚点依然是人,人的自由而全面的发展始终是发展和正义的伦理指向与价值旨归。

作为当代社会倍受关注的两种基本价值,发展和正义存在着高度的关联。发展之中包含着深刻的正义吁求,而正义的实现同样离不开发展,两者关联与耦合的关键之处在于对人类利益和价值的共同关注。对发展和正义之追求受人性本然之驱使,现实的人既是发展和正义的创造主体,也是其享受主体,是发展和正义的落脚点和最终归宿。发展可以稳妥地推进正义,正义也可以实现有效的发展,发展和正义相辅相成,辩证统一。

二 从单纯增长到人本维度的嬗变

现代意义上的发展肇始于 20 世纪 40 年代,经过半个多世纪的演变,

---

① 高清海、胡海波:《人类发展的正义追寻》,《社会科学战线》1998 年第 1 期。

发展的内涵和外延随着实践的变迁也在不断发生深刻的变化，人们开始摆脱单纯经济增长的固有思维，人本维度的发展逐渐成为主流发展观，自由发展的理念也开始深入人心，从而使发展之中融入了更多关涉自由、平等的正义考量。

（一）单纯经济增长的发展观

这一发展观在"二战"结束至20世纪60年代颇为盛行，发展在这一时期基本等同于经济的增长，在量上表现为GNP或人均GNP的增加，其目标主要借助于工业化来推进和实现，国家硬实力和软实力的提升皆赖于此。这种单纯经济增长的发展观有着深刻的社会背景，既反映了刚刚从殖民经济中解脱出来的发展中国家急于摆脱贫困的现实愿景，又与以美国为首的西方国家不遗余力地推销自己的发展模式不无关联。如此，单纯经济增长的发展观就呈现出两大特征：第一，它把源自西方的发展经济学作为其理论基础和支撑，从而使这种发展观带有很浓的"西方中心论"色彩；第二，它把发展的本质看成单一的经济增长，把发展的目标视为如何追求和保证GNP的有效增加，从而使发展成为一种孤立的经济现象，俨然只要把"经济蛋糕"做大，其他诸多问题便会迎刃而解。

这种发展观在理论上有其一定的合理性，经济增长是一切发展的现实基础，也是支撑政治、文化、法律、道德等上层建筑的物质条件。发展中国家要实现民族自决、经济自立、国家自强，必须借助于经济的快速增长，从这个意义上来讲，经济增长可以被视为发展的初始条件和首要环节。然而从实践来看，单纯经济增长的发展观，忽视了人的主体性、忽视了经济增长与社会其他方面的协调发展，虽在短时期内确实实现了较高的经济增速，但从结果来看，却并没有达到发展中国家预期的繁荣，反而导致矛盾丛生，文化冲突、结构失衡、通货膨胀、分配不公、两极分化等众多问题接踵而至。实践充分证明，现代化不是"西方化"、发展也不是单纯的经济增长，传统发展观在现实中的失败促进了理论上的自觉和它的自我嬗变[①]。

（二）综合的社会发展观

步入20世纪60年底末，人们逐渐开始对占据主流地位的经济增长观

---

① 参见叶泽雄《当代社会发展观导论》，华中科技大学出版社2008年版，第15—21页。

进行深刻的反省。表象的增长并没有掩盖事实的不公，贫困依然存在、失业不断加剧、收入日益悬殊，这使得西方众多经济学者开始对发展的内涵与实现路径进行新的思考。瑞典经济学家缪尔达尔直言社会体系的进步而非单纯的经济增长才是发展的本质；英国经济学家杜德利·西尔斯在《发展的意义》中也指出，"贫困问题已经并正在发生哪些变化？失业发生了哪些变化？不平等又发生了哪些变化？如果所有这三个方面都从过去的高水平降下来了，对于这个国家而言，这无疑是个发展时期。如果这些中心问题的一个或两个方面的状况继续恶化，特别是在三个方面都越来越糟的话，即使人均收入倍增，把它叫做'发展'也是不可思议的"[①]。由此可以看出，这种对发展的理解，不再视增长为单一变量，而是把对收入、就业、平等和分配等诸多社会和现实因素的考量融入其中，从而使发展观呈现出立体、多维的视角。

在综合的社会发展观视域中，发展不仅应促进人的物质需求，而且也应满足人的社会文化、精神需求。因此，社会发展观把经济增长看成发展的手段而非目的，把发展视为经济增长和社会发展的统一体，在注重经济增长的同时，也对社会变革、文化繁荣、分配改善、社会平等给予充分的考量，并为此设计了一些针对性的社会统计指标，以超越经济增长观中人均 GNP 的单一测量维度。社会发展观的这种思维方式与具体举措，改变了单一的线性经济增长模式，对我们摆脱经济增长的狭隘思维局限，拓展我们对发展观的认识，丰富发展观的内涵和外延，都起到了积极的作用。然而，社会发展观在广大发展中国家却响应寥寥，究其原因，一方面，出自发达国家的政策方案，并不一定就与发展中国家国情相吻合，有些可能过于偏激；另一方面，源于国强民富的主驱动力，发展中国家对经济增长所引致的负面问题可能秉持有意的宽容。显然，综合的社会发展观远非尽善尽美，仍有很大的提升空间。

（三）可持续的发展观

随着工业化的推进和现代化进程的不断加速，人与自然的关系也正在悄然发生变化。综合的社会发展观虽然超越了单一的经济增长论，也有着

[①] [美]迈克尔·P. 托达罗：《经济发展》（第六版），黄卫、彭刚译，中国经济出版社1999年版，第13页。

更为广泛的吁求,然而它关注的焦点主要是贫困、就业和分配,对人与自然、人与环境等生态正义的问题却缺乏应有的考量。在此背景下,美国生物学家莱切尔·卡逊的《寂静的春天》和巴巴拉·沃德的《只有一个地球》,用文学的笔端向人们描绘了生态环境破坏所可能导致的可怕后果,从而阐释了人与自然和谐相处的重要价值。此后,"宇宙飞船经济理论""增长极限论"等也开始从理论的角度为资源利用敲响警钟,并促使国际机构开始思索发展与资源环境问题的迫切性。1989年,联合国环境署将可持续发展的概念定义为"满足当前需要而又不削弱子孙后代满足其需要之能力的发展",至此,"可持续发展"有了比较统一并被广泛接受的含义。

可持续发展的理念适应了当前人类发展的现实需求,在人类的实践活动中,对价值的追求既包含物质需求、人文需求,也包含生态需求。当人类活动通过人化环境强力作用于生态系统,突破了人类存续所必需的自然资源和自然环境的阈值,逼近了生态系统的承载容量,势必会对人类发展所赖以维系的生态稳定性带来严重的破坏,一旦超越了生态系统承载力的边界,人类将不得不喝下自酿的苦酒。可持续发展观恰恰就是对人类社会存在的这种日益严重的"生存危机"之真实反映,也是对人类能否"可持续"生存下去的现实追问。它所体现出的人与自然、人与社会相融共生的理念;它所主张的代内公平和代际公平的相互传承,赋予了发展观新的内涵;它将生态正义融入发展之中,是人类对发展认识的又一重大突破。

(四)人本维度上的人类发展观

随着时代的进步,发展的内涵被进一步拓宽,人类自身的发展开始成为发展观的核心聚焦点,呈现出发展价值维度向人本维度的理性回归。当然,从宽泛的视角来看,关注人的发展早已有之,一百多年前,马克思"人自由而全面发展"的理念就已播下了自由发展的火种;1971年,德尼·古莱就曾指出人的生存、自尊和自由才是发展的本质;1983年,法国经济学家佩鲁在其"新发展观"中也进一步强调,人的发展是第一位的,发展必须激发人的个性与潜能。1990年,"人类发展"这一概念被联合国首次提及,以此为主旨发布了《人类发展报告》,并由此沿袭下来,每年发布一份不同主题的人类发展报告。尽管主题各异,但却都以人类自身不同方面的发展作为关注的焦点,把人类发展作为发展的中心任务和价值旨归,人本维度上的人类发展观逐渐开始深入人心。

需要言及的是,人类发展观的形成凝结了许多理论研究者的心血和汗水,其中也包括森为此所作出的卓越贡献。《人类发展报告》主要依据"人类发展指数"(HDI)来对各个领域人类的发展情况进行评估,而"人类发展指数"很大程度上就是遵循森的发展分析理路,并以其能力理论为基础编制而成的。不仅如此,森还提出了"以自由看待发展"的崭新理念,在他看来,发展需要以人为中心,但绝非着眼于人的收入或财富,也并不是指技术的进步和工业化的实现,发展的最高价值标准就是自由,是人们过有理由享受之生活的实质自由。由此推延,发展就是为了使人们普遍享有更多的自由和机会,就是不断扩展人们享受实质自由的一个动态过程。森的这种自由发展观既是对人类发展观的丰富和完善,也为人本维度上人的发展,提供了切实可行的路径。

发展从单纯增长到人本维度的嬗变,本身就是人类不断进步和不断超越自我的过程。从经济的单一考量到注重社会的综合发展、从人向自然的索取向人与自然的和谐、从外在价值的持重向人本价值的回归,无不彰显出人类对发展的反省与期许。辩证地来看,单纯经济增长的发展观尽管由于对增长的单一倚重而饱受诟病,但其本身却内含着尽快摆脱贫困,提高生活质量之初衷;综合的社会发展观不再拘泥于狭隘的经济增长,而是赋予了就业权利、平等分配更多的权重,彰显着对正义的追求;可持续发展观所体现出的代际公平和对人持久生存权的呵护,自然也蕴含着正义的因素;人本维度上的人类发展观更是以其对人类发展与福祉的关怀和对人实质自由的尊重,使发展观有了更多的正义考量。由此可见,对自由、平等的正义伦理吁求蕴含在对发展的不断探索过程之中,发展观的每一次变革,都意味着发展理念的一次进步,也是关涉发展的正义观对原有正义观的补充、扬弃和超越。它为发展理念的革新提供了新的思维向度,也为人类真正的自由与解放提供了可能。

三 以自由看待发展

在森看来,发展不是严格规制之下的发展,也不是一个充满血泪的"严酷"过程;自由、平等、民主这些正义的因素不是发展的奢侈品,也并非只有在充足发展的基础上才能对此予以充分的考量。发展是一个互利和友善的过程，自由不是发展的派生，而是发展的应有之意，发展应超越以往的视域局限，以自由看待发展。

（一）自由视野中的发展

从发展观的嬗变过程不难看出，基于不同的视角和缘由，我们可以对发展作出不同的解读，进而形成立场各异的发展观。森超越了狭隘的增长和财富发展观，基于人本发展的维度，另辟蹊径，提出了以自由看待发展的崭新视角。这里的自由也不再是传统意义上的自由，森赋予了其新的内涵。森所言及的自由是"实质"意义上的自由，即人们享有有理由珍视的那种生活的可行能力。以人们享有的实质自由来看待发展，对于我们理解发展过程以及选择促进发展的方式和手段，都具有重要的价值和意义。自由视野中的发展，"必须更加关注使我们生活得更充实和拥有更多的自由，扩展我们有理由珍视的那些自由，不仅能使我们的生活更加丰富和不受局限，而且能使我们成为更加社会化的人、实施我们自己的选择、与我们生活在其中的世界交往并影响它"[①]。

在森眼中，以自由看待发展，不仅应关注和聚焦自由，而且应将自由置于发展的中心地位。赋予其如此的权重当然意味着发展过程中对自由的持重，但这并不意味着存在一个唯一的而且精确的关于发展的标准，也并非是为了对所有的状态——或者所有可能的情况——进行比较以求得"全局排序"，而是源于其评价性和实效性原因。一方面，人们是否拥有自由以及拥有的程度如何是判断社会进步的标准；另一方面，人们的自由之主体地位决定着发展的实现。自由之于发展，不仅有着建构性的作用，还有着工具性的价值，发展是为了扩展人的自由，而自由又有力地促进了人类的发展。

（二）发展的目的在于扩展人的实质自由

森指出，从自由在发展中的"建构性"作用来看，自由是发展的应有之意，发展的目的在于扩展人的实质自由。即便是在生产力日益发展的今天，医疗保健的缺失、教育机会的匮乏、就业机会的不足、社会保障的

---

① ［印］阿马蒂亚·森：《以自由看待发展》，任赜、于真译，中国人民大学出版社2012年版，第10—11页。

滞后依然广泛存在，并在很大程度上制约着人类的发展。通过"增长"和"扶持"所带来的社会安排可以促使上述现象有效的改观。反过来，医疗保健的健全和社会保障体系的完善，也可以解除劳动者的后顾之忧，为社会提供源源不断的劳动力支持；教育机会的均等、就业机会的扩大，同样可以提高劳动者的素质和技能，促进劳动力的再生产，这些方面的改善和提升，可以极大地推进生产的发展和社会的进步。然而，享有充分和平等的医疗权、教育权、就业权、社会保障权，本身就是人理应享有的一种实质自由，是发展的应有之意，它与发展的关联是内在的，这些方面的实质自由内化于发展，概言之，实质自由的彰显无须借助它们对社会发展所做的外在贡献来衡量。

森认为从政治民主和自由的视角来看，狭隘的发展观往往会对广泛的群众参与和不同的利益表达产生疑虑，并对他们在经济增长方面的作用提出质疑。我们姑且不对其质疑的问题进行回答，单就其质疑本身而言，就存在着重大的偏颇。即便是一个生活富足的人，如果他被拒斥在政治参与之外，不论他本人是否有政治参与的倾向和积极性，只要他没有行使这种权利的自由和机会，从本质上，都意味着他可行能力的剥夺。从自由看待发展的视域来看，发展必须正视这种剥夺，解除这种剥夺，并赋予个人广泛政治参与的自由与权利。这不是因为自由和权利可能会对经济发展作出卓有成效的贡献，恰恰在于自由对发展本身所具有的建构性价值。发展是为了促进和扩展人的自由，"政治自由作为发展手段所起的工具性作用的重要性，丝毫不降低它在评价性方面作为发展目的的重要性，因为自由是丰富发展过程必不可少的组成部分"①。

从市场和经济自由的角度来审视，森则强调指出，依赖于市场机制的交换自由，不仅有力地推动了发展，而且交换和交易的自由，本身就是人们有理由珍视的基本自由的一部分，蕴含于发展之中。对市场的倚重和肯定，是当前非常普遍的做法，任意限制人们从事交易的机会，是一种显在的不自由，这种方式在当前普遍赞同市场机制的社会中已不多见。然而，即便是对市场机制的肯定，也存在着不同的缘由。一种较为流行的观点

---

① ［印］阿马蒂亚·森：《以自由看待发展》，任赜、于真译，中国人民大学出版社2012年版，第31页。

是：自由的市场机制可以带来经济的发展与繁荣，其结果自然可以使经济机会得到有效的增加。如若对交易自由和市场机制加以限制，由此产生的负面效用可能会引致经济机会的减少和相应权利的丧失，这对自由而言无疑是一种剥夺，自由本可以借助完善的市场机制所产生的经济繁荣而获得。这种观点貌似非常合理，但在森看来，显然忽略了自由本身的价值。如若自由仅只是经济繁荣的副产品，那么在一个独裁专制的体制中，假如能带来同样的经济繁荣和经济结果，自由和机会是否就相一致了呢？答案显然是否定的，即便是同样的效用，人们还是倾向于自由地选择而非被动地服从。不能从衍生的意义来理解市场机制，"进入劳动市场的自由，其自身就是对发展的显著贡献，而无关乎市场机制能否促进经济增长和工业化"①。自由的市场交换，本身就是发展的一种内在要求，尊重市场机制，并不意味着需要从自由转换到效用，因为这样的做法，既忽略了自由对发展的建构性作用，也是对自由中心价值本身的一种偏离。

总之，森在发展中赋予了自由以重要的地位，在他看来，自由在发展中既具有"建构性"作用，是人们所追求的一种价值目标，又是发展的一个内生性变量，是发展自身固有的组成部分。其自身的价值，无须通过与别的有价值的事物之关联来加以表现，也无须借助对其他事物所产生的作用来加以彰显，自由就意味着发展，发展也是为了扩展人的实质自由。

(三) 自由有助于个人和人类社会的发展

在森看来，自由之于发展，不仅有着建构性作用，还具有工具性价值，不同的工具性价值之间，既相互联系，又相互补充，共同致力于人的自由生活和人类社会的整体发展。在森看来，自由对发展所呈现出的手段性作用和工具性价值主要体现在以下几个方面：

1. 政治自由。森所言及的政治自由，涵盖了民主政体下比较广泛的政治权益，包括诸如选举和投票的权利、政治诉求和利益表达、对执政当局和执政人员的批评与监督、言论自由等。这些方面的自由不仅对个人来讲具有实质的意义，对经济与社会的发展也完全不怀敌意，是相容而非拒斥，是相互促进而非相互冲突的。

---

① [印] 阿马蒂亚·森：《以自由看待发展》，任赜、于真译，中国人民大学出版社2012年版，第4页。

选举和投票权利的获得，可以对执政当局产生巨大的政治激励效用，从而使他们能够积极主动的采取人性化和高效化的执政方式和举措，来推动经济与社会的发展；拥有了顺畅的利益表达和广泛的诉求自由，可以使政府更好地倾听来自民众的愿望和呼声，制定出的公共政策才可能得到民众的拥护和赞成，政策也才能得到更好的执行；监督权利的享有和批评的自由可以使公务行为变得公开透明，也可以进一步提高行政机构的服务和效能。政治自由所产生的这些积极因素，可以有力地推动社会的发展与进步。

2. 经济条件。森所提到的经济条件是指"个人分别享有的为了消费、生产、交换的目的而运用其经济资源的机会"[①]。是否拥有这方面的自由，也即个人是否具备可资利用的资源以及相应消费条件，很大程度上决定着一个人经济权益享有的范围和程度。经济发展并不必然带来个人经济资源的增加和个人权益的提升，只有通过相应的分配，个人或家庭得到合理的份额，才会使个人在资源的拥有方面得到有效的保障。同样的道理，作为市场宏观主体的企业，其发展同样依赖于其可获得的资源，如金融资源、土地资源、劳动力资源等。藏富于民，使个人获得有效的资源，才可以刺激消费、促进生产，推动社会的进步；企业拥有充足的资源，才可以保持实体经济的活力，从而推进并确保经济的进一步繁荣和社会的持续发展。

3. 社会机会。社会机会方面的工具性价值是指"在社会教育、医疗保健即其他方面所实行的安排"[②]。具备基本的教育、医疗条件，享有均等的教育机会和完善的医疗服务，不仅是一个人理应享有的实质自由，而且对个人融入社会、参与政治、发展经济都有重要的促进作用。以对外贸易为例，随着全球化日益向纵深方向发展，需要一大批懂经济、能实务、会外语的复合型人才，而这方面人才的培养，主要依赖于社会教育的发展，如果缺乏必要的教育机会，无疑会影响到此方面人才的培养，进而制约对外贸易的发展。在政治参与上，缺乏基本的政治素养，即便是表面上有了参与政治的众多机会，但从有效性来看，却依然会受到很大的制约，

---

① [印]阿马蒂亚·森：《以自由看待发展》，任赜、于真译，中国人民大学出版社2012年版，第32页。

② 同上。

其他方面大抵也是如此。教育和医疗保健机会的充分享有，可以有效地提升个人的身体素质和知识技能，而这又在很大程度上决定着一个人参与经济、社会与政治活动的广度、深度和效度，因此，广泛的社会教育和医疗保健方面的机会和自由，会对社会的发展产生重要的影响。

4. 透明性保证。森所提及的透明性保证是指"满足人们对公开性的需求：在保证信息公开和明晰的条件下自由地交易"①。在市场经济发展的过程中，信息不对称是广泛存在的，然而相关事务的处理又需要了解和掌握彼此相关的供需信息，并以信用为基础，开展相互之间的社会交往，这就需要一个公开透明的信息环境。信用的缺失，往往会产生很多负面效用。信息不透明、暗箱操作、私下交易，不仅是对公众知情权的一种漠视和践踏，也往往使监督有名无实，成为滋生腐败的温床，极易诱发财务渎职、徇私舞弊和机构腐败。公开的信息披露制度、完善的信用交易体系、透明的信息环境可以有效地防止此类事件的发生，促进经济与社会的健康与稳定发展。

5. 防护性保障。社会的发展和个人的生活在现实之中都会面临各种各样的风险，有的是不可抗拒的，如每个人都需要面对的养老风险；有的是周期性的，如经济危机造成的周期性失业；有的是突发的，如不期而至的自然灾害……应对这些危机和风险，就需要一个完善的社会保障体系来为他们提供防护性保障，一个健全的社会安全网是社会稳定的安全阀和社会矛盾的制衡器。通过就业援助和社会保障支持，可以实现"老有所养、病有所医、贫有所补、失有所助"，既化解了各种潜在和现实的风险，又提升了他们享受自己有理由享受的生活之可行能力。与此同时，也维持了劳动力的再生产，保证了劳动力的持续和有效供给，这对发展而言至关重要。

这些工具性自由，彼此之间相互联系、相互补充，共同推进了人们可行能力的扩展，发展寓于其中并受这些工具性自由的强烈影响。在森看来，为了使工具性自由和发展相得益彰，必须借助于私人机构、混合机构或者政府的公共安排，使民主体制更加健全、法律制度更加完善、市场结

---

① [印] 阿马蒂亚·森：《以自由看待发展》，任赜、于真译，中国人民大学出版社2012年版，第32页。

构更加合理、教育和医疗机构更加普及、信息交流更加透明和顺畅。这既是工具性作用发挥的必然要求,也是人实质自由的生动展现。无论是作为发展的目的,还是作为发展的手段,无论是建构性作用还是工具性价值,自由始终处于中心的地位。

从实质自由到能力平等再到自由发展,以可行能力作为贯穿其中的主线,森的正义思想得到了深刻的诠释和充分的彰显。在自由的历史追问基础上,森对正义信息基础进行了理性的祛魅与重塑,将实质自由视为正义的首要辖域。与此同时,森对"什么的平等"和"为什么平等"之间的逻辑关系,予以了廓清与澄明,在森看来,能力平等是正义的核心变量,由此延展,贫困的本因与实质在于能力的剥夺,个人的价值、自由与福祉这些正义的诉求都与能力平等高度关联。正义的实现有赖于发展,但不是狭隘意义上的发展,而是自由的发展,这是正义的伦理吁求。自由之于发展有着建构性作用和工具性价值,它内含于发展之中,发展的目的在于人类实质自由的扩展和实现。

第三章　达致正义的现实之维：民主、人权与全球正义

建立在理智思考基础之上的公共理性是正义的基石。民主不是西方的传统，而是东西方文明共同的结晶，是当前人类普遍的追求。其效用与力量不仅依赖于对历史传统和信仰的继承，也依赖于相关制度和实践所提供的讨论与互动的机会。人权是一种不完全的义务，它不是一种单纯的利益要求，而是基于自由的一种道德主张，它可以超越立法的路径，在沟通、交流、讨论的基础上同样有实现人权的可能。在森看来，无论是公共理性之上的民主，还是自由主张之上的人权，都必须通过超越国界的开放审思来获得客观性，而这又必须走出身份命运的幻象与迷雾，避免掉入文明冲突的陷进，在差异与共融的基础上实现全球公正。达致正义有赖于公共理性基础上民主的实践、人权的拓展和全球正义的实现。

第一节　公共理性之上的民主

民主作为一种制度与社会政治生活密切相关。而究竟什么是民主？森指出，我们不可把民主等同于多数人统治，当然更不能等同于少数人包打天下，多数人集体失声的伪"多数统治"①。在他看来，民主实质上是基于公共理性基础上的一种政治权利和权力的平等，具有三重价值和功能，是程序民主和实质民主的高度统一。

---

① 转引自［印］阿马蒂亚·森《惯于争鸣的印度人》，刘建译，上海三联书店2007年版，中译本序第5页。

一 公共理性与民主

(一) 何为公共理性

公共理性是民主存在和发展的基础，也是不同政治主体间相互协作的基本指针。需要提及的是，对公共理性概念的阐释，多来自被森称之为"先验制度主义"这一派，霍布斯、卢梭、康德等都对其有所论及，尤其是罗尔斯，其对公共理性相对完整和清晰的阐释，对当代政治哲学的发展起到了重要的作用。值得玩味的是，尽管森的正义理念遵循的是现实比较主义而非先验制度主义传统，但在公共理性的理解和运用上，森却深受罗尔斯等人的影响与启发。

作为先验制度主义的奠基者，霍布斯在公共理性这一范畴上同样也作出了开拓性的贡献。"我们不能每一个人都运用自己的理性或良知去判断，而要运用公众的理性，也就是要运用上帝的最高代理人的理性去判断。"① 显而易见，霍布斯把"公共理性"视为判断个人及社会行为的标尺，然而，霍布斯眼中"公共理性"之行使，是由"上帝的最高代理人"即"主权者"来完成的。这种理解虽有开公共理性先河之举，但也难免存在漠视个体理性运用之嫌。卢梭接过了霍布斯的大旗，与霍布斯不同的是，他把建立在"公意"而非"主权者"之上的对法律的认可和遵守以及对公共利益的追求视为公共理性，但他同样没有对个体理性及其自由以足够的重视。

有别于霍布斯和卢梭，康德在对公共理性给予足够的持重和肯定的同时，也赋予了个体理性充分的自由，"人理性的公共运用必须始终是自由的，并且唯有他才能带来人类的启蒙……而我所理解的对自己理性的公共运用，则是指任何人作为学者在全部听众面前所能做的那种运用"②。如此，康德把公共理性视为个人自由的自觉运用和个人理性的公共表达，从而将个体自由之理念渗透到公共理性之中。罗尔斯秉承了先贤们对公共理性的理解，尤其从康德那里受益良多。在罗尔斯看来，"公共理性是一个民主国家的基本特征。它是公民的理性，是那些共享平等公民身份的人

---

① [英] 霍布斯：《利维坦》，黎思复等译，商务印书馆1985年版，第354—355页。
② [英] 康德：《历史理性批判文集》，何兆武译，商务印书馆1990年版，第24—25页。

的理性。他们的理性目标是公共善,此乃政治正义观念对社会之基本制度结构的要求所在"①。罗尔斯的这种公共理性观,从理性的主体、理性的目标、理性的内容三个维度阐释了其"公共"性所在,既坚持了康德式的个体理性之自由,又将公共理性与民主国家、基本善品和政治正义紧密相连,将对公共理性的理解和认识提升到了一个新的水平。

森并没有对公共理性给出一个新的比较精确的定义,从比较宽泛的意义上来讲,森所言及的公共理性是建立在理智审思、开放中立、多样缘由基础之上的一种宽泛理性观,这种理性观依赖于作为公众主体的广大民众之个体理性和实质自由,通过他们广泛的政治参与、理智对话和公众互动,以达至民主和正义。由此可见,森的公众理性观深受罗尔斯的影响,他对公共理性的阐释与理解更多地与民主和正义相连,正义和民主,由于公共理性的存在,不再是一个孤立的过程,恰如森所言:"当我们思考决定如何推进正义时,就存在对于不同地方和不同视角观点的公共理性的基本需求。"② 当然,阿克曼、本哈比、柯亨、德沃金等人也给森提供了相当的启发,尤其是哈贝马斯,他在公共理性的运用方面,特别是他关于公共理性语境中"正义的道德问题""权力与压制的工具问题""民主的程序问题"等所做的相关阐释,对森公共理性观的形成、拓展与运用也多有助益。

(二)民主的要义何在

对民主的惯常理解通常来自以下几个方面:首先,最正式,也最古老的一种观点,就是将民主视为选举和投票,它源于古希腊,城邦事物由公民以投票的方式自行裁决,从而成为现代民主的滥觞。其次,就是把民主看成一种价值理念,是从人的主体性和平等性的视域来理解民主,由此延展,民主就是建立在个人自主之上的自由而平等的选择,作为一种内在的价值理念,民主在这里有着不言自明,无须求证的正确性。再次,把民主视为一种制度。在这种观点看来,民主不是一种观念,也不是一种社会类型,而是一种制度,更严格地说是一种政治制度。最后,还有一种观

---

① [美]罗尔斯:《政治自由主义》,万俊人译,译林出版社2000年版,第225—226页。
② [印]阿马蒂亚·森:《正义的理念》,王磊、李航译,中国人民大学出版社2012年版,第364页。

点，就是将民主看成一种运行机制。民主的实践，存在于现实的公共领域之中，它既没有规范的角色建制，也不是集成的政治系统，民主就是一种广泛的政治参与，由此延展，民主的内涵被诠释为"协商式治理"，通过这种协商式的运作机制，民主方可以真正实现。

森对民主的理解倾向于最后一种观点，即把民主看成"协商式治理"。从概念溯源上来看，"协商式治理"是由沃尔特·白哲特等率先提出，约翰·斯图尔特·穆勒和其他一些学者对此做了进一步阐释，罗尔斯、哈贝马斯等则使其在当代得到了极大的拓展，以至于墨菲直言不讳地指出："协商民主尽管有许多不同版本，但是可以粗略地将之分成两个学派即罗尔斯派和哈贝马斯派。"① 罗尔斯所提倡的"公共理性的实践"，本质上是对"协商式治理"的追求。哈贝马斯所创建的交往理性理论，则为协商式治理的民主思想奠定了基础，他把公共领域区分为"强公共领域"和"弱公共领域"，并由此提出了双轨制的协商治理模式。当然，埃尔斯特、柯亨、德雷泽克、博曼、登特里维斯等，也对协商式民主治理思想的丰富与发展贡献良多。

概而言之，"协商式治理"就是多元文化之下的公民，通过自由与理性，平等地参与到公共决策和社会治理之中，它突出了公众的理性参与和治理的民主特质，呈现出公共理性、协商包容、大众认同等特征。在森看来，将民主视为"协商式治理"的观念在当今政治哲学界已被越来越多的人所接受。协商式治理既是民主的本然要求，也能极大地促进民主的发展与进步，民主的要义恰恰就在于协商式治理之上的政治参与、对话和公众互动。

（三）公共理性和民主的内在关联

公共理性在民主的实践中发挥着关键的作用，对此，森曾明确指出："公共理性的效应与力量不仅依赖于对历史传统和信仰的继承，而且依赖于制度和实践所提供的讨论与互动的机会。"② 公共理性既是一系列的推论过程，也是一种推理的方式；既是推进和实现民主的一种工具，也是民

---

① ［美］慕孚：《民主的吊诡》，林淑芬译，台北巨流图书有限公司2005年版，第84页。
② ［印］阿马蒂亚·森：《正义的理念》，王磊、李航译，中国人民大学出版社2012年版，第313页。

主自身的重要组成因素。不仅如此,它还是沟通民主和正义的桥梁与纽带。在森看来,"如果只有通过公共理性才能评价正义的要求,并且如果公共理性在其建构上就与民主理念相联系,那么正义和民主之间就都具有协商的特征,从而存在密切的联系"①。

基于公共理性,通过协商式治理的方式,每个公民都可以平等地参与到政治对话当中,并可以被有效地倾听,由此促进了相互之间的尊重并引导公民对公共利益的表达,从而巩固了政治权威体制的合法性与可信度;广泛的协商也可以集思广益,扩大公民的有限视域,减少"有限理性";公共理性所倡导的积极政治参与,具有转化价值观和公民偏好的潜力,可以有效地提高公民对现有体制的理解和认同;同时,公共理性之上的协商,也可以使公民超越自利的视域,通过诉诸公共利益,或者以公共辩论中"所有人都能接受"的理性话语,来证明他们的决定和看法的正当性,进而使公共政策达成广泛一致成为可能。总之,公共理性是民主的运行基础和内在要求,民主则是公共理性的逻辑展开和价值彰显。

正是基于此种认识,森在其正义的理念之中,赋予了公共理性和民主很高的权重,他把公共理性视为民主存在和发展的重要根基,将广泛民主的充分实现看成达致正义的现实之维。但与此同时,他并没有仿效罗尔斯,提供一套公共理性的实践原则,也不像哈贝马斯,为民主运行提供一套程序化的形式和具体的运行模式,而是将"能力平等"寓于公共理性和民主之中,恰如其本人所言:"民主制度的运行,一如其他制度一样,都建立在人类能动者的各种行动之上。"②

二 民主的三重价值

民主具有重要的价值,对这一点,并无太多的异议,但这一"重要性"的范围和程度究竟几何? 与发展的关系究竟是抵牾还是和谐,却并没有达成广泛的一致。受经济需要的驱动,发展中国家往往把经济发展置于首要的地位,似乎民主是一种既向往,又难以承受的"奢侈品",在消

---

① [印]阿马蒂亚·森:《正义的理念》,王磊、李航译,中国人民大学出版社2012年版,第304页。

② 同上书,第329页。

除贫困和发展民主方面俨然存在着一条难以逾越的鸿沟，对于二者似乎面临着一种非此即彼的两难选择。在森看来，这种看法过于偏颇，民主不仅有着自身直接的重要性，还与经济发展存在着高度的关联。民主于经济发展有着工具性的作用和建设性的价值，两者并非拒斥，而是可以互补与相融。

（一）民主自身固有的重要性

对民主的反对通常源于以下几个方面的理由：首先，一些人断言对民主的追求往往会阻碍经济的发展。其次，一些人认为民主的实践和民主的正当性存在着矛盾，生活困顿的人们在民主和经济发展之间，可能更倾向于选择后者。最后，常常会有一种声音，声称自由和民主是"西方的"优先选择，因此，不能用西方特定的价值理念来否定和掩盖当今世界多样化的事实。

森对以上抵制民主的观点逐一进行了反驳。在他看来，民主阻碍经济的发展是一个伪命题，一些人之所以持此观点，概因其倾向性的论据选择。比如他们往往以韩国、新加坡为例，来佐证权威主义国家比一些注重民主发展的国家，如印度、牙买加等，有着更快的经济增长速度，这的确是事实，森对此并没有予以否认。但他认为，这种缺乏全面统计检验的方法难免以偏概全，如若拿新加坡和民主体制比较健全的德国和美国相比，在经济发展速度上，它就未必能体现出其自身的优势。就发展中国家而言，亦是如此，博茨瓦纳是非洲经济增长最快的国家，但与此同时，也是非洲大陆上的一片民主绿洲。如果依照前述观点，很难对博茨瓦纳这种在他们看来"另类"的发展作出令人信服的解释。事实上，没有明显的证据能够揭示出权威统治和对公民权利的压制必然能带来经济的增长，民主和经济发展之间既存在着正相关，也可能存在着负相关，这与具体的境遇相关联。新加坡、韩国的快速发展，与其把他们归因于对民主的漠视和对经济增长的倚重，毋宁说是由于其开放的理念、完善的教育体系和相关的进出口政策和工业化举措所引致，而这些政策与民主恰恰是相融而非拒斥。

对发展中国家的公民而言，对民主权利真的无动于衷吗？支持者深以为然，并言之凿凿地说，既然民主的真义在于自由，那么，人们就有理由要求首先消除经济上的贫困，而非不切实际地去盲目追求民主和政治自由。在森看来,这种断言不仅过于武断,而且根本没有,事实上也无法进行有效的检验。因为验证这一断言的唯一办法,就是将其置于民主的环境之中,而这恰恰是权威主义拥趸者所不允许发生的。森还以他自己祖国印度在70年代针对当时"紧急状态"可接受性的辩护为例,揭示了作为世界上最穷选民之一的印度选民,在否定基本自由和权利做法的抗议方面,丝毫不弱于对经济贫困的不满。穷人对民主同样有着深切的诉求,对自由和民主的漠视,充其量是一些权威领袖的价值标准,而绝非普罗大众的真实表达。

当然,在森看来,民主和自由也绝非西方的专利,而是人类普遍的追求,把民主视为西方的特有属性,给民主贴上"西方的标签",并用"文化多样性"这种冠冕堂皇的理由,来对民主加以合理的拒斥,这种做法看似是对文化多样性的尊重,实则是一种严重的背离。森指出,不论是在民主发源地欧洲,还是在广袤的亚洲,抑或战乱丛生的中东和非洲,宗教冲突和文化差异无处不在,然而,在这种多样性的文化背后,却都蕴含着对民主的渴望与诉求。把民主视为西方特有的价值,似乎就可以祭起尊重传统文化的大旗,把民主和自身所捍卫的价值做自动的切割,如此一来,民主就可以被堂而皇之地拒之门外,这不仅加剧了我们现实生活世界的分裂,也是对民主作为人类普遍追求的一种严重僭越。

在对以上观点予以反驳的基础上,森从更本源意义上对民主自身所固有的价值予以了廓清。民主既无碍于经济的发展,也非西方文明的标签,作为基本可行能力的一部分,其自身重要性不言而喻。我们有理由珍视我们生活中的言论和行动的自由,我们也需要广泛的政治参与和顺畅的利益表达;同样,公开的交流和辩论、投票权和选举权的获得、知情权和监督权的拥有,这些民主的诉求是我们理应获得的基本权利,对我们而言有着直接重要性。恰如森所言:"政治自由和民主权利是发展的'构成部分',并不需要通过其对国民生产总值增长的贡献这一渠道间接地建立它们与发展之间的联系。"[①] 我们无须对其是否促进了经济与社会的发展来对民主的存在价值加以澄明,尽管事实上来讲的确

---

① [印]阿马蒂亚·森:《正义的理念》,王磊、李航译,中国人民大学出版社2012年版,第323页。

（二）民主的工具性作用

除了自身固有的重要性之外，在森看来，民主还有着工具性的价值，这主要体现在民主所产生的政治激励效应和所体现出的保护性作用两个方面。

从政治激励效应来看，广泛的民主可以产生强大的政治激励效应。在民主的环境和体制下，统治者的地位是人民赋予的，其统治的合法性和持续性，有赖于广大民众的支持。为此，当政者总会不遗余力地去倾听民众的心愿和呼声，满足他们的诉求和期许。这一方面使人民的吁求得到了有效的表达，受到了应有的关注；另一方面及时的回应和合理的举措，自然会产生良好的效果。以公共政策为例，在民主的激励之下，错误的政策可以得到及时的纠偏，正确的政策得以有效的延续，新的符合民意的政策可以积极的推行，这无疑会最大限度地保障广大民众的权益，而这一切显然离不开民主的支持。

从保护性作用来看，民主的广泛存在可以有效地化解潜在或现实的各种灾害与风险。以饥荒为例，森明确指出，面对同样的困境时，在民主的国度里可以有效地防止饥荒，而非民主的国家，人民却可能惨遭不幸。民主之所以能够成功避免饥荒，除了上述激励因素的传导作用外，反对派的诘责和及时的信息披露也起到了关键的作用。恰如森所言："出版自由和活跃的政治反对派是受饥荒威胁的国家所能拥有的最好的早期警告系统。"① 除了饥荒外，东南亚金融危机的形成，也与民主的缺失不无关联。在森看来，缺乏有效的民主论坛，使得金融信息的封闭与匮乏缺乏必要的批评与质疑，不受挑战的治理权力，轻而易举地转化为对无责任核实、无透明性状况的不加质询的认可，加速了金融危机的爆发。而一旦金融危机导致严重的经济衰退，并把这种风险和损失以非共同负担的形式转嫁到最贫困人群之上，民主的保护性作用——一如在民主国家防止饥荒中所起的作用那样——就被深深地怀念。

民主的匮乏，往往会导致政治激励的失效和保护作用的丧失，在民众

---

① [印]阿马蒂亚·森：《以自由看待发展》，任赜、于真译，中国人民大学出版社2012年版，第177页。

的利益诉求和现实的各种风险面前，执政者要么闭目塞听，要么置若罔闻，最终的损失自然要由民众来承担。值得深思的是，民主的工具性作用并不常常被人想起，尤其是在风平浪静之时，但一旦出现了公共危机和灾难，其价值就会得到有效的凸显，而恰恰在那时，人们才会最强烈地感受到对民主的需要。

（三）民主的建设性价值

民主的工具性价值可以发挥重要的作用，但与此同时，森也强调指出，民主在价值标准和规范形成中，还呈现出建设性的一面。民主的重要性不言而喻，但民主体制及其作用，既非天然地生成，也非机械地运用，其应用有赖于相关概念的确定和相应价值观作用的充分发挥。之所以赋予他们如此的权重，概因相关概念和社会价值观对社会目标的形成和社会组织的运作会起到重要的作用。对相关概念的不同理解和不同的价值观可能会导致不同的发展方向，符合民意和社会发展潮流的目标，可以为社会发展提供有效的规制；同样，一个融入了社会责任感和正义思考的价值观，无疑也会带给我们自由、平等与公正。但无论何种价值观，其概念的形成及优先次序的厘定都离不开充分的民主。在这里，民主的建设性作用得到了充分的彰显。

森以"经济需要"为例，对民主的建设性价值做了进一步的阐释。在他看来，"经济需要"这一概念的确定和形成，需要民主的力量贯穿始终。人类面临的苦难和剥夺可以成为识别我们"需要"的一般基础，但关涉到更为具体的"经济需要"之时，显然不能仅仅止步于一般的基础，而是要在体民情、察民意的基础上，更为广泛的倾听。"经济需要"的核心要义是什么，其范围和强度如何，这并不是一种既定的或者由执政当局就可以主观决定的，它不能独立于公共讨论之外，而是需要借助于公开的交流、辩论，在自由讨论的基础上达成广泛的一致。民主机制和政治权利，"包括发表言论和讨论的充分机会，不仅在导致对'经济需要'的社会反应上至关重要，而且对于形成'经济需要'这个概念本身也具有核心意义"[1]。

---

[1] ［印］阿马蒂亚·森：《以自由看待发展》，任赜、于真译，中国人民大学出版社2012年版，第155页。

与此同时，森也指出，民主不仅对类似于"经济需要"这样的概念确定发挥作用，在价值观的相关问题域中，亦同样扮演着重要的角色。政治自由和公民权利所允许的公共辩论和讨论，无疑在价值观的形成中发挥了重要的作用。借助于实质意义上的民主，我们可以使价值观超越自利的狭隘视域，使其带有更多的社会价值之因素。当然，在这一过程之中，我们也可以对价值中的优先问题予以合理的排序，价值观的优先次序并非一成不变，也并非适用于所有领域，通过认真的倾听和坦承而又广泛的交流，从而赋予不同的价值观在不同时期和不同领域里差异化的权重，给予他们不同的优先考量，在这一点上，民主的建设性作用同样不可忽视。

三　民主通达正义的现实条件

民主的工具性作用和建设性价值固然重要，但在森看来，只具有"可允性的优越性"，也即只具备理论上的优越性，民主作用要想真正地得到体现和彰显，很大程度上取决于民主能否高效地运转。因此，省察可以使民主良好运作的方式和手段，创造能使其高效运转的环境和条件，自然显得尤为关键。概而言之，社会正义的实现，不仅仅依赖于民主的表征和形式，更依赖于其富有成效的实践。这就要求我们在运用民主的过程中，创造实现民主的外在环境，完善民主实现的各种条件。唯有如此，民主之于正义的贡献才能如我们所期，民主在正义中的作用也才能得到真正的彰显。

（一）制度措施的构建与完善

民主的充分运作，离不开完善的民主程序，这是实现民主的条件、途径和重要保障。在森看来，民主程序的完善，一个关键之处就在于制度程序的完善，为此，必须构建一套顺应民意的公正制度。当然这并非意味着森背离了自己现实比较主义的路径，而滑向了先验制度主义的泥潭。森言及的制度，只是实现民主的手段，先验制度主义者则把公正的制度视为公正的全部，将公正制度的寻求与确立等同于公正的实现，森对此有着清醒的认识。在他看来，制度绝非公正的全部，但与此同时，制度因素在寻求公正方面依然扮演着重要的角色。选举制度、监督制度、政党制度等诸多制度以不同的方式发挥作用，从而有助于人们按其珍视的方式生活。在增强人们对能够纳入考量的价值与优先性进行审思的能力方面，同样离不开完善的制度。恰当的制度选择，与个体及社会行为的因素一道，对于推进公正具有重大的意义。

在完善制度方面，森特意提到了投票与选举制度，在他看来，对协商式治理的倚重，并不意味着对投票式的古老民主持完全否定的态度，恰恰相反，森强调"投票在公共理性过程的表达和有效性方面有着非常重要的作用"①，它是民主诉求和民意表达的一个重要渠道，也是激发政治激励效应的一个重要手段。但森也坦承，投票的有效性也与其他制度紧密相关。如若没有正常的政党轮流制度，而是一党独大；如若缺乏新闻自由和媒体独立性的有效制度，而是万马齐喑；如若没有公开讨论和批评监督制度，而是独裁专制，那么在这样的情况下，即便是存在着公开投票与选举，充其量只是一种形式，选举和投票最终可能会沦为独裁者布控人民的玩偶，操纵政治的工具，在高压之下的选举结果，自然也不能真正代表人民的意愿和心声。由此可见，制度的完善，并不是只牵涉到某种制度或制度的某一个方面，而是关涉到众多的制度，彼此之间，相互关联，相辅相成，共同推动着民主的进程和正义的实现。

(二) 新闻媒体的独立和自由

在通达民主和正义的现实征途中，新闻媒体的作用不可或缺，尤其是信息传播飞速发展的今天，更是如此。在森看来，独立和自由的媒体对民主和正义的实现至关重要。

第一，也是最基本意义上来讲，媒体的独立和自由也意味着一般意义上的言论自由，这是我们每个人理应享受的一种基本自由，它关涉到个人的可行能力和生活质量。如果缺乏这方面的自由，无疑会阻塞人们的言论、压制人们的沟通，这不仅是对人可行能力的一种剥夺，也会妨碍民主的进程和正义的实现。

第二，在传播知识和允许批判性反思上，新闻媒体也起着重要的作用。它自身的及时迅捷性，可以使我们以最快的速度了解时局，知掌天下；同时，它对一些不为人知事件的深度挖掘，也可以使我们了解更为真

---

① [印] 阿马蒂亚·森：《正义的理念》，王磊、李航译，中国人民大学出版社2012年版，第304页。

实的客观事实，在此基础上理性的反思可能会影响公共政策①。

第三，在弱势群体利益诉求与表达方面，媒体自由发挥着重要的保护作用。在饥荒和灾难面前，如若有了媒体的独立和自由，信息自然可以及时得到披露，从而了解真实的境况，不至于闭目塞听；另外，媒体的公开批评也会将统治者置于强大的压力之下，即便是身处庙堂之上的统治者并未受到波及，他们也会积极采取相应的措施，以避免灾害的发生或减少灾害的危害程度。

第四，开明而不受限制的价值观形成需要开放的交流和辩论。新闻媒体为此提供了一个很好的平台。森指出，"合理的价值形成是一个交互式的过程，在使这种互动成为可能的过程中新闻起着主要的作用。新的标准和优先次序通过公共语境浮现出来，而公开讨论又在不同的地区传播新的标准"②。

第五，一个运行良好的媒体在促进公共理性方面有着至关重要的作用，而这恰恰对正义而言也具有重要的价值。自由、高效的媒体可以有效地促进制度的转型，从而改变公共理性的实践。而正义本身就是建立在公共理性和理智审思基础之上，它自身的建构与评价，也需要媒体所提供的讨论与互动。媒体不仅对民主至关重要，对正义亦是如此。

（三）民主机会的选择与运用

民主可以增进社会正义，促进社会的公平与公正，但这却并非是一个自动达致的过程，它有赖于具有政治意识的公民积极自觉的行动，并需要对民主机会予以理性的选择和充分的运用。一般而言，政治诉求和民主机会有效地运作，可以对原有局面的改善产生立竿见影的效果，但由于受主客观多种因素的制约，民主的运用很难顾及每一个领域，尽管这是民主的

---

① 此方面一个典型的案例是发生在 2003 年广州的"孙志刚"事件。时年 27 岁的大学生孙志刚以"三无"人员的身份被送至收容站，结果遭到无端殴打，最后惨死在收容站内。此事件一经新闻披露，举国哗然，相关涉案人员最后被绳之以法，正义最终得到了伸张。同时，由于媒体对此件事情的持续关注与报道，事件不断发酵，最终，更具人性化的《城市生活无着的流浪乞讨人员救助管理办法》颁布实施，与此同时，《城市流浪乞讨人员收容遣送办法》被冠以"恶法"而最终废止，孙志刚以生命为代价推动了中国法治进程。在整个事件的进程之中，新闻媒体发挥了至关重要的作用。

② ［印］阿马蒂亚·森：《正义的理念》，王磊、李航译，中国人民大学出版社 2012 年版，第 313 页。

本意。因此，执政者往往倾向于选择那些影响范围广、涉及层次深、危害程度大、更容易被诉诸政治化的领域来广泛地推进和实施民主。其结果虽使所关涉领域的种种不公得到了显著的改观，但与此同时却也造成了对其他方面有意无意地忽视，这显然有悖于正义的宗旨。正义要求我们正视并逐渐消除现实中面临的诸多剥夺与不平等，尽管这是一个漫长的过程。既然民主能有效地促进正义，那自然就需要我们在更广泛的领域里更充分地运用民主。

森以自己祖国印度为例，指出其民主制度的运用在防止饥荒的产生、化解宗教矛盾、选举制度公平等方面起到了显著的作用。但与此同时，森也坦承，尽管在这些领域内民主得到了很好的展现，并取得了令人瞩目的成就，但就整体而言，印度民主的实践和范围还相当的不完善。在学校教育、儿童营养、性别平等、医疗保障等众多方面，印度的社会政策还相当滞后。这不能仅归咎于政府在此方面缺乏应有的考量，也反映出旨在政治参与的公共理性和社会压力之缺失，民主的机会在这些领域内并未充分运用，其作用乏善可陈。因此，在森看来，民主的运用在印度有着广阔的空间，"有充分的理由超越选举的正义走向民主的正理"①。

民主运用的不充分，在诸如印度这样的发展中国家可以寻踪觅迹，但即便是在民主体制较为成熟的国家，依然可能存在这方面的缺失。森以美国为例，指出非洲裔美国人在教育、医疗、就业等方面明显处于劣势，并由此引致了过高的死亡率。这是一种显在的不平等，是对可行能力的剥夺和正义的背离，美国所谓样板式的民主显然并没有很好解决这方面的问题。这固然与美国政策中潜在的种族不平等有关，但也与非洲裔美国人自身政治参与的冷漠和民主意识的缺失息息相关，由此造成的与政治舞台的日渐疏离，使他们没有合适的平台表达自己的利益诉求，潜在的不平等逐渐演化为事实上的不平等。

无论是印度，还是美国，都再次印证了这样一个道理，民主之于正义的确非常重要，但恰如前文所指出的民主只具有"可允性的优越性"，作为通达正义的手段，民主作用的彰显有赖于我们对民主机会的合理选择和

---

① ［印］阿马蒂亚·森：《正义的理念》，王磊、李航译，中国人民大学出版社2012年版，第325页。

充分运用。一方面,我们在特定时期和特定背景之下,可以对民主机会运用的领域作出相对优先的安排;另一方面,从更根本的角度,则要求我们把民主的机会融入更多的领域,在更广泛的范围内运用民主。确如森所言,民主只是提供了一组机会,它并不能自动解决问题,我们必须充分抓住和利用民主所提供的机会,在民主有效实践和高效运转的基础上实现正义。

(四) 少数人的权利和包容性的优先

民主在通达正义的道路上还面临着一个实际的困难,即如何处理好多数原则与少数人权利之间的关系,这似乎是民主进程中一个非常棘手的问题。在森看来,民主不是多数人的统治,正义也不能忽视少数人的权利。多数原则只是民主组织运作的一种方式,绝不能把他等同于民主。民主远非可以用投票和多数原则就可以涵盖,他有着更为广域的视野和更高层次的诉求。如森所理解,民主应该既不能忽视少数人的权利,也不能漠视作为民主结构一部分的多数人的投票。概言之,既要尊重少数人的权利,又要彰显包容性的优先。

将民主视为多数人的统治,一直不乏支持者,一些主流的政治学家概莫能外。

在论及古希腊民主时,亚里士多德就曾指出,"政事裁决于多数人的意志,大多数人的意志就是正义"[1]。卢梭则把多数视为公意,他指出,"除去原始契约之外,投票的大多数是永远可以约束其他一切人的"[2]。托克维尔亦持同样的观点,他直言,"民主政府的本质,就在于多数对政府的统治是绝对的,因为在民主制度下,谁也对抗不了多数"[3]。民主就是多数人的统治俨然成为民主思想的主流观点。

森并没有屈从于权威,在他看来,把民主视为多数人统治的观点不仅偏颇,在实践中也危害甚深。首先,从概念本身来讲,何为"多数",本身就语焉不详。多数是指的简单多数,绝对多数,还是相对多数,并没有一个清晰的定论,用一种不确定的概念来指称民主,其前提本身就值得商

---

[1] [古希腊] 亚里士多德:《政治学》,吴泽彭译,商务印书馆1981年版,第312页。
[2] [法] 卢梭:《社会契约论》,何兆武译,商务印书馆2003年版,第136页。
[3] [法] 托克维尔:《论美国的民主》,董果良译,商务印书馆1996年版,第282页。

权。其次，从实践上来看，如果秉持这种民主理念，统治者为达到形式上的多数，往往会竭尽所能，操纵选举，从而使"民主成为利益博弈、偏好积聚和相互妥协的工具"①，甚至利用"多数"之名来裹挟民意，其结果不仅不会带来期望中的民主，反而可能会演化为"极端的暴政"。最后，从最本质的意义上来讲，民主意味着对个人价值的尊重，正义也需要对个人的自由予以呵护，民主的运行虽确需运用多数的原则和方式来加以推进，但却不能以此为借口来剥夺个人理应享有的基本权利。"公共权力的决策范围与公民个人权利是两个独立并互不重叠的领域"②。对此，我们必须予以明确的区分，并保持清醒的认识。

如此一来，是尊重多数原则还是保障少数人的权利，似乎成了一个两难的选择。森给出了解决之道，在他看来，包容价值观的形成和互动式的政治过程可以使两者从对立走向统一。宗教的不同、文化的隔膜、身份的差异，都可以通过互动的政治过程，在公开坦诚地交流基础上，使分歧和矛盾得到有效的化解与解决。同时，也要对多数原则给予包容性的优先考量，方案的拟订和政策的推行，不可能达到绝对的一致和完全的统一，如果完全否定了这种原则和方式，民主体制就无法顺利地运行；但多数原则必须建立在对个人权利尊重的基础之上。少数人的权利和包容性的优先都应予以充分的考量。

正义的实现，离不开完善和高效的民主体制。但恰如森所言，"将民主问题寄托在绝对完美的制度'可靠性'上，是不可能行得通的"③。它取决于我们的实际行为模式和广泛的政治互动，只有充分把握和利用好民主的各种机会，才能使民主体制得以有效地运转。也只有如此，才能借助于民主机制所提供的公开讨论和民主协商，使个人的现实诉求、愿望表达、利益主张得到合理的回应，个人自由、权利和价值得到最大限度的尊重与保障。显然，建立在公共理性之上的民主，是达致正义的纽带与桥梁，对于正义的实现有着至关重要的意义。

---

① 关锋：《协商民主：哈贝马斯民主理论解析》，《华南农业大学学报》2012年第3期。
② 张旺：《民主政治中的多数统治与少数人的权利》，《理论学刊》2005年第1期。
③ [印]阿马蒂亚·森：《正义的理念》，王磊、李航译，中国人民大学出版社2012年版，第329页。

第二节　自由主张之上的人权

相对于民主，人权的充分发展和实现，对达致正义同样重要，对人权的关注，已成为正义无法绕过的话题。森强调指出"毫无疑问，比起过去的任何时候，人权的言辞在今天被更加广泛地接受了——而且更被经常地援引使用了"①。然而，在人权观念大行其道之时，对人权思想基础的怀疑与批评，却一直不绝于耳。人权究竟是什么？该以何种眼光来看待和审视人权？人权具有普适性吗？对这些问题进行廓清与释疑，是我们理解人权的基础和关键，森对此给出了理性而清晰的回答。

一　人权界说

人权对于当今人类社会有着重要的价值，这一点并不乏坚定的支持者，但很多时候往往是把人权作为一种价值信奉，一旦关涉到人权的实质概念与具体所指，很多人就会对人权充满深深的疑虑。功利主义的代表边沁就曾针对美国《独立宣言》中所提出的"每个人拥有若干不可剥夺的权力是不言而喻的"和法国《人权宣言》中"人生而自由且权力平等"进行了反驳，他坚持认为"自然权利只是一种胡说：所谓自然而不可侵犯的权利，既是修辞的诳语，也是高调的胡话"②。这种观点至今仍有市场，由此造成的对立依然存在。

（一）对人权的批评与诘责

人们之所以对人权有着深深的疑虑，主要把其归咎于人权自身所具有的"软性"和"模糊性"上。他们往往指责人权缺乏应有的深度和必要的连贯性，缺少坚实的思想内核，由此自然会引致人权成为一种随意的言谈，甚至沦为一种必要的政治装饰。在森看来，当前对人权的批评与诘责主要存在以下几个方面：

1. 正当性批评（legitimacy critique）。对人权的这种批评是从权利的

---

① ［印］阿马蒂亚·森：《以自由看待发展》，任赜、于真译，中国人民大学出版社2012年版，第231页。

② 转引自［印］阿马蒂亚·森《正义的理念》，王磊、李航译，中国人民大学出版社2012年版，第332页。

逻辑来展开的。持这种观点的批评者认为,人权混淆了它与法律之间的逻辑顺序,也即混淆了法制系统所产生的结果和先于法律的原则。按照他们的理解,人权的正当性通过法律才可以确立,人权的具体诉求也只有依赖法律才可以确保。他们援引边沁的话:"权利,实质权利,是法律的孩子;从真实法律中才会产生真实的权力;而从虚构出的法律中,从自然法中,只会产生虚构的权利。"① 在这种批评者看来,人权只是一种法律之上的派生权利,并非脱离法律而存在的先在的伦理权益,它不是依靠人性而获得,恰恰是法律所赋予,没有也不可能存在先于立法的权利。森将这种批评称之为"正当性批评"。

2. 逻辑连贯性批评(coherence critique)。这种观点认为,从逻辑上来讲,权利只有与相关的责任结合才能合理地建构起来。人权论者在人类权利中援引"权利"一词,但并不严格规定谁为负有实现这些权利的责任主体,其结果只能导致虚幻的权利。在批评者看来,任何权利都是基于一定的资格才能获得,而人权的充分实现必须借助于相应的机构来有效地履行。如若人权只是停留在口头上的承诺与宣示,而没有责任主体去实践,自然会导致逻辑上的不连贯,从而使人权最终沦为空洞的说辞和虚幻的表达。

3. 文化性批评(cultural critique)。秉持这种批评观的人认为,当今世界的文明纷繁多样而绝非单一同质,由此而产生的价值分殊和文化差异都应得到彼此的尊重,不能把某种特定的道德准则视为绝对真理,也不能用所谓通行的伦理价值来加以普适。这种诘责与批评,不再局限于法律和体制框架之内,而是从文化差异和文化批判的视域,对作为社会普适伦理的人权表达出了深深的怀疑。在他们看来,没有放之四海而皆准的普适价值,由此延展,自然也就没有普适的人权,这种观点尤其以"亚洲价值观"等为思想基础的人们所支持。

(二)人权究竟是什么

面对诸多的批评和质疑,我们自然要问,人权究竟是什么?显然,这需要我们对人权问题持有或温和或激烈的批判给予合理的回应,这既是为

---

① [印]阿马蒂亚·森:《正义的理念》,王磊、李航译,中国人民大学出版社2012年版,第336页。

了廓清人权的本质,也是为了澄明它和正义之间的关联。为此,森并没有对何为人权直接给出答案,而是在对以上批评和怀疑进行回应的基础上,对人权作出了理性的回答。

针对"正当性批评"所提出的诘责,森指出,法律确实可以在某种程度上提供和保护人权,单纯的道德主张,在法庭或执法机构面前并没有类似于法律的效力。但若因此就坚持立法先于权利,从而对人权加以拒斥,则难免有所偏颇,姑且不论这一观点是否成立,单单这种缘由就值得商榷。在森看来,人权的正当性不仅可以建立在法律之上,也可以建立在合理的道德性要求之上。"对于合法性的要求无非是一种'要求',并无更多的意味,其正当性可以建立在承认'某些权利是所有人类应有的恰当资格'的伦理重要性上。"① 从这个意义来理解,人权可以被视为一组伦理要求,是应该做什么和能够做什么的道德主张和道德宣言。

在"正当性"批评中,边沁没有将人权看作一种道德主张,而是执迷于法律之中,固执地认为权力必须源于法律。在森看来,体察人权的基础不在于其是否获得了相应的法律地位,而在于"必须通过尊重其自由与相关义务的形式,对每个人的基本权利予以充分的道德考量"②。值得注意的是,森并没有否定法律与道德之间的关联,但他却并没有循着边沁的足迹,而恰恰赞赏与之截然相反的另一条路径。相比较边沁将权力视为"法律之子",赫伯特·哈特却将人权视为"法律之母",在他看来,道德权力可以为立法提供灵感,推动立法的产生。森对哈特的观点给予了充分的肯定,他指出,道德权利具有强大而有效的政治动员能力,可以而且能够成为立法的基础,这就从根本上颠覆了边沁的观点。

不过,对哈特的赞成只是为了证明边沁的固执与偏颇,但倘若将此视为人权的要义,难免会进入另外一种误区。在森看来,作为道德主张的人权,必须超越立法的路径,以更为广域的视野来对其进行审视,而不是陷入"法产生权利"还是"权力催生法"的"子母之争"当中,推动人权道德的方式和手段不能仅限制在法律的范围之内。譬如,若为了追求家庭

---

① [印]阿马蒂亚·森:《以自由看待发展》,任赜、于真译,中国人民大学出版社2012年版,第233页。
② [印]阿马蒂亚·森:《正义的理念》,王磊、李航译,中国人民大学出版社2012年版,第337页。

中女性地位的平等，就将违反此理念的男性绳之以法，显然并不合宜；同样，如若把"受人尊重的权利"上升为法律并加以实施，恐怕也难以有效地运行。这并不是否认女性不平等或者不受人尊重是一种剥夺和不平等，只是意在说明很多问题并不一定仅仅依靠法律才能解决，借助于相互关联的工具及多种方式和途径，人权的道德伦理可以变得更加有效。对人权的"正当性批评"并不能自圆其说，人权的理解不能局限在立法的——无论是现实的还是虚构的——狭小区域内。

就"逻辑连贯性批评"指责的责任主体缺失往往会导致人权的虚幻而言，森也给出了回答。在森看来，把人权及其实现看成与责任主体对偶性的关联，既不现实，也过于严苛。在有关法制的场合，这种看法或许尚有一定道理，但作为一种道德主张，人权被视为所有人——不分年龄、性别、国籍——所享有的一项基本的权利，这种权利"经常作为权益或权力或豁免——人们能拥有它是好事——而得到支持"[①]。确保一个人权利的实现，可以普遍地向所有能够提供帮助的人提出，而无须指定或依赖特定的机构、团体和个人。在这里，并不需要严格的配对和一一对应，过于苛刻的责任划定反而有可能制约人权的实现。

当然，人权有时候并不一定能得到充分的彰显，但这不能简单归咎于主体责任之缺失，而是众多主客观因素制约所使然。理解人权的关键首先要看我们有没有享受这种权利的自由，而非仅仅从其实现程度上去判断，不能将权利的存在和权利的实现相混淆。作为一种权利的伦理主张，人权的价值不是简单看主体责任是否厘清，而是与自由的重要性高度关联。能够享受但还没有充分实现的权利，与一个人完全没有享受的权利，是迥然不同的。后者意味着个人在人权方面自由的制约和可行能力的剥夺，而前者恰恰是享有人权自由的一种高度彰显。

"文化性批评"者往往借文化的多样性而对人权的普适性高度怀疑，如前文所述，尤以"亚洲价值观"的拥护者表现为甚。在森看来，"亚洲价值观"这种提法本身就值得商榷，一方面，"亚洲价值观"倡导者的主旨是为了政治安定提供正当性的依据，它核心理念的确立更多的是来自权

[①] ［印］阿马蒂亚·森：《以自由看待发展》，任赜、于真译，中国人民大学出版社2012年版，第234页。

威者的论断,而缺少对大众群体的倾听;另一方面,把东亚几个国家的价值观概括为"亚洲价值观",难免以偏概全,亚洲如此广大,适用这个巨大而异质人群的某种纯粹价值观并不存在。即便是在东亚国家内部,多种文化和传统也交相辉映,从中提炼出"亚洲价值观",自然是一种孤芳自赏,缺乏应有的代表性。

必须指出,森对"文化性批评"的反驳,并不是在有意抹杀文化的多样性,恰恰相反,他积极支持和鼓励跨文化之间的交流和对话。他反对的是借助对传统文化的维护来对自由和人权加以拒斥。森认为,"亚洲价值观"注重的是服从而不是自由,是忠诚而不是权益。这不仅是对丰富多彩的亚洲文化的僭越,也是对人权自由主张的一种背离。亚洲文化远非其所做的简单而武断的概括,在儒家文化、佛家文化、伊斯兰文化这些亚洲文化中,蕴含着丰富的自由思想。同样,在西方文化中也不乏提倡秩序和纪律的成分。"真正的问题不在于亚洲传统中是否存在非自由的观点,而在于是否不存在倾向自由的观点。"① 对建立在主观解释和狭隘选择之上的价值观的维护,绝不能以牺牲文化的包容和自由的人权为代价。

综上所述,我们可以看出,森并未像现代人权论者那样,给人权从正面下一个精确的定义,而是采取了一种逆向思维的方法,从对人权的否定之否定,也即对人权批评者的反驳入手,对人权进行了深入细致的分析,使我们对人权有了一个全面和立体化的了解。在森看来,人权批评者并没有认真思考人权的本质和基础,也没有弄清人权的地位以及它与正义之间的关联。尽管人权的表述各有不同,但在不同的表述背后却有着共同的基本关注。从实质上来讲,人权就是应该做什么的一种强烈的道德宣言,其意义就在于认识到应该尊重某些重要的自由,以及相应的社会应以不同的方式承担支持和推进这些自由的义务。从内容上来讲,人权宣言所倚重的道德判断关涉自由以及推动和保护这些自由的社会义务,它与人类自由的重要性有着建构性的关联,以自由看待权利,把自由作为道德评价的基础和考察人权问题的出发点;从可行性上来看,人权宣言所涉及的道德主张也需要借助于理性的审思,同时要超越立法的单一思维,"认可路径"

---

① [印]阿马蒂亚·森:《以自由看待发展》,任赜、于真译,中国人民大学出版社2012年版,第237页。

"倡导路径"等方式同样可以促进人权,人权的实现可以而且应当多元化。

二 人权的自由之域

作为一种道德主张,人权须对自由给予充分的赋值,以自由看待人权,是审视和考量人权的合适出发点。恰如森所言:"自由的重要性不仅为争取我们自己的权利和自由,而且为关注其他人的权利和自由提供了一个根本性的缘由。"①

(一)自由视域下的人权

1. 自由何以成为人权。一种自由能否成为人权的一部分,并为大众所认同,在森看来,关键要看是否具有相应的"门槛条件"。一方面,要看该种自由所呈现出来的重要性;另一方面,则要审视推进和实现该种自由的可行性。这种重要性首先,要看其是否具有道德上的重要性,这是一种自由成为人权最基本的条件;其次,还必须审视此种自由是否具备社会重要性。道德的评判和社会的倚重,是衡量自由重要性的标尺,唯有这两方面重要性得到充分彰显,才可能转化成现实的人权。与此同时,从可行性来看,一种自由之所以能成为人权,还必须在人类和现有社会的可行范围之内,若缺乏可及性,自由自然就很难转化为人权。

为了更清晰地阐明这一点,森举例指出,不容他人侵犯的自由和患病时得到基本医疗救助的自由,显然可以成为一个人应该享有的基本人权。这两方面的自由不仅有着强有力的道德支持,而且关乎着整个社会的和谐与稳定,如若不能病有所医,如若一个人的权利可以受到肆意侵犯,整个社会自然就会陷入无序和停顿之中。除了自身所具有的道德和社会重要性之外,实现这两方面的自由也并非遥不可及,法律制度的健全和医疗体系的完善,完全可以对这两方面的自由予以充分的保障,因此,这两种自由自然可以有效地转化为人权。但一个人若想享受不受邻居骚扰之自由,或者追求宁静以享受美好生活之自由,并使其成为个人基本权利的一部分,恐并非易事。前者没有充足的理由跨越社会相关性的门槛,后者则很难通

---

① [印]阿马蒂亚·森:《正义的理念》,王磊、李航译,中国人民大学出版社2012年版,第340页。

过具体的社会援助来对其产生影响，从而超越了社会政策的有效范围。因此，一种自由能否成功地转化为人权，对其道德重要性、社会重要性、社会可及性都要予以充分的考量。

2. 人权亦是自由的机会与过程的统一。前文曾对自由的机会和过程有所论及，意在澄明作为实质自由的两个层面，机会和过程既相互独立，又辩证统一。两者没有固定的优势或绝对的优先，其相对重要性取决于所选问题的性质及其所处的环境，并随其变化而变化。人权问题，同样需要对自由和过程予以高度的重视，以个人外出为例，如若一个人把外出视为目标，并且没有受到任何干扰而得以成行，那么他追求外出的自由，在机会和过程方面都没有受到明显的侵害；但如若他外出的过程中融入了被迫的成分，那么即便外出确系他原来的目标，而且也最终实现，但他的"过程方面"显然受到了侵犯；如若他被迫待在家中，而导致其外出的目标落空，则不仅意味着过程受到侵犯，也意味着其机会自由的丧失。

对于人权而言，自由的过程和机会同时存在于其中。机会方面的自由可以看成人权的显在表征。可行能力，也即一个人实现有价值的功能的真实机会，是自由的充分彰显，如若一个人机会方面的自由受到限制，则意味着他可行能力不同程度地受到损失，当然也会使其在人权方面受到明显的剥夺。不同于机会自由受到限制所导致的这种明显剥夺，过程自由的缺失和由此引致的人权损害，往往是潜在的，需要我们超越可行能力的视角来看待。自己也会选择外出时的"被迫外出"，虽然从最终机会上来讲，并没有受到过于严重的损失（的确也受到了一定的损失，对机会的诠释也包含了选择），但在强制之下作出选择，显然是对一个人自由选择过程的僭越和干涉，它反映出适当程序和正当过程的缺乏，这无疑也是对一个人在人权自由方面的一种剥夺，无论最终结果与预期结果是否相同。

（二）人权实现过程中的"完善责任"和"不完善责任"

人权的价值和意义与自由高度相关，它既需要享有充分的机会，又需要自由的选择，是机会和过程的辩证统一。然而，这种视角下的自由，更多地是从个人，即人权的享受主体出发，来对个人的自由和人权予以评判。人权的实现当然依赖于个人对自由的选择与掌控，但人权本身并不能孤立的存在，个人对人权的追求必然要关涉他人；同样，个人人权的实现也需要借助他者的帮助，这种帮助既是责任之驱使，也是义务之所在，它可以用来有效地捍卫彼此的自由与人权。

当然，如前所述，权利和自由同责任并非严格的一一对应，而是存在着多种的关联。森援引康德对责任的划分，把责任区分为"完善责任"（perfect obligation）和"不完善责任"（imperfect obligation）。"完善责任"是特定主体对该权利的实现负有明确的责任，这既体现在完全的法权责任上，如一个人必须负有不得侵犯别人权益的责任；也体现在道德考量之上，如一个人有充分的责任去思考如何施以援手，以帮助他人实现权利和自由。这种责任不同于同情，同情使其他人的关切以及实现这些关切的自由进入某人派生出的情感，虽然其作用和力量也可以对人权提供必要的支撑，然而，感受他人的痛苦这种形式的同情并不是帮助痛苦中他人的缘由，这种缘由的关键恰恰在于责任的驱使。

然而，森也指出，尽管每个人都负有帮助他人的"完善责任"，但由于"任何人的能力与触及范围都是有限的，而且在不同类型的义务之间，以及在其他——非道义论——人们合理关注事物的要求之间存在优先次序"[①]，因此，还存在着康德所言的"不完善责任"。对人权的尊重与保护，并不意味着要让每个人都来，而且都能够对侵害人权的行径加以阻止，在现实之中，这种要求既过于苛刻，又缺乏可能。"不完善责任"是指一些人能够在合宜的情况下，通过优先选择、不同权重、评价框架等，在力所能及的范围内，对他人予以必要的帮助，是一种不带强制性的普遍德性要求。它与"事不关己，高高挂起"的理念截然不同，不能将"不完善责任"与"没有责任"相混淆，内容上的模糊性和不完整性、形式上的非强制性并不能成为其不具说服力的理由，它完全可以和其他明确具体的"完善责任"相共存。在森看来，自由和人权的实现，既有赖于"完善责任"的确定，也离不开"不完善责任"的有效履行和充分发挥。

（三）人权中自由与利益的分歧与融合

自由是人权的研究起点，也是人权的逻辑旨归，人权本身也是对权利中所体现出的自由重要性的一种确认，自由之于人权，其重要性不言而喻。然而，与森所指的自由人权观相对应，还有一种基于"利益"的人

---

① ［印］阿马蒂亚·森：《正义的理念》，王磊、李航译，中国人民大学出版社 2012 年版，第 346 页。

权观,约瑟夫·拉兹就曾指出,"权利将行动的要求建立在他人利益的基础之上"①。森对此给予了一定的赞同,但他同时也对人权中自由视角和利益视角的分歧与融合予以了澄明。

在森看来,自由和利益的概念本身就有较大的差异,建立在各自概念基础的人权追求自然也存在分歧。森以和平示威为例,在自由人权观中,参加和平示威的自由是一个人的基本人权,若对此加以禁止甚至武力驱逐,自然是对一个人自由的侵犯,同时,也意味着对人权的剥夺。但如果人权仅只是建立在相关的利益而非自由之上,就需要对游行示威本身是否符合自身利益进行充分的审视。如若示威活动与自身利益并不吻合,那么基于利益人权观的考量,这种示威的自由就可能被排除在人权之外。分歧由此而产生,一方面,若接受利益人权观,则很显然,示威自由并不在人权的范畴之内,由此会导致作为人权基础的示威自由受到破坏;另一方面,如果我们赋予自由在人权中更加突出的位置(无论这种自由是否关乎自身的利益),那么基于利益的人权视角在这种视域之下,必然是不充分的。自由和利益之间的分歧,在人权之中似乎难以弥合。

然而,森指出,自由和利益在人权之中并非绝然的对立,而是可以交汇与相融。如若超越利益的狭义范畴,从更广域的视野对其进行审视,即把利益看成"人们所选择追求的所有关注,无论其动机如何,侵犯某人选择的自由就等同于侵犯其个人的利益"②。那么,这种广义的利益观就会使利益和自由之间的鸿沟消失,分歧融合。自由本身就是人的一种利益,利益也需要借助自由来加以彰显,两者都是为了人权的拓展与实现,殊途而同归。

总之,以自由看待人权,需要自由在可行性基础上凸显出其道德价值和社会价值,人权亦是自由的机会和过程的辩证统一,机会的自由固然重要,过程的自由同样不可剥夺,它们共同存在于人权之中。人权的实现,既需要"完善责任"的履行,也需要"不完善责任"的有效发挥;既需要彰显出对利益的尊重,也需要体现出对自由的追求。

---

① Joseph Raz. *The Morality of Freedom*. Oxford: Clarendon Press, 1986, p.180.
② [印]阿马蒂亚·森:《正义的理念》,王磊、李航译,中国人民大学出版社2012年版,第351页。

三 人权的普适之路

森是普适人权的坚定拥护和捍卫者，在他看来，人权之中内含着自由、平等的理念，这种观念是"建立在共享人性的基础上，人们拥有这些权利并不因为他是某个国家的公民或他必须被法律赋予"①，恰恰是人的本性之使然。人权的普适必须在理性审思的基础上，对其内容进行丰富与拓展，从而超越地域之囿，实现人权的真正普适。

（一）人权普适道路上的理性审思

对人权的审视常常会呈现出"普遍主义"还是"相对主义"的二元之争，森并没有陷入其中，而是以更广域的视野超越了这种二元纷争。他既承认了人权所拥有的全人类价值，也看到了不同文化与文明之间的相互差异，从而形成了一种更加开放、包容和多元的人权观。不过，在森看来，这须以理性的审思为前提，"像其他道德主张的可接受性经过了中立的审思一样，提出人权主张时也有种隐性的假设，即背后道德主张的说服力要能通过公开和信息充分下的审思"②。森进一步指出，不仅仅是人权观的形成，人权在全球性的普适与拓展过程中，也要以理性的审思作为其方法论前提。

作为道德宣言的人权主张，其可行性很大程度上取决于能否经得起公开的审查、平等的交流和自由的探讨。这就要求我们必须摆脱"欧美中心主义"的桎梏，接受多种文化和文明，倾听来自非西方国家的声音、思想和主张，在这一过程中，理性审思自然要扮演重要的角色。一方面，西方国家要以平等的姿态理性审视来自他域的文明，不能带有明显的倾向性。在论及人权成就时，往往贴上西方优越论的标签；当涉及问题对象时，往往罗列非西方国家现实中的"反人权性"，这种选择性的判断绝不可取，必须以内省和包容的心态来看待彼此的文明。另一方面，非西方国家也要对西方的人权理念给予理性的审思，而不是一味地拒斥，更不能视为洪水猛兽，西方人权中的一些思想在当今世界中依然发挥着重要的作

---

① Amartya Sen, Human rights and Asian value, *Carnegie Council on Ethics and International Affair* 1997, p. 14.
② ［印］阿马蒂亚·森：《正义的理念》，王磊、李航译，中国人民大学出版社 2012 年版，第 356 页。

用。恰如森所言,"每一种文化都具有独特的意义,我们一定不要在热情提倡保存传统和纯粹性的时候,丧失互相理解并欣赏不同国家文化产物的能力"①。

人权的发展与普适必须建立在不同文明理性审思的基础之上。当然,这并不意味着人权在全世界范围内都在实际上采取了理性的审思,更多的可能是基于这样一种信念,即"如果有中立的审思,那么提出的主张就会获得支持。在具有充分信息和反思能力的批评者没有强有力的批驳的情况下,一般都会假定该主张具有可持续性"②。但如果一项人权主张无法通过开放的公共审思,它的效力事实就会受到严重的削弱。无论是批驳还是支持某一道德主张;无论是建构还是普适人权,不受限制的批判性公共审思都是必不可少的。

(二) 超越人权的地域之囿

无论在东方,还是在西方,在不同的,相距甚远的文化中,从来就不缺乏人权的声音,但在具体观念上,人权却往往被赋予了浓厚的西方色彩。一方面,在西方学者眼中,往往将捍卫自由和民主的人权视为西方的产物,他们陶醉其中,并表现出一种自以为是的传教士般的偏颇。另一方面,在非西方的世界里,呈现出有别于西式民主的价值观。以"亚洲价值观"为例,他们提倡的是对纪律和秩序的遵守,以义务和服从为本位。前者往往把人权观念视为西方的发明和创造,并以非常优越的姿态竭力向往传播;后者虽亦承认人权观念来自西方,但却以此作为与自身文化难以相融的缘由,进而对自由和民主的人权理念加以拒斥。

在森看来,两种观点都存在着偏颇,都难以经得起仔细地推敲与历史地审查。一方面,自由、民主、宽容这些现代民主理念的形成,西方的确功不可没,但这绝非西方独特的遗产,东方文明为此也作出了巨大的贡献。在儒家文化、佛家文化、伊斯兰文化这些亚洲文化中,蕴含着丰富的自由思想,包含着众多的宽容成分,呈现出一种朴素的民主理

---

① [印]阿马蒂亚·森:《以自由看待发展》,任赜、于真译,中国人民大学出版社2012年版,第245页。
② [印]阿马蒂亚·森:《正义的理念》,王磊、李航译,中国人民大学出版社2012年版,第356页。

念。东西方文化在现代人权的建构过程中，都发挥了重要的作用。另一方面，也不能把诸如对纪律和秩序的尊奉看成东方文明所特有，在西方文化中同样不乏提倡秩序和纪律的成分。亚里士多德在捍卫个人自由价值的同时，也漠视了妇女和奴隶的基本权利；柏拉图对权威的提倡一点都不亚于孔子；当东方正实行开明宗教政策之时，西方却处于宗教迫害的煎熬之中。除此之外，还有一个方面，用东亚若干国家的所谓价值观来代替整个亚洲，并以"亚洲价值观"的名义来对自由和民主加以拒斥，显然也很难站稳脚跟。立足于主观解释和狭隘选择之上的价值观的维护，绝不能以牺牲自由的人权为代价。应该以更加开明和包容的态度来看待人权，文化之间的差异不能成为宣扬西方优越论的借口和拒斥人权观的理由。

人权的真正普适，必须超越地域之囿，因为"无论是倡导亚洲价值观或倡导西方价值观，都内含了不同文化价值观之间存在鸿沟的预设，当其用于人权领域时，或被用来拒绝在本国实施人权，或被用来显示文化的优越性"[1]。在森看来，必须突破这种狭隘的认识论，"不同文化的不同人们能够分享许多共同的价值观并赞同某些共同的承诺"[2]。人权要想在全世界得到广泛的发展，不同国家和民族之间就需要开展跨文化的交流与合作，积极拓展对话的话语空间。一方面，西方国家要摒弃"欧美中心论"的自我优越感，通过平等对话来形成跨文化的重叠性合宜乃至共识，从而确立起具有超越西方社会特有价值的，更加普遍性的人权标准，以更加包容的心态吸收包括东亚文明、伊斯兰文明在内的不同文化，赋予人权观新的内涵；另一方面，广大非西方国家，也不能故步自封于自身文化而对西方的人权理念一概拒斥，要以更加开放和自信的心态，积极参与人权的对话。立足于自己民族丰富的文明遗产，对西方国家积极主张自己的人权观，以此打破西方人权论的硬壳，将人权创设成具有多种文化基础、高度文化相容的普适价值，通过思想的争搏和交流，使人权具有更广域的代表性。

---

[1] 夏清瑕：《亚马蒂亚·森的人权观及其对人权理论与实践的影响》，《学术界》2014年第8期。

[2] ［印］阿马蒂亚·森：《以自由看待发展》，任赜、于真译，中国人民大学出版社2012年版，第245页。

（三）人权内容的丰富与全球性拓展

在人权的普适之路上，还要不断地对人权的内容给予丰富和发展。在森看来，人权不是一种静态的考量，在坚持自由、平等等基本政治诉求的基础上，也要将经济、社会权利等逐步融入人权之中。唯有如此，才能使人权在动态的进程中，彰显出时代的诉求与进步；也唯有如此，才能使人权的普适具有更加实质的价值和意义。

人类最初对人权的探究，主要局限于对公民政治权利的追求，在美国《独立宣言》和法国《人权宣言》中，其宣扬和体现出的主旨大抵如此。随着社会的进步，人权的范畴和覆盖的领域也悄然发生变化。1948年联合国发布的《世界人权宣言》，将更多的权利和自由置于人权的范畴之中，不仅包括传统的政治权利，也包括了工作权、受教育权、免于失业和贫困权、参与工会权等，从而使消灭全球性的贫困和其他的经济和社会剥夺，开始成为全球人权问题关注的焦点，这被学界称为"二代人权"。1986年，联合国大会采纳了《发展的权利宣言》，在其中明确指出，所有的人权以及基本自由都不可分割，并且互相依存。因此，应该对实现、促进和保护公民政治、经济、社会和文化权利予以同样重要的注意和考虑，人权至此发展到了"第三代"。这一系列的变化，是人权思想和观念普适过程中必然发生的结果，它丰富了人权的内涵和外延，在推动人权概念发展的同时，也使人权事业在全世界获得了长足的进步。

然而，在传统人权论者眼中，将经济和社会权利纳入人权的范畴，是一种"令人感叹的堕落"，除了加剧"人权通胀"以外，还常常面临着"制度化批判"和"可行性批判"。在森看来，这显然忽视了人权内容丰富和发展带来的积极意义，同时，两种批判性观点也牵强附会。"制度化批判"类似于前文曾提及的"逻辑连贯性批判"，都意在强调权力需与对应的制度相联系，经济社会权利只有制度化，才具有实质的意义。森指出，这种批评，既忽视了经济社会权利所拥有的道德功能和建构性价值，也没有看到"完全责任"和"不完全责任"之间有效的张力，对"不完全责任"的正确理解可以有效地化解这种批评。"可行性批评"显然也难以自圆其说，它所立论的依据在于我们无论付出多大的努力，都不可能满足所有人的经济与社会权利，既然不可行，当然就没有将经济社会权利列入人权范畴的必要。在森看来，将可行性看成获取权利的必要条件，显然并不合宜，若照此逻辑，不仅经济社会权利，所有权利，包括传统人权论者推崇和信奉的自由权利都难以成立。因为经济权利固然难以充分实现，但要保障所有人的自由免受侵犯，亦不可能。若果真如此，自由权利岂不是也要被人权所剔除？最终结果，人权岂不成了徒具其表的空壳。

对经济与社会权利的主张，并不会削弱自由和平等在人权中的价值，恰恰会促进人权内容的丰富和发展。一种理念的传播和普适，必须要得到大众的接受和认同。对经济与社会权利的诉求，其声音多来自亚非等发展中国家，将这种广泛的诉求、愿望融入人权之中，既体现了人权的包容性，也彰显出人权的全人类性魅力。同时，在其全球性拓展的过程中，也更容易得到非西方国家的理解、支持和认同，自然就使人权的理念更易得到传播和普适。"人权对世界上所有人们来说都具有魅力，也是世界上所有人们应该受到保障的价值。"[1] 正因如此，我们才更应走出"西方中心论"的偏颇，克服人权的"纯粹形态"思维，立足于社会发展和多元文化，为人权注入时代的气息和新的内容，在推动人权自身发展和完善的基础上，使人权惠及全人类。

第三节　差异与共融上的全球正义

正义能否超越一国的界限走向全球，一直是人们争论的焦点。持否定态度的认为，在可以预见的将来，不可能出现和存在一个全球性国家，更不用说一个全球性的民主国家，因此，在充斥着不同文明和利益纷争的世界里，全球正义只是一种奢谈。森对这种悲观的论调进行了反驳，在他看来，随着经济全球化的推进，各个国家之间的联系日益加强，彼此之间的利益也变得休戚与共，这使我们很难将对于各种利益与关注的充分考量限定在某个国家的范围内，在差异与共融的基础上走向全球正义，既是大势所趋，又势在必行。

---

[1] ［日］大沼保昭：《人权、国家与文明》，王志安译，生活·读书·新知三联书店2014年版，第200页。

一 文明的冲突还是文化的霸权

(一) 全球化时代面临的正义挑战

毋庸置疑,全球正义肇始于全球化的发展,同时,也蕴含于全球化进程之中。谁也无法否认全球化对当今世界的巨大影响,随着这股浪潮的推进,人类的交往超越了传统的地理边界,不再局限于一个民族或单一的国家之内,而是立足于人类的共性,着眼于人类共同的利益追求,全球意识得以开显,共同的价值得到认同。当然,必须指出的是,全球化不是全球西化,它是一份全人类的遗产,其有效地推进,也需借助全球性的相互依赖和运动。全球化也不单单是经济全球化,而是涵盖了经济、政治、文化等诸多领域,有着更为广延的意义。

应该看到,全球化的确给人类带来了前所未有的变革。经济全球化使资本、技术等生产要素在全世界范围内自由流动,资源配置更加高效,有力地促进了生产力的进步;政治全球化加强了各国在关涉全人类利益方面的对话、协商与合作;文化全球化则使不同民族、不同国家的文化得以自由的伸张,充分的交流,这无疑对全人类非公正问题的解决和正义的实现提供了有力的支撑。然而,恰如我们耳熟能详的那句话:"全球化是一把'双刃剑'。"在促进人类进步与发展的同时,在全球化深入发展的今天,正义之域依然面临着众多的挑战。

尽管经济全球化确实给全人类众多地方带来了前所未有的繁荣,但与此同时,我们也清醒地看到,从中获利甚多的还是发达国家。他们往往凭借着资金、技术等方面的巨大优势,成为全球化的最大受益者。发达国家与发展中国家之间的差距,在全球化的今天,不仅没有缩小,反而被进一步拉大。当然,这并非意味着贫穷国家经济没有实质的增长,或者说贫穷的人们生活没有得到明显的改善,问题的核心和关键不在于此,而在于他们是否从全球化进程中分享到了公平的份额。如若生活的发展是以更大的不平等为代价,当然也是对公平的侵害和剥夺。

政治全球化使越来越多的发展中国家有了表达自己利益和诉求的舞台,但整体来看,他们的声音仍然偏弱,国际政治舞台上纵横捭阖的依然是少数大国。他们把控着国际政治秩序,使国际机构和组织沦为他们操纵的工具,利则用之,碍则弃之,不仅使弱小国家难以捍卫自己平等的权利，还往往成为战乱纷争的幕后推手，当前一些地区冲突和民族矛盾，其实质都是背后大国之间的角力和博弈。与此同时，政治秩序的不平等往往会衍生出政治制度的不平等。发达国家在制定相关国际制度和规则时，虽不至于罔顾发展中国家的利益，但显然会将他们自身的利益当作首要的考量，这自然使全球公平与正义的实现变得困难重重。

除去不平等的国际经济秩序和国际政治秩序，全球正义还面临着其他一些挑战。诸如在关涉全人类利益的生态环境上，发达国家和发展中国家还在为彼此应该分担的责任而争论不休，尽管他们都认识到这一问题事关每个人的福祉；同时，发达国家能否及时从巨额的军火贸易中抽身出来，将更多的先进技术传播并运用到发展中国家的民生领域，也是我们关注的一个焦点。前者只会加剧世界的动荡与冲突，后者则显然可以给人类带来正义与和平。归结起来，一个关键的问题就在于我们"是否能够更好地利用经济关系、技术进步和政治机会，从而能够更好地关注贫困者和弱势群体的利益"①。当然，一个必须指出的问题在于，现有世界的不公，绝非是全球化本身带来的灾难，恰恰是因为全球化进程中不公正的社会、政治和经济制度和社会安排所引致，这才是全球非正义的根源所在。这一切无不昭示着在全球化日益发展的今天，正义依然面临着众多的挑战，全球正义虽非遥不可及，但也绝非一路平坦，它需要全人类共同的努力、支持和参与。

（二）文明冲突：暴力与冲突的新范式？

在全球正义的众多挑战中，冲突是不可回避的一个重要因素，因为冲突往往是暴力的重要诱因，不同国家和民族的冲突往往会演化成彼此的战争，进而造成生灵涂炭、民不聊生，两次惨绝人寰的世界大战，就是最好的例证，显然，这是对和平与正义的无情践踏。冷战大幕的开启，两大集团紧张对峙，并以意识形态的分殊来划分各自所属的阵营。苏联解体、东欧剧变，宣告了冷战的结束，也意味着意识形态之争日渐式微。然而，世界并没有因此而走向和平，冲突和纷争依然不断，只不过，人们在审视和

---

① ［印］阿马蒂亚·森：《身份与暴力——命运的幻象》，李风华等译，中国人民大学出版社 2009 年版，第 132 页。

看待冲突之时,呈现出新的思维方式,其中尤以亨廷顿"文明冲突论"最受人关注。这种范式,既迥异于冷战时期的集团和阵营式的思维,也有别于冷战后的国家主义范式;既不像福山"历史终结论"盲目乐观的"一个世界范式",也不像布热津斯基《大失控》和莫伊尼汉《大混乱》所描述的过度悲观的"混乱世界范式",而是以"文明"为分野,把未来的挑战与冲突,看成不同文明之间的斗争,从而为理解潜在和现实的冲突提供了一种新的视角。

亨廷顿认为,人类社会是一个众多文明相互交织的世界,按照他的分类方法,当今世界的文明可以分为"中华文明""日本文明""印度文明""伊斯兰文明""东正教文明""西方文明""拉丁美洲文明"和可能存在的非洲文明共八大类。这些文明在社会关系、生活习俗、价值观念、宗教信仰方面存在着较大的差异,而这些差异都可以被包含在文化差异之中。在这种情形下,"以意识形态和超级大国关系确定的结盟让位于以文化和文明确定的结盟,重新划分的政治界限越来越与种族、宗教、文明等文化的界限趋于一致,文化共同体正在取代冷战阵营"[①]。文化的共性和亲缘关系,使不同的国家得以集聚和联合,而文化的差异和不同则可能导致对抗,甚至战争。未来的冲突将不再局限于社会的阶层之间或者是以经济来划分的集团之间,而恰恰可能来自不同文明实体和人民之间。具体而言,文明间的冲突往往呈现出两种形式,微观层面的断层线冲突和宏观层面的核心国家之间的冲突。前者主要发生在一个国家不同的文明集团之间或者分属不同文明的邻近国家之间;后者则在不同文明的主要国家或国家集团之间发生,两者的共通之处在于都试图对文明的对立方进行主宰和征服。

亨廷顿同时指出,西方国家在现代化方面无疑走在了时代的前列,但"现代化"不等于"西方化",虽然西方在当前乃至未来相当长时间内都具有无可比拟的优势,但与此同时,亨廷顿也坦承,西方文明相对于其他文明呈现出了衰落的迹象,文明间的力量对比发生了根本的变化。"这种文明间力量的转移正在并将继续导致非西方社会的复兴和文化的自我伸

[①] [美]塞缪尔·亨廷顿:《文明的冲突与世界秩序的重建》,周琪等译,新华出版社2010年版,第105页。

张，并摒弃西方文化。"① 这不仅会加剧西方文明和非西方文明的隔膜，也会使西方一直推崇和主张的自由、民主与平等这种所谓的"普世价值"更加难以推行。由文化差异所带来的深刻成见，往往是非西方的人民对于西方的文明保持高度的警惕和普遍的怀疑，甚至强烈的抵触。"西方人眼中的普世主义，对非西方来说就是帝国主义。"② 正因如此，亨廷顿才断言，在多元文化的世界里，要想使全世界各民族接受共同的价值观、信仰、方向、体制，以"普世的文明"指导各自的实践，并无实际上的可能。

应该说，亨廷顿立足于战后新格局，以文化的视角来看待当前的冲突纷争和国际形势，呈现出一种新的范式。他对多元文明的承认，对文明力量的变动和文明秩序的重构所做的判断，在一定程度上也符合当今的事实。然而，在看到不同文明主体复兴本土文化，实行自我伸张的同时，亨廷顿并没有充分认识到西方文化和非西方文明之间相互借鉴与融合的有效性，反而夸大了彼此之间的对立和裂痕，并对由此可能引致的冲突可能性作出了不切实际的预判。他虽不像西方有些学者，顽固地坚持西方文明的优越性，但他在对西方文明衰落深深忧虑的同时，寄希望于西方文明的联合，以期重现西方文明的荣光，从而在国际舞台上继续以西方文明来进行统摄和领导，这不能不说是一种新的霸权思维。

（三）文明冲突背后隐含的文化霸权

固然，亨廷顿在言及西方文明时，并没有呈现出明显的"狭隘、傲慢和自负"，他甚至指出，强调文明冲突的潜在危险性，只是为了促进整个世界的"文明对话"，"文明的冲突是对世界和平的最大威胁，而建立在多文明基础上的国际秩序是防止世界大战的最可靠保障"③。如此看来，亨廷顿似乎并非西方文明的卫道士，俨然成了多元文明的推动者，世界和平的捍卫者。然而，事实绝非表象呈现的那么简单，亨廷顿的文化冲突论，并没有跳出西方中心论的窠臼，其背后也隐藏着深刻的文化霸权

---

① ［美］塞缪尔·亨廷顿：《文明的冲突与世界秩序的重建》，周琪等译，新华出版社2010年版，第62页。

② 同上书，第161—162页。

③ 同上书，第297页。

思维。

　　亨廷顿肯定了包括古代中国、古代印度在内的东方文明曾经为人类所作出的杰出贡献，但他同时指出，自近代以来，文明的重心转向了西方，长达 400 年之久的文明间关系是由其他社会对西方文明的从属所构成的。冷战的结束，改变了这一格局，人类步入了多元文明的阶段，后发国家在经济、社会发展上也呈现出长足的进步。针对亨廷顿的这一观点，森指出，"试图不依据思想和行动的确切历史而是依据宽阔的地理区域来定义文明，存在着根本上的困难"[①]。更何况，站在公允的立场上，亨廷顿应该为整个人类社会的发展而欢呼，但他却充满了深深的忧虑，因为与之相随的是西方文明地位的衰落和其他文明的进步与崛起。由此他断言，这可能引起世界格局的重大改变，这种改变不但会带来原有文明力量的失衡和文明秩序的重构，也会为潜在的冲突埋下导火索，为和平带来巨大的隐患。亨廷顿的这种断言，显然是狭隘和武断的，更难以掩盖他竭力维持西方中心地位的真实图谋。他对非西方国家的发展所持有的戒备与警惕，显然是为了继续维持西方文化的霸主地位，让其他国家对其臣服和唯命是从，以便"再次确立它作为其他文明追随和仿效的领袖地位"。

　　亨廷顿之所以念念不忘对西方文明的保存、维护和复兴，其根源还在于他对西方文明骨子里的持重和对其他文明根深蒂固的偏见。在他看来，西方文明与其他文明，不仅仅是发展方式的不同，更在于它的价值观和体制的独特性。这种独特性使西方文明成为独一无二的文明，并使得西方能够创造现代性，在全球范围内扩张，并成为其他社会羡慕的目标。与此同时，他把伊斯兰文明和中华文明看成西方文明的最大挑战，在他看来，伊斯兰教往往意味着"制度原教旨主义"，以儒教为精神支柱的中华文明则是"权威主义"的化身。"好战，不相容，以及与非穆斯林相邻，仍然是穆斯林持续存在的特点，而且是造成整个历史过程中穆斯林具有冲突倾向的原因。"[②] 在森看来，"这种独特的分类方式，既是一种严重的认识错

[①] ［印］阿马蒂亚·森：《正义的理念》，王磊、李航译，中国人民大学出版社 2012 年版，第 306 页。

[②] ［美］塞缪尔·亨廷顿：《文明的冲突与世界秩序的重建》，周琪等译，新华出版社 2010 年版，第 240 页。

误，也可能是一种巨大的伦理和政治伤害"①。不仅如此，亨廷顿言之凿凿地指出，对西方文明中自由、民主、平等理念的传播，往往可以带来和平；相反，西方文明一旦失去了中心地位，文明就将在许多方面让位于野蛮状态，一个全球的"黑暗时代"就会自然而至。亨氏这种危言耸听的妄言、对西方中心论的本能持重、对其他文明的偏颇理解，显然是其固有的文化霸权思维的一种自然流露。

进一步来讲，文明必然带来冲突吗？亨廷顿似乎对此持肯定的态度。在他看来，文明力量的交替与兴衰，必然打破既有的政治和利益格局，也必将为未来的冲突埋下导火索，一旦微妙的平衡被打破，冲突和战争就在所难免。然而，森对此同样提出了强烈的质疑，他一针见血地指出，在我们回答不同文明之间是否会必然发生冲突时。实际上已经掉入了亨廷顿事前预设的陷阱之中，不经意间我们已经承认文明似乎可以像亨廷顿所作出的狭隘划分。如此一来，"无论我们打算如何回答这一问题（文明冲突？），问题的形式本身已经迫使我们进入一种关于世界人民的狭隘的、武断的和欺骗性的思考方式"②。不仅亨廷顿的理论前提具有很大的蛊惑性，其所提出的解决之道也值得商榷。他指出，面对潜在的冲突，应该联合相同或具有亲缘关系的文明国家，组成一个"泛西方文明共同体"，以图限制和对抗非西方文明，进一步巩固和扩张西方文明的强势地位。另外，他提出要进一步加强而非削弱北大西洋公约组织，并对其适度地加以扩展，以应对现实的和不可预知的危机。这似乎是一个悖论，亨氏一方面强调文明的多元，另一方面却在极力地固化西方文明的中心地位；一方面主张通过对话和沟通消弭彼此之间的隔膜，另一方面却在力主加强北约这个最大战争机器的军事存在。其实，这并不矛盾，恰恰揭示出了其逻辑背后所隐藏的文化霸权，即通过文明的自保与渗透，以及武力的威慑，来确保非西方国家屈从和接受自己的文化价值观。

用"西方中心论"和"文化霸权"思维来形容亨廷顿，并非言过其实，也并非乱贴标签。当然，从表面看，我们往往会被亨廷顿的一些观点

---

① ［印］阿马蒂亚·森、［阿根廷］贝纳多·科利克斯伯格：《以人为本：全球化世界的发展伦理学》，马春红、李俊江等译，长春出版社2012年版，第19页。

② 同上书，第18页。

所迷惑，毕竟，他不像福山那样高调和赤裸裸地宣告"历史的终结"，并进而力主文化和社会发展的西方同质化，恰恰相反，亨廷顿却强调文化的多元和社会发展的异质性。从表面看，两者观点刚好相左，然而，透过现象看本质，两者实则殊途而同归。不同于福山的是，亨廷顿看到一味地强制推销西方文明，其结果往往会导致非西方国家的普遍反感，效果可能适得其反。因此，他反其道而行之，一方面，倡导文化多元，以满足非西方国家文化自决、民族自立的心理诉求；另一方面，他却又主张以拉拢、腐蚀、渗透和同化等手段，竭力扩大西方文明的阵地，以保持和巩固西方文明的中心地位和领先优势。应该来讲，相较于福山，亨廷顿的这种观点更易被包括非西方在内的众多国家所接受，但也恰恰如此，才使其"西方中心论"的霸权思维显得更加隐蔽。从本质上来看，其"文明冲突论"的观点是服从和服务于西方发展的，它"反映的是西方社会文化心态的改变、文化策略的调整，而不是文化观念的转化，是自卫式的，而不是自省式的"[①]，从这个角度来看，亨廷顿"文明冲突论"的背后，显然隐藏着文化的霸权，他仍然处于这一桎梏之中，并没有，也并不想从根本上改变西方这种长久以来固有的霸权思维。

二 身份命运的幻象与迷雾

"文明冲突论"之所以引来诸多的质疑和批评，一个重要的原因就在于它过于简单地从诸要素中抽取地域和宗教文化作为界分人类的标志，人的身份依据"文明"这种单一而又涵括一切的标准来加以区分，命运由自身所归属的文明来维系。这种以禁闭的文明来确认身份认同的方法，实则是一种颇具迷惑性的幻象。在森看来，它不仅存在方法上的缺陷，也容易诱发冲突，滋生暴力。全球公正问题的解决，不仅需要我们关注全球化中的经济和政治议题，也需要我们走出单一身份的幻象与迷雾，站在多维的视野和全球的视角，来塑造我们的伦理归属和身份认同。

（一）文明的禁闭与身份的认同

身份的认同关涉到我们如何看待我们自己以及他人，合宜的身份认同

[①] 安然、齐波：《塞缪尔·亨廷顿"文明冲突论"的文化保守主义倾向》，《史学月刊》2010年第4期。

可以丰富人们的情感，增强人们的友爱与互助；不恰当的身份认同，则可能会引致冲突和暴力，给人类带来灾难和伤痛。作为一种颇为流行的分类方法，"文明分类法"以宗教为依托，将不同的人归属于不同的文明之中，个人身份依据其所信仰的宗教和所归属的文明而加以确认。其倡导者亨廷顿指出，"这种方法具有极大的优越性，它既不像一个世界范式那样，为了简化而牺牲了现实，也不像国家主义和混乱范式那样，为了现实而牺牲简化。它提供了一个易于把握和易于理解的框架，可以用来更好地理解世界"[①]。然而，在森看来，亨廷顿显然过于乐观，这种分类方法把人视为某种文明的一员，在把人降为单一维度生物的同时，也将人置于文明禁闭的狭隘盒子之中。它的划分方法既过分的武断与粗糙，也遮蔽了我们对多元身份的认同；既有悖于传统的信念，也背离当今的现实。

之所以持此观点，在森看来，以宗教和文明为分野的划分方法，显然过于偷工减料。他举例指出，当亨廷顿及其拥趸者将印度描述为"印度教文明"的时候，显然有意地回避或淡化了这样一个事实，即印度还有人数逾亿的穆斯林，这一人数超越了英法人数总和，也超越大多数伊斯兰国家。除了人数众多外，穆斯林在印度的社会发展过程中，也扮演着举足轻重的角色，"不考虑穆斯林在印度历史上发挥的重要作用，'印度文明'便无从想象"[②]。印度不是用"印度教文明"就可以概括的，印度还拥有包括伊斯兰教、佛教、锡克教等其他众多的文明，这恰恰彰显了文明内部所具有的丰富多彩性，印度历史上两个开明而伟大的国王阿育王和阿克巴，就分属于佛教和伊斯兰教。不仅如此，从现实来看，沉溺于文明单一幻象之中，显然也忽略了文明之间的对话与沟通。不同的文明本身就是相互交融，而非绝对对立的。将基督教为代表的西方文明描述为自由、民主的源泉与化身，显然给了他过多的赞誉，民主、宽容的理念在古代的东方早已有之；将穆斯林描绘为尚武、好斗，同样是对穆斯林的歪曲和不公，伊斯兰教义中并不包含暴力与仇恨的种子；将儒教看成对纪律和秩序的尊奉，显然也有失偏颇，亚里士多德、阿奎那在崇尚权威方面，一点也不亚

[①] [美]塞缪尔·亨廷顿：《文明的冲突与世界秩序的重建》，周琪等译，新华出版社2010年版，第14页。

[②] [印]阿马蒂亚·森：《身份与暴力——命运的幻象》，李风华等译，中国人民大学出版社2009年版，第20页。

于孔子。正义的理念在不同文明之间相互影响、相互交融，如若将文明贴上固定的标签，既是对文明的狭隘理解与偏见，也有诱发暴力和冲突的可能。

这样看来，如若在多元文明之间进行平等的对话与沟通，文明之间的矛盾似乎就可以迎刃而解，冲突自然就会烟消云散。显然，问题绝非这么简单，尽管我们并不否认，平等和有效的对话可以显著地降低冲突与风险，但问题的根本并不在此，身份认同必须超越文明的束缚，以更加广域的视野来看待。事实上，在森眼中，当我们还在激烈地争论能否通过沟通，消弭不同文明之间的冲突时，就已经跳入了预设的陷阱，即认为人类能够被先在地划分为彼此有别且分立的文明。这不仅是指那些文明冲突论的支持者，对文明冲突论的反对者也同样适用，因为他们反对的理由往往是不同文明之间可以相容而非一味地拒斥，这种倡导文明对话的高尚行为与冷冰冰的悲观冲突论固然不同，但它们却共同分享了一种简化主义的信念，即文明的确存在着现实的分野。如此一来，热情也好，冷酷也罢，它们都没有摆脱文明禁闭的束缚，都没有走出文明分殊的窠臼。

以文明画线是一种非常偏颇的做法，它窒息了其他的——更加丰富多彩的理解人类方式，抹杀了人类多样的联系与活动。为此，森强调指出，身份的认同不应禁闭在文明之中，而是有着多种的方式，国别、民族、职业、信仰、爱好等，都可以赋予人不同的身份，这些身份源自我们的背景、社会联系以及社会活动。一个人的身份正是建立在这种多重关系和不同的社会环境之上，同时，也正是这样的环境，使个人的身份往往呈现出多重性，这是对我们每个人可以分属不同身份群体的客观承认。但也应该看到，一个人所具有的不同身份之间，有时也会相互抵牾，当不同的身份发生冲突时，我们无须为了肯定某种身份的优先性而否定另一种身份的存在，只需要根据所涉及问题来赋予不同身份以不同的权重，它取决于特定的环境，当然，也有赖于个人理性的选择，身份的认同在跳出文明禁闭的束缚之后，也应该给予其动态的考量。

（二）单一幻象引致的暴力与冲突

将人类置于单一的幻象之中，既遮蔽了我们在现实世界中的多重身份，也极易引发世界的混乱和社会的动荡，人为地加剧宗教和族群之间的冲突。恰如森所言："一旦世界上的种种区别被整合简化成某一单一维度的、具有支配性的分类体系，那么我们所共享的人性便受到了粗暴的挑战，这样一个单一划分的世界比我们所实际生活其中的多重而有差异的世界更具分裂性。"①

对人类身份认同的单一性贬抑，往往会成为暴力和冲突的工具。或许，这并不是类似于文明分类或其他单一划分者的初衷，他们当然无意为混乱埋下火种。森举例指出，文明冲突论者宣称，他们的主旨在于对当今世界冲突根源予以探究和澄明，是问题的"发现者"，而不是麻烦的"制造者"，是防范风险的唤醒者和减少冲突的推动者。然而，事实却远非如此，它远远超出了一些理论家的预期。人为地把人类贬低为单一性身份可能带来极为严重的对立性，从而使世界更易被极端势力所左右和操控，他们可以把这种预先设定的单一、对立的身份强加给人们，以便从这些人当中招募暴政的"走卒"。恰如森所言，"将某一唯一身份强加于一个人是挑拨派别对立的一个关键的'竞技'技巧"②。一旦它们被用来强化宗教排他性，并被片面鼓吹的好战的宗教身份所压倒，就可能使世界陷入冲突和战乱的旋涡当中。阿以之间绵延至今的冲突、卢旺达胡图族和图西族之间的血腥暴力、伊拉克什叶派和逊尼派之间的对抗与纷争……无不镌刻着文明的狭隘分类所带来的伤痛。

的确，全世界范围内众多潜在和现实的冲突，往往就是这种身份的单一幻象所诱发的，一旦人们被人为地归类于不同的文明之中，支配性分类的分裂作用就会迅速释放，人们被强行地塞入一组坚固的小盒子之中，其他分类原则则被湮没在这种所谓的看待人类差异的基本视角之下，人类的丰富性被削弱、多样性被抹杀。相较于现实世界中事实存在的多重身份，这种理论上的简化主义，往往借助于看似唯一，而且无可选择的身份来点燃仇恨的火焰，它俨然排除了一个人所具有的其他任何属性，甚至人道的同情和天然的恻隐之心，也往往被单一幻象所自然呈现的好战倾向所遮蔽。这种毫无选择的单一性在刻画真实世界方面大大削弱了我们社会与政治思维的力量与范围。"当人类的丰富差别被压缩进一种恣意设计的单一分类

---

① [印]阿马蒂亚·森：《身份与暴力——命运的幻象》，李风华等译，中国人民大学出版社2009年版，引言第3页。

② 同上书，第2页。

之中时，我们所共享的人性也就遭到了严重的挑战"①，由此而产生的暴力与冲突，可能就会不期而至。

（三）走出身份的幻象与迷雾

身份的认同不应束缚于某一方面，不论这方面是来自文明、宗教，抑或是其他，沉溺其中，只会陷入单一的命运幻象之中。森明确指出，一个人的身份受制于众多而非独立的要素与环境；一个人拥有多重而非单一的身份。要想抵制对人类的这种渺小化，必须走出身份的幻象与迷雾，唯有如此，我们才能更好地认识自我与他人。

1. 尊重身份的多元。单一论者往往以"单一"来抹杀"多元"，森强调的恰恰与之相反，他倡导我们要用"多元"来取代"单一"。现实世界中的我们，在不同的时间、不同的地域、不同的环境中分属于不同的群体，扮演着不同的角色。一个人既可以是一国的公民，还可以拥有他国的血统；既可以是一名虔诚的教徒，也可以是一名出色的医生；既可以是女权主义的忠实捍卫者，也可以是环境保护的积极拥护者。每一个不同的身份，都能够赋予该人一种特有的归属感和忠诚度。差异是固然的，多重身份也是纷繁复杂的，对一个人的多重身份，我们既要予以清晰的辨识，也要给予足够的尊重。对我们身份所属关系多样性的忽视，往往会导致我们对生活其中的世界缺乏本真的认识。当然，对个人多元的身份予以充分的尊重，并不意味着我们无论在何时何地，都要对其等量齐观，特定的环境下，我们需要赋予不同身份以不同的权重，不过，这显然需要我们作出审慎的推理和理性的选择。

2. 秉持选择的自由。尽管每个人内在的拥有多重身份，但这绝非只是一种机械的或者被动的"发现"，而是一种积极的主动的"选择"，它既关涉到自我的实现，也关涉到选择的自由。在现实生活之中，无论我们是否有意为之，事实上我们都在对究竟运用何种身份，或者给予什么身份以更优先的考量，而不停地在做着各种抉择。当然，这并不意味着任何身份都可供选择，问题的关键在于，我们是否拥有对我们所同时具备的不同身份决定优先次序的实质自由。运用这些自由，认识到有哪些相关的选

---

① ［印］阿马蒂亚·森：《身份与暴力——命运的幻象》，李风华等译，中国人民大学出版社 2009 年版，第 15 页。

择，然后再自主地决定我们应该选择什么，而非被动地发现或者呈现出一种"反应性自我身份"，对我们而言意义重大。多样的身份并不仅仅是一种价值的承认和鼓励，更关键的还在于我们能够自由的选择。

当然，森也明确指出，这种选择的自由并非不受任何的约束。事实上，任何一种选择都必须被置于一定的条件和范围之内。为此，森用了一个非常通俗易懂的例子来加以阐释，他指出，一个人可以凭借自己的喜好来自由的消费，但这种自由也是有一定限度的自由，它必须在个人的"预算约束"之内。不仅经济领域是这样，身份的选择亦是如此，其选择的可行性与个人的特点和所处的环境息息相关。在考虑我们的身份时，无论选择的依据是来自自己还是他人，都是在特定约束下作出的选择。只不过，"当我们试图说服他人接受我们不同于他们所坚持认为我们应该具有的身份时，选择身份所面对的约束就更加严峻"①。身份的认同必须秉持选择的自由，同时，也要对存在的约束条件予以充分的考量，在这个过程中，理智的审思必不可少。

3. 坚持理性的优先。正如上文所述，要想走出身份命运的幻象与迷雾，我们还必须坚持理性的优先。现实之中，尽管赋予了每个人选择的自由，但很多时候，我们往往会漠视这种权利，并被毫无批判的信仰继承和服从行为所取代。究其原因，这种不加反思地接受某种社会身份的方式，恰恰肇因于理性审思之缺失。森援引了印度历史上开明包容的国王阿克巴的话，指出了理性优先的重要性。阿克巴坚持认为信仰不能取得超越理性的优先地位，在他看来，赞成理性拒斥传统主义道理至为明白，无须争辩，因为人必须靠理性才能证明其继承下来的信仰是否具有正当性。的确如此，我们不能被传统信仰和强制服从所左右，在进行自由选择时，我们必须对理性的审思给予必要的持重，它能够使我们对相关机会和相关选择进行深入地辨识，也可以对那些凭借优势地位强加给我们的身份，给予理所当然的否定。恰如森所言："理性必定是优先的，因为即便是要质疑理性，我们也必须得靠说理的办法。"②

---

① ［印］阿马蒂亚·森：《身份与暴力——命运的幻象》，李风华等译，中国人民大学出版社2009年版，第27页。

② 同上书，第140页。

总之，在森看来，每个人都具有多种多样的社会身份，这构成了我们生活于其中丰富多彩的世界。阻碍全球正义，导致全球范围内潜在冲突的一个主要根源就在于根据宗教或文化对人类进行单一的划分。文明的禁闭制约着我们对身份的多元认同，并有可能引发潜在的暴力与冲突。要想拨开迷雾，避免陷入单一身份的幻象之中，就必须尊重多元的身份，秉持选择的自由，坚持理性的优先，才能使我们对身份有更好的理解和认同，才能减少冲突与暴力，使不同国别、不同文化、不同民族的人们和平相处、和谐共生。

三 全球正义何以可能

当前的世界，虽依然存在着诸多不公，但人类对全球正义的追求，却从未止步。随着全球化的日益深入，人类比以往任何时候都更加渴望全球的公平与正义。当然，与先前不同的是，"全球正义需要以民族国家既有正义原则中的那些一致性部分为基础去加以建构。同时，全球化所造成的社会异质化的事实也需要得到尊重"[①]。相互包容，尊重差异，全球正义方才可行，当然，我们并不能寄希望迅速出现一个全球性政府，来使世界中的一些非正义和不公借此得到妥善的解决。但森强调指出，即便是没有一个全球性政府，一些全球性机构和非正式的交流与贸易，也会加强全球的合作与对话；积极的公众行动、独立新闻媒体的评论和开诚布公的公开讨论也可以推进全球正义的进程；在差异与共融的基础上，走出身份命运的幻象与迷雾，超越自我利益的观念束缚，促进不同文化之间的沟通与对话，全球正义同样可以实现。

（一）积极促进不同文化的交流与互融

人类生活的世界，丰富多彩，存在着诸多不同的文化，任何一种文化都不可能孤立地存在，彼此之间的交流与交往如影随形。即便是"文明冲突论"的倡导者亨廷顿也坦言，多元文化的世界是不可避免的，维护世界安全，需要接受全球的多元文化性。森在这一点上，与亨廷顿持有相同的观点，只不过他没有像亨廷顿，一方面承认文化的多元；另一方面却又机械地把不同的文化区分为若干文明，从而陷入"文明板块论"的现

---

① 张康之：《全球化时代的正义诉求》，《浙江社会科学》2012年第1期。

实束缚之中。在文化观上，森的视野显然更加包容，他之所以坚决反对亨氏的论调，恰因为亨氏的观点将文化看作了决定社会困境的核心的、无法改变的和完全独立的因素。在森看来，文化是开放和多元的，不同文化的人们能够分享许多共同的价值观并赞同某些共同的承诺，通过积极的交流与对话，可以有效地促进不同文化主体之间的理解和沟通，对于消弭潜在的冲突，推进全球正义具有重要的价值。

正因如此，森才积极支持文化的交流与互动，并反对将文化置于孤岛之中。他强调指出："跨文化的交往与鉴赏并非一定是羞耻和屈辱的。我们确实有能力去欣赏在别处产生的东西，而文化的民族主义和沙文主义作为一种生活方式却会严重削弱生命力。"① 文化虽都有自己的独特性，但却共同存在于高度关联的现实世界之中，以独特性为由来拒斥相互之间的交流，显然难以站稳脚跟。"在文化事务上的地区性自足形象是严重误导的，而且这样一种价值观——维护传统的价值纯粹性并且不受污染——是难以维持下去的。"② 只有以开放的胸襟和包容的心态，看待和欣赏他者的文化，并积极主动地交流，才能消除彼此之间的文化隔膜；同时，在互动交往的过程中，才能了解、学习和分享彼此在文化发展中的经验与不足。互动才能碰撞，碰撞才能交融，而交融才能更好地促进人类文化的发展，实现和谐共赢。

在现实的文化交往当中，平等和彼此尊重是一个基本的原则。大国不能以"文化优越论者"自居，并借此把自己的文化理论、价值观念强制输出；小国也不能故步自封，或者漠视回避，而应以开放的心态积极融入世界的文化交往之中。与此同时，文化交往要从"若干文明'板块对板块'开展对话的单一意识，调整到具有多重文化身份的具体人之间可以复杂沟通互动的灵活思维，使我们从各'文明板块'之间碰撞、磨合、交叠的平面性的凝固视角，充盈为可以上下联通、左右相关的一个可以看到有许多文化认同圈子彼此交织扣联的立体化了的文明世界"③。在和而

---

① ［印］阿马蒂亚·森：《以自由看待发展》，任赜、于真译，中国人民大学出版社2012年版，第245页。
② 同上书，第244页。
③ 林超：《消解文明的冲突——谈阿马蒂亚·森的多重文化身份观》，《文化学刊》2014年第2期。

不同的交往理念下，不同文化之间相互交融、和谐共生，无疑会增进彼此的了解，减少潜在的冲突，显然，这对于世界的和平与正义会多有助益。

（二）积极支持不同国度的对话与沟通

毋庸置疑，不同的国家有着各自不同的利益，然而，我们同时也应该充分认识到，任何国家对本国利益的追求都不应建立在对他国利益的侵犯与剥夺之上，全球正义显然需要我们超越一个国家或一个地区的狭隘性。在森看来，"出于避免偏见且公平对待他人的缘故，从而需要考虑到其他人的利益；出于避免未经充分审思的地方性价值观和认识的地域狭隘性的缘故，从而需要纳入其他人的视角来拓宽我们自己对于相关原则的认识"[1]。在全球化日益发展的今天，我们很难相信，能将对于各种利益与关注的充分考量限定在某个国家的范围内，而无视其他国家。然而，我们也应该深刻地认识到，超越单个国家和地域之囿的正义考量，往往并不能自动达致，它需要建立在不同国家有效的对话与沟通之上。

当然，对话与沟通可能并不能迅速消除相互之间的利益分歧，但借助这种方式，可以了解彼此的诉求，通过坦诚的对话，也可以在最大限度上达成共识，从而有效地管控分歧，消除对立。全球化的今天，在众多的领域内，我们都需要合作与对话，因为很多问题并非局限于一国之利益，对存在的相关问题，凭借一国之力有时也往往难以有效地解决。比如全球气候问题、全球贫困问题、全球核裁军问题、全球反恐问题等，显然，这些问题关涉到全人类的福祉，任何一个国家都不能置身事外。当然，通达全球正义的道路，并不能为少数国家所左右，并由他们来进行规制，全球正义需要听到更多的声音，需要全人类的深度参与。这自然就需要通过平等的协商、对话与沟通，找寻不同国家主体在全球正义方面的共有观念，培育全球正义共有的价值生长点，唯有如此，才能在差异与共融的基础上推进全球正义的实现。

必须指出的是，对话和沟通是实现全球正义的有效形式，但我们不能为了对话而对话，许多问题的解决还需要通过对话之后的行动去落实。其中一个关键的方面就在于通过多边协商，在关涉全球正义的问题上确立合

---

[1] ［印］阿马蒂亚·森：《正义的理念》，王磊、李航译，中国人民大学出版社2012年版，第373页。

理的责任分担机制。比如在消除全球贫困问题方面,发达国家就应该承担主要的责任,"发达国家对欠发达国家的援助不仅是一项人道主义责任,更是一项正义的责任"①。恰是因为发达国家在历史上对发展中国家的剥夺和对当今国际经济秩序的控制,才加剧了世界上的不平等,扩大了发达国家与发展中国家之间的裂痕。因此,积极主动地消除全球贫困,当然是他们义不容辞的责任。全球气候问题、全球核裁军问题等,道理亦然。当然,全球问题的解决,也离不开发展中国家的积极参与,尤其是诸如反恐等涉及全球性风险的相关领域,需要所有国家共同面对。总之,全球不公的解决和全球正义的实现,需要不同国家承担起共同但又有区别的责任,而责任的厘定,显然离不开平等而又有效的沟通。

(三) 积极推进相关组织制度的变革与创新

国家利益与全球利益在很多时候并不吻合,这种现实中的二元悖论告诉我们,仅仅受全球性问题的现实需求驱动,远远无法促使不同国家就全球正义达成共识,更遑论他们会主动采取行之有效的实际行动。显然,全球正义的实现需要相应的制度为其提供约束与保障。恰如博格所言:"要证明全球正义如何能够在这个世界得到实现和维系,就要证明全球正义如何能够得到政治上的实现和维系。"② 否则,再好的设想也只能停留在理论阶段,再好的正义方案也只能沦为空谈。当然,若能成立一个像霍布斯或者内格尔所期望的具有强制性权威的世界政府,对全球利益进行统筹安排,自然再好不过。但很显然,这是一个过于美好的幻想,在当今之世界,并无实现之可能。在森看来,与其停留在这一虚无缥缈的幻想之中,不如扎实有效地推进相关制度和组织的变革与创新,即便是没有世界性政府,借助于完善的制度措施和相应的组织机构、媒体平台,通过有效的公众行动,同样可以推进全球正义的实现。

一方面,要对现存的正式国际组织和制度进行积极的改革,以适应全球化的挑战和全球正义的需求。长久以来,国际政治组织和国际经济组织,诸如联合国、世界银行、世界贸易组织、国际货币基金组织等,往往

---

① 徐向东:《全球正义》,浙江大学出版社2011年版,第9页。
② [美]涛慕斯·博格:《康德、罗尔斯与全球正义》,刘莘、徐向东等译,上海译文出版社2010年版,第1页。

被一些发达国家操纵和利用，成为他们控制全球，攫取经济和政治利益的工具。这与这些组织创始的初衷相去甚远，在实现正义的征途中，必须对其进行积极的改革。就国际政治组织而言，改革的方向要使其具有更广泛的代表性，体现更多发展中国家的意志，而非只是传统大国的权利博弈。只有更多的国家参与到实质性的国际事务决策中，才能保证国际政治权利不至于被少数大国所主导，才能确保国际机构不被少数大国所裹挟，才能体现国际制度本身的全球正义取向。与此同时，国际经济组织也要充分吸纳发展中国家，倾听他们的愿望与诉求，增强发展中国家在国际经济领域内的话语权，共同参与和推动现存不平等的国际经济秩序的改革与重构。在贸易、投资、信贷等领域向欠发达国家倾斜，使国际经济秩序向有利于发展中国家转变，缩小发达国家与发展中国家之间的差距，使发展真正惠及全球。

另一方面，在推动国际正式组织改革和国际经济、政治秩序重构的同时，也要注重发挥非正式组织和机构的作用。国际制度的主体不应仅仅体现国家意志，市场力量和社会力量也应当给予充分的重视。公民组织、非政府组织、新闻媒体、跨国公司以及其他松散的联盟，都可以成为全球正义的推动者。事实上，"越来越多的跨国公司和NGO已经在联合国、气候谈判等国际制度中担任观察员角色，在食品安全与劳工标准等功能领域，跨国公司和NGO已经独立地开始承担制度供给者的角色。世界社会论坛、绿色和平组织、世界红十字会等一系列全球公民社会的力量已经形成制度化的平台，参与全球政治系统的治理，表达更广泛的个人对全球正义的诉求"[①]。显然，对全球正义，非正式组织和机构同样发挥着重要的作用，森明确指出："这些渠道称不上完美，但它们的确存在，并且实际上有效地运作着，而且通过对一些有助于传播信息和创造跨界讨论机会的机构予以支持，可产生更大的效力。"[②] 为此，我们要积极支持非正式组织的发展与创新，以使其在推动全球正义中发挥更大的作用。

把当今世界众多纷争归咎于不同文明的冲突，并以这种禁闭的文明来

[①] 姚璐、徐立恒等：《论全球正义——关于正义问题及实现实路径的分析》，《太平洋学报》2015年第3期。

[②] [印]阿马蒂亚·森：《正义的理念》，王磊、李航译，中国人民大学出版社2012年版，第378页。

确认身份的认同，既遮蔽了问题的本真，也容易把人们领入歧途。它不仅隐含着"西方文明优越论"的霸权思维，也往往会使人陷入单一身份的幻象之中。全球正义，显然要超越这种狭隘文明的束缚，站在多维的视野和全球的视角，来塑造我们的伦理归属和身份认同。借助多元文化的交流与互融，在不同国家间进行平等的对话与沟通，积极推进相关制度和组织的发展与完善，在差异与共融的基础上实现全球正义。

总之，公共理性基础上民主的成功实践、自由主张之上人权的充分拓展和差异与共融基础上全球正义的追求，是通达公平与正义的先决条件。公共理性是民主的运行基础和内在要求，民主则是公共理性的逻辑展开和价值彰显。以自由看待人权，是审视和考量人权的基本出发点，人权中的自由和利益存在着分歧和融合，在自由的基础上，对人权进行丰富和拓展，是人权普适的必由之路。在森看来，无论是公共理性之上的民主，还是自由主张之上的人权，都必须在理智审思的基础上，超越地域之囿，以包容对待差异，以开放促进互融，在全人类的广阔视域之中，推进和实现正义。

第四章 正义的张力:阿马蒂亚·森正义思想的马克思主义审视

20世纪70年代,以"塔克—伍德"命题为缘起,西方学界对马克思正义思想展开了激烈的论战,延宕至今,与此同时,对马克思正义思想的研究也成为学界的热点。就森而言,世人往往将关注的目光聚焦于其对福利经济学的贡献之上,而他在政治哲学方面卓有成效的探索却往往被诺贝尔经济学奖的光环所遮蔽。随着其正义思想集大成之作《正义的理念》问世,森向世人充分展示了他在政治哲学方面的智慧,对其正义思想的研究也逐渐走向深入。可以说,马克思的正义思想和森的正义思想是当前正义研究领域内两个焦点问题。作为具有强大张力的正义理论,马克思和森在正义之思方面有无关联,何以关联?两种正义理念是否可以相通与交融?在马克思的视域之下,森的正义思想有何不足?又在何种意义上丰富和拓展了马克思的正义观?这些问题显然有待于现实的解答。

第一节 马克思正义思想探要[①]

公平与正义是西方政治哲学的一个焦点问题,也是我国社会主义核心价值观的一个重要理念。罗尔斯的《正义论》,以"两个正义原则"为基,构建了一个逻辑严谨的正义体系,实现了当代西方政治哲学的复兴。但每当我们提及马克思的正义思想,却总会引来诸多争论。在他博

---

① 参见李翔《马克思对正义思想的批判与超越——基于生产正义的视角》,《学术论坛》2014年第5期。

大精深的理论体系当中,究竟有无正义的理念;毕生致力于人类解放和幸福的马克思,为何在其鸿篇巨制当中却鲜有事关正义的论述;在对资本主义残酷剥削制度进行无情鞭挞的同时,却又何故对有关正义的思想进行严词批判?要回答这些疑问,我们就必须深入马克思思想深处,对其正义思想进行深入系统的研究,挖掘出马克思正义思想的理论特质和本真内涵。

一 缺席还是在场：马克思正义思想的存无之辩

（一）马克思正义思想的纷争缘起

1969年,普林斯顿大学的罗伯特·塔克（Robert Tucker）在《马克思的革命理念》一文中指陈"马克思对正义持一种反对态度,他并没有认为资本主义是非正义的"①。这一石破天惊的观点得到了康奈尔大学艾伦·伍德（Allen Wood）的支持,他在发表于1972年的《马克思对正义的批判》一文中,与塔克持有着同样的论调。在伍德看来,尽管马克思确实认真对待了"正义"概念,但马克思只是对正义概念被"神秘化"和意识形态"神圣化"所给予的一种批判与纠偏,换言之,马克思只是为了澄清正义概念在社会生活中的功能,防止它在意识形态上遭到滥用。"在他的著作里,不仅根本没有打算论证资本主义的不正义,甚至没有明确声称资本主义是不正义或不平等的,或资本主义侵犯了任何人的权利。"②尽管马克思对资本主义也进行了某种形式上的谴责,但"马克思对资本主义的谴责根本没有依靠某种正义概念（不管是明确的还是含蓄的）,那些试图从马克思对资本主义的诸多谴责中重构'马克思正义理念'的人,顶多只是把马克思对资本主义（或资本主义某些方面）的批判,转换成被马克思本人一贯视为虚假的、意识形态或'神秘的'形式"③。伍德由此得出,马克思是拒斥正义的,"资本主义虽有种种明显的缺点,但它在正义问题上却并未犯错,对马克思而言,无论资本主义可能

---

① Robert C. Tucker, *The Marxian Revolutionary Idea*, NewYork: Norton, 1969, pp. 37–48.
② Allen Wood, The Marxian Critique of Justice, *Philosophy and Public Affairs*, Vol. 1, No. 3, 1972. 转引自李惠斌、李义天《马克思与正义理论》,中国人民大学出版社2010年版,第3页。
③ Allen Wood, The Marxian Critique of Justice, *Philosophy and Public Affairs*, Vol. 1, No. 3, 1972. 同上书,第208页。

是什么,它似乎都不是不正义的"①。塔克和伍德的这种观点,被布坎南、麦卡锡等称为"塔克—伍德命题"。

塔克和伍德的观点无疑是一枚重磅炸弹,引来了众多的质疑,首先站出来对此予以反驳的是齐雅德·胡萨米,他在《马克思论分配正义》一文中指出,塔克和伍德断章取义,从某种程度上曲解了马克思的本意,把马克思理论中的一些解释性维度视为评价性维度,把马克思的道德理论降格为马克思的道德社会学,从法权而非道德意义上来审视马克思对资本主义的谴责,从而遮蔽了马克思对资本主义非正义的批判。针对胡萨米的质疑与批评,伍德在《马克思论权利和正义:对胡萨米的回复》一文中给出了针锋相对的回应。与此同时,越来越多的英美左翼学者纷纷加入,在把这场论战推向高潮的同时,也形成了泾渭分明的两大阵营。一派以塔克和伍德为代表,认为马克思是非道德论者,马克思反对和拒斥正义;一派以胡萨米、柯亨等为代表,强调马克思是道德论者,马克思支持正义并批驳资本主义的非正义。两派各有自己的拥趸和支持者,塞耶斯、米勒、斯金伦和克利尔等支持塔克和伍德的观点,而杰拉斯、金里卡、尼尔森、埃尔斯特、佩弗等倾向于赞成胡萨米的观点,由此引发了一场关于马克思正义观旷日持久的论战,至今余波未平。

(二)马克思正义思想的存无之辩

这场延宕至今的论战,围绕马克思正义观的存无之争而展开,尽管双方都以马克思的历史文本为依据,但却各执一词,立场迥异。集中起来,他们的论争主要聚焦于以下几个方面:第一,马克思是否认为资本主义不正义?第二,马克思缘何对资本主义进行批判?第三,马克思视域下的共产主义社会,是正义还是超正义?

1. 马克思是否认为资本主义不正义

在这一论题上,伍德坚持认为马克思并未将资本主义视为非正义,为此,他援引了马克思的文本来对自己这一论据加以支撑。马克思在论及劳动力购买和剩余价值获取时曾言道"对买者是一种特别的幸运,对卖者

---

① Allen Wood, The Marxian Critique of Justice, *Philosophy and Public Affairs*, Vol. 1, No. 3, 1972. 转引自李惠斌、李义天《马克思与正义理论》,中国人民大学出版社 2010 年版,第 4 页。

也绝不是不公平"①。据此，伍德认为，马克思并不赞同剩余价值涉及工人和资本家之间不平等交换的断言。他指出，根据马克思的观点，资本家购买劳动力这一商品并支付了它的全部价值，一旦劳动力的购买得以实现，这个劳动力商品连同它的使用以及使用它生产的产品，就全部公正地属于资本家。以工资交换劳动力，是"以等价物交换等价物"，它是发生在资本家和工人之间的唯一交换，也是平等和正义的交换，因此，资本占有剩余价值就没有包含不平等或不正义的交换。资本主义条件下对剩余价值的占有不仅不是正义的，甚至任何阻止资本占有剩余价值的尝试都是绝对的不正义②。

对于伍德的这种论调，胡萨米并不认同，在他看来，这恰恰是伍德对马克思话语的一种肢解和误读。针对伍德的论点，胡萨米指出，伍德所坚持认为的劳资双方是等价的交换，只限于最初的和狭窄的流通领域，一旦面对工人在生产过程中必须向资本家提供剩余劳动，并将这种个体关系置于更广泛的阶级语境之中，伍德的论调自然就难以成立。强迫是自愿契约所表现出来的真正联系，表面的正义只是客观的幻象，单方面占有他人的劳动才是平等交换背后的真正事实。正因如此，马克思才在伍德所提及的第一个论据之后紧接着言道："我们的资本家早就预见到这种情形，而那是他发笑的原因……戏法终于变成了；货币转化为资本了。"③ 很显然，在胡萨米看来，马克思那句"对买者是一种特别的幸运，对卖者也绝不是不公平"的话，只是马克思在识破资本家诡计和看穿劳动力交易真相之后，对资本主义这种所谓的平等所给予的一种揶揄和嘲讽。伍德脱离了马克思的具体语境，断章取义，显然没有领会马克思在这里的真正所指。

2. 马克思缘何对资本主义进行批判

毋庸置疑，马克思从纵向的历史发展角度对资本主义在推动生产力发展方面给予了充分的肯定，但与此同时，他也对资本主义制度存在的剥削与奴役进行了严厉的控诉和无情的鞭挞。对此，伍德和胡萨米都予以认

---

① 《马克思恩格斯选集》第 2 卷，人民出版社 2012 年版，第 178 页。
② Allen Wood, The Marxian Critique of Justice, *Philosophy and Public Affairs*, Vol. 1, No. 3, 1972. 转引自李惠斌、李义天《马克思与正义理论》，中国人民大学出版社 2010 年版，第 17—20 页。
③ 《马克思恩格斯选集》第 2 卷，人民出版社 2012 年版，第 178 页。

同,在这一方面,他们并没有太大的分歧,但就马克思缘何对资本主义进行批判这一问题,他们却给出了截然不同的回答。

伍德认为,在马克思的著作中,正义观念只是一种从属于生产过程的法权观念,其合理性有效性必须依据占支配地位的生产方式来衡量。行为或制度正义与否,不在于它是否体现了一种法权形式,也不取决于人类行为与利益的普遍一致性,而是依赖于它们与它们所隶属的那个生产方式之间的关系,取决于受历史条件制约的生产方式所提出的具体要求。他援引马克思的话:"生产当事人之间进行的交易的正义性在于,这些交易是从生产关系中作为自然结果产生出来的……这个内容,只要与生产方式相适应,相一致,就是正义的,只要与生产方式相矛盾,就是非正义的。"①

显然,伍德眼中的马克思并不认为资本主义是不正义的,如此,马克思对资本主义的批判当然也并非基于正义的缘由,那么,马克思在何种意义上批判与谴责资本主义呢?在伍德看来,马克思谴责资本主义的理由,包含在他关于资本主义生产方式的历史起源、组织功能和未来趋势的综合理论中。这一理论本身并非道德理论,也不包括任何特定的道德原则。伪装起来的剥削、不必要的奴役、经济的不稳定和正在下降的生产率都是资本主义生产体系的特征,它们才是谴责资本主义的好的理由。马克思不是道德论者,对资本主义的批判也无须借助于公平、正义这些道德律令或正义原则②。塔克、布坎南等也持有同样的论调。

对于伍德所给出的批判缘由,胡萨米等同样作出了针锋相对的反驳。胡萨米指出,伍德所提及的社会决定论,只看到了问题的一个方面,按照马克思的观点,包含正义在内的上层建筑往往由其所存在的生产方式和所代表的阶级利益双层因素决定。统治阶级可以依据自己的利益来制定正义的标准,被统治者亦然。尽管统治者常常宣称自己的正义优于其他正义,并把自己描绘成普罗大众的代表,但事实显然远非如此,无产阶级基于自身立场对资本主义分配活动所给予的批判,有可能产生与资产阶级截然相反的正义标准。只看到社会决定因素,而忽视阶级决定因素,不仅会曲解

---

① 《马克思恩格斯文集》第 7 卷,人民出版社 2009 年版,第 379 页。
② Allen Wood, The Marxian Critique of Justice, *Philosophy and Public Affairs*, Vol. 1, No. 3, 1972. 转引自李惠斌、李义天《马克思与正义理论》,中国人民大学出版社 2010 年版,第 38 页。

马克思对正义标准的理解,也会遮蔽马克思思想中的道德成分。胡萨米强调指出,马克思并非是一个道德虚无主义者,而是一个道德现实主义者,在他的思想中,包含着自我实现、共同体、自由、平等和正义等道德理念,只不过这种道德与无产阶级相关联,并以"后资本主义"的正义形式,来对资本主义进行评价与批判。如若像伍德那样,看不到生产方式和阶级因素的双层作用,忽略了马克思思想中的道德考量,就会把资产阶级对正义的理解强加于马克思本人,从而使马克思沦为统治阶级的代表和资产阶级的代言人。

3. 马克思视域下的共产主义社会,是正义还是超正义?

马克思视域下的共产主义社会,究竟是正义,还是超正义,在这一点上,两派的观点也泾渭分明。胡萨米等认为共产主义就是一个正义的社会,其正义的原则就是"各尽所能,按需分配"。他指出,在马克思看来,共产主义初级阶段以劳动者能力和贡献大小来进行按劳分配的原则,存在着现实缺陷,但马克思并没有打算彻底抛弃所有形式的权利和正义的概念,恰恰相反,马克思要用更真实、更完善的平等和更加合适的分配标准——按需分配,来取代过于倚重个人天资禀赋的按劳分配,从而摆脱平等的形式化局限,使个人的需求在道德上得到彰显,在现实中得到尊重。但按需分配并不意味着每个人都享有同样的事物或同样的财富份额,毋宁说,它是每个人在实现自我方面具有了平等的权利。即便是到了共产主义高级阶段,阶级消失、国家消亡,但作为道德原则的正义无须仰仗于此,权利和正义的概念依然可以保留与存在。

然而,伍德等却对此并不认同,他们认为,共产主义社会不是正义的社会,而是一个超越正义的社会。其理由主要基于两点:一方面,他们祭起法权的大旗,在他们看来,正义作为一种法权的概念与原则,并不是孤立存在的,而是内在于国家的法律、制度、规则之中,依赖于国家及其相应的机构来加以推行。然而,在马克思所设想的共产主义社会中,这些都将不复存在,阶级和国家的消亡,自然也意味着权利和正义的终结,在此种境遇下,正义社会自然也就无从谈起。另一方面,在他们看来,共产主义社会财富充分涌流,生产力高度发展,人的自由与个性得到充分的彰显,使人们不再受物质匮乏和人性自利之困扰,从而使权利平等的准则和形式正义的规范失去了存在的意义和价值,正义不再是人们追求价值平等所需要的道德武器，也不再是人们实现物质平等所依赖的社会标准，共产主义就是一个物质丰裕，社会和谐的超正义社会。

（三）超越纷争：历史唯物主义视域下的正义

两派在研究马克思正义方面，都采取了分析哲学的方法，都借助于马克思的大量文本，对各自倚重的立场和观点都作出了严谨但却截然相反的解读。这究竟是马克思反对马克思，还是两者对马克思的文本理解存在着偏颇？其实，纵观两派的观点，尽管都存在合理的成分，但一个共同的缺陷就在于对马克思的历史唯物主义都作出了片面的理解。更具体的来讲，他们纷争的关键症结就在于对马克思的社会历史观存在着巨大的分歧，而恰恰正是在这一方面，他们对马克思都存在着不同程度的误读。

塔克和伍德，都宣称自己秉承了马克思的历史唯物主义，但事实上，他们只是机械地解读唯物主义，并将其降格为简单的"经济决定论"，从而遮蔽了历史唯物主义中本有的价值诉求和政治意蕴。在他们眼中，马克思是一个实证主义者，其创建的历史唯物主义，也是在纯粹的经验层面上加以推进，借此他们得出，一向强调经济基础决定作用的马克思，对道德是嗤之以鼻的，对正义也是反对和拒斥的。显然，他们曲解了马克思的本意，"唯物史观在对事物的科学认知中蕴含着价值诉求，既体现为考察人类社会生活的认知方式，也体现为对人的本性和价值理想的规范性把握"①，是价值理性与科学理性的统一。马克思对资本主义的批判，不只是简单的剥削事实之呈现，而是融入了道德与价值的评判。将马克思看成机械决定论和非道德主义者，并"假以马克思用事实性消解价值性来否认他的正义思想"②，既是对马克思及其历史唯物主义的误读，也是对关涉正义问题的明显僭越。

胡萨米等人强调了正义是马克思思想中的应有之意，并指出了正义及道德评价在批判资本主义中所具有的重要价值。但他们却缺乏应有的历史视野，没有看到资本主义在历史上的相对进步性，也没有以社会生活为基础来对道德和正义观念进行审视和评判，而是以道德评价道德，从而从

---

① 徐作辉：《"马克思与正义之争"及其唯物史观下的消解》，《党政干部学刊》2012年第3期。

② 李佃来：《论马克思正义观的特质》，《中国人民大学学报》2013年第1期。

"非道德论者"这一极端走入了"单纯道德论者"的另一极端。依照马克思的唯物史观,正义不是人道主义的乌托邦,而是一定历史阶段的产物,正义只有置于历史的具体环境之下和特定的生产方式之中,才能得到有效的开掘与彰显。脱离了历史唯物主义的宏大视野,任何正义的阐释,只能是一种强制的阐释;任何正义的辩护,也只能是无根的辩护,最终都有可能滑入道德相对主义的泥潭。

显然,两者对历史唯物主义都存在着片面的解读,前者注重科学理性,却忽视了马克思思想中的道德价值;后者强调价值理性,却执迷于自然权利,由此而作出的正义评价自然也就难以称得上客观和公允。要科学客观地理解马克思正义思想,必须超越二者的纷争,将正义置于历史唯物主义视域之下。一方面,正义的确立与推行,必须建立在两种尺度和两种理性的基础之上。正义的原则不能局限于生产方式抑或单纯道德的一域之囿,它既要内置于历史的客观进程之中,也要融入价值的理念与诉求。换言之,它必须建立在历史尺度与价值尺度、科学理性和价值理性的基础之上,两者缺一不可。另一方面,要坚持两种尺度,两种理性的辩证统一。"离开历史尺度和科学理性,价值尺度和价值理性便失去其科学性,成为脱离实际的玄想和空谈;离开价值尺度和价值理性,历史尺度和科学理性就成了'历史决定论',变成了僵死的教条。"[①] 只有坚持两种尺度,两种理性的辩证统一,才能使两种纷争在唯物史观的视域下得到消解,才能把握马克思正义思想的真正要义。

二 廓清与澄明:马克思正义思想的本真内涵

(一)吁求、批判与超越:马克思正义思想的理论逻辑

任何一种思想,都遵循着一定的理论逻辑,马克思的正义思想亦是如此。从最初对自由、平等的正义吁求,到对资产阶级法权、小资产阶级抽象正义的批判,再到对正义思想的重塑与超越,马克思正义思想给我们呈现出一种清晰的逻辑理路。

1. 早期对正义的吁求。早年的马克思,生活和成长在一个开明自由

[①] 刘鹏、陈玉照:《"正义之争"与马克思的"非道德论"问题——"塔克尔—伍德命题"引发的争论与思考》,《社会主义研究》2010年第4期。

的家庭之中，父亲对启蒙思想的尊崇，对马克思影响至深。但彼时的普鲁士，却处于黑暗的封建专制之中，严酷的现实使马克思对社会有了更加深刻的认识。受法国启蒙思想家和康德理性主义的影响，自由、平等的理念深植于马克思反对封建专制统治，建立资产阶级理性国家的现实行动之中。在《莱茵报》时期，马克思对当时普鲁士的书报检查制度、区乡建设制度进行了猛烈的抨击，对《离婚法草案》《林木盗窃法》所蕴含的专制和反动也给予了无情的控诉。但毋庸讳言，马克思在这一时期的正义观，还带有明显的革命民主主义倾向和启蒙理性主义色彩，他对自由、平等的正义吁求，依然是以"权利"为武器，还没有脱离唯心主义的束缚，带有很大的黑格尔式的法哲学烙印。"由于尚未确立起唯物史观和剩余价值理论的支撑，因此，还属于资产阶级革命时期的话语体系，带有浓厚的理性主义色彩和自由主义倾向。"① 不过，需要提及的是，虽然马克思在这一时期秉持的是资产阶级民主主义理念，但他却始终坚定地站在劳苦大众一方，为他们的自由和权利奔走呼号。

2. 从正义的吁求到对正义的批判。在对自由、民主、平等的追求过程中，马克思也产生了极大的困惑。以理性国家之建构，来处理社会的矛盾和分歧，非但没有实现人的普遍自由，反而沦为特殊阶级统治和奴役人民的工具。理想与现实的悖反，促使马克思开始走出理性国家的迷雾，从正义的吁求转向了对理论与现实的反思与批判。在《黑格尔法哲学批判》中，马克思对黑格尔颠倒国家与市民社会关系的唯心主义观点进行了激烈的批判，从而告别了权利的话语，开启了以"正义"为核心范畴的法哲学批判。紧接着，在《论犹太人问题》中，马克思将这一批判继续推向深入。马克思在该文中指陈，自由主义视界中的正义是为了追求政治上的平等，但政治上表面的平等并没有废除经济上真正的不平等，政治上表面的解放也绝不意味着人类得到彻底的解放，要想实现真正意义上的平等，就必须超越私有财产的局限，就必须以人类解放来取代政治解放。而在《1844年经济学哲学手稿》中，马克思看到了资产阶级法权迷雾背后的真正动因——异化劳动。正是由于异化劳动的存在，才使资产阶级法权呈现出现实的悖谬，因此，只有扬弃异化劳动和私有财产，才能摆脱自由主

---

① 王广：《正义之后——马克思恩格斯正义观研究》，江苏人民出版社2010年版，第34页。

正义的局限，马克思对蒲鲁东提倡"工资平等"的批判，也正是基于此种认识。从正义的吁求到对法哲学和自由主义正义的批判，马克思的理论转向无疑是深刻的，但这种批判是"以思辨哲学的归谬和抽象的人性预设来实现的，还残存着形而上学和抽象人道主义的痕迹，因而并不彻底，在打开了市民社会的真正'钥匙'——历史唯物主义之后，这一局限性才得到了真正的超越"①。

3. 正义思想的重塑与超越。既有别于早期对自由、平等的吁求，也不再局限于对市民社会的表层分析和自由主义的抽象批判，马克思在《德意志意识形态》中，开始将正义的思考置于人类的社会生产之中，从生产方式的深层视角，来理解和阐释正义，在完成了对"以前哲学信仰清算"的同时，也使正义的研究呈现出唯物主义的新范式。在马克思看来，正义必须实现对生产方式私有制的彻底改造，否则，单纯的法权变革和观念革新，对正义的实现都是徒劳无益的。因为，"如果一个社会生产方式的整体性质是不正义的，那么它在局部上的道德正义或法律正义就只能是形式正义而非实质正义"②。换言之，只要私有制继续存在，正义就无法达致。为此，马克思并没有停留在简单的批判阶段，他也不是为了批判而批判，而是在批判的基础上，为我们指明了通达正义的现实路径——废除私有制，实现共产主义。"各尽所能，按需分配"的共产主义社会，既是正义的真正实现，也是对正义的超越。它不再纠结于利益标准，也不再局限于贡献原则，而是依据人的全面发展和自我实现来衡量；它超越了平等视野中的正义，把人作为独特的价值个体和无条件的需求主体来看待。在这一社会中，利益冲突消失、阶级冲突消亡，非正义无处遁形，正义自然也无须再谈，因为现实就是正义的，正义就存在于现实之中，随着人类社会的发展，正义的实现之日也恰恰是其自身的消亡之时。

(二) 历史与阶级的统一：马克思正义思想的方法论基础

马克思的正义思想，遵循历史与阶级的统一。人类社会是一个不断变迁和发展的社会，随着社会的变化和生产关系的调整，与之相对应的生产方式也会发生变化。既然正义嬗变的总根源在于生产方式的变迁，那么，

---

① 参见林进平《正义在马克思思想历程中的遭遇》，《哲学研究》2009年第6期。
② 谌林：《马克思对正义观的制度前提批判》，《中国社会科学》2014年第3期。

随着生产方式的变迁，作为抽象范畴的正义观念必将随着历史和社会条件的变动而不断地改变着自己的样态，必将被赋予新的历史内涵。马克思在对正义的追寻中，实际上是将正义之思与现实的社会生产关系和具体的历史背景结合起来，而不是抽象地来引申出一套正义的标准和规则，正义由此也被解释成一个实践性和历史性的范畴。正义的实现不能依靠纯粹概念的演绎与传播，而要依靠人们具体的、现实的改造生活世界的历史行动和实践活动；正义不是在分离现实与理想、实然与应然、事实与价值的基础上提出的规范①，它将同它所体现的生产关系和生产方式一样，只是历史的暂时的产物，没有永恒的正义，只有具体的历史的正义。

正义不仅具有历史性，在存在着阶级剥削的社会中，正义还呈现出鲜明的阶级性。经济基础的阶级性决定了正义本身的阶级性，不同的阶级存在不同的甚至相互冲突的利益。各个不同的阶级及其社会中存在的个人所表达的对正义的认知，通常是彼此不同甚至大相径庭的。尤其在涉及对具体历史现象与历史事件的态度与评价上，不同的阶级与个人所表达出的正义观，更会表现为明显的差异性与多元性。不仅在正义的表面诉求中，在现实的运动中，正义也往往会成为社会中存在的各个阶级用来反对与自己对立的阶级的利益与捍卫自己阶级利益的武器。因此，从本质上来看，作为一种价值判断的抽象概念，对正义的理解与评判必将来源于各自的利益需求，使得各个阶级往往以正义之名行追逐本阶级利益之实，从而使正义观念打上了深刻的阶级烙印。

（三）生产正义：马克思正义思想的思维向度

马克思之前的正义思想，无论是古典主义正义观，还是自由主义正义观，无论是空想社会主义正义思想，还是小资产阶级正义思想，都把正义当作一种德行，都把正义看成一种永恒的道德价值观，然而却往往忽视了正义与生产方式的内在联系。与此迥然不同的是，马克思从生产方式和生产关系入手，超越了主观德行的视野局限，探寻正义背后的物质动因与经济根源。从这个意义上讲，马克思的正义思想在思维向度上，呈现出生产正义的特质。

1. 生产是社会发展的动力之源。在所谓的正义者看来，正义作为超

---

① 参见李佃来《论马克思正义观的特质》，《中国人民大学学报》2013 年第 1 期。

越社会和历史的永恒价值，是决定社会存在和发展的最高准则，是引导和促进社会发展的重要因素。社会历史的发展就是在正义理念和原则的指引下达致正义的过程，因而，推动社会进步的动力就在于倡导正义，推行正义。面对正义者的这种论调，马克思认为，一个社会发展与进步的源泉在于物质生产，它既决定着社会的发展方向，也决定着该社会的生产方式。作为一种抽象范畴，正义处于一种"派生和下位"，它只是基于特定经济基础之上对自身利益的一种诉求和期许，而绝不是左右人类社会发展的动力所在。仅是从抽象的正义原则出发，脱离物质生产去谈论空洞的正义，并把它预设和提升为社会进步的动力与社会发展的归宿，从实质上就颠倒了物质生产与作为上层建筑和社会意识的正义之间的关系①。与此相反的是，马克思从唯物史观出发，坚持生产力决定生产关系、经济基础决定上层建筑的历史唯物主义原理，进一步明确了社会发展与进步的动力之源不是基于价值观基础上的抽象正义，而是基于社会生产之上的社会经济发展。

2. 生产决定了正义的内容与实质。任何一种观念和范畴都是对现实存在的社会关系的高度抽象和概括，正义范畴亦是如此。从唯物史观的角度来看，根源于物质生产的社会关系，和生产力相伴而生，但它又不是一成不变的，也要随着生产方式的变革而不断地调整。"手工磨产生的是封建主为首的社会，蒸汽磨产生的是工业资本家为首的社会。人们按照自己的物质生产的发展建立相应的社会关系，正是这些人又按照自己的社会关系创造了相应的原理、观念和范畴。"② 在这里，马克思给我们勾勒出了一个非常清晰的逻辑图景，生产方式决定社会关系，社会关系又决定着观念范畴，物质利益只能用物质手段来解决，作为人类思维对社会关系的抽象，正义的实现只能依赖于生产方式的变革。因此，从这个意义上来讲，生产不仅决定着作为抽象范畴的正义之实质，也决定着正义形式的更替和内容的变迁。

从正义的表面来看，不同时期的正义似乎都遵循着各得其所的共同范式，似乎游离于物质生产和社会经济制度之外，但实质上任何一种正义都

---

① 参见林进平、徐俊忠《历史唯物主义视野中的正义观》，《学术研究》2005 年第 7 期。
② 《马克思恩格斯选集》第 1 卷，人民出版社 2012 年版，第 222 页。

根源于其物质生产方式，都离不开其赖以生存的生产关系。人与人的关系只是正义在生产关系方面的表征，人对物的所有关系也只不过是正义在生产关系观念上的反映。在阶级社会里，有什么样的生产关系，就会有什么样的分配标准，就会有什么样的利益关系，正义在其实质上无非是统治阶级的意志和利益的表现。正因如此，马克思在《资本论》中一针见血地指出："只要与生产方式相适应，相一致，就是正义的；只要与生产方式相矛盾，就是非正义的。"① 在这里，马克思并不是在论及正义的本真，而只是从深层次上阐释了资产阶级视域中的正义性，是对阶级社会里生产方式和生产关系决定正义这一阶级正义观实质的最好揭示。

3. 生产正义决定着交换正义和分配正义

在一些小资产阶级社会主义者看来，正义的实现主要依赖于能否实现正义的交换和正义的分配，似乎只要遵循了公平的交换，个人的自由与权力就得到了最高限度的确认，正义也就自然得到了实现；似乎只要获得"不折不扣的劳动所得"，实现了公平的分配，就可以达致正义。然而，这两种论调都没有看到正义背后的实质在于生产，在于生产关系，唯有生产方式的正义才能决定交换的正义和分配的正义。

从整个经济运行的过程来看，生产是交换和分配的前提和基础。"产品的交换方式取决于生产力的交换方式，生产形式一有变化，交换形式也就随之变化。因此在社会的历史中，我们就看到产品交换方式常常是由它的生产方式来调节的，个人交换也和一定的生产方式相适应，而这种生产方式又是和阶级对抗相适应的。"② 由此可见，离开生产方式和所有制关系去奢谈交换正义，无疑是一种乌托邦式的幻想，只有废除了资本主义的生产方式和私有制，才能改变资本主义社会中的交换关系，才能实现交换的正义和正义的交换。

分配正义实现与否，同样取决于生产。"分配关系和分配方式只是表现为生产要素的背面，分配的结构完全决定于生产的结构，分配本身是生产的产物，不仅就对象说是如此，而且就形式说也是如此，就对象说，能分配的只是生产的成果，就形式说，参与生产的一定方式决定分配的特殊

---

① 《马克思恩格斯文集》第 7 卷，人民出版社 2009 年版，第 379 页。
② 《马克思恩格斯选集》第 3 卷，人民出版社 2012 年版，第 619 页。

形式，决定参与分配的形式。"① 分配方式取决于经济结构和生产方式，在资本主义的生产方式下，无论怎么谈论权利与分配，都无法消弭不公，都无法跳出其经济结构与生产关系的制约，要实现分配的公平与正义，除了变革现有的生产方式与经济结构外，别无他途。

（四）共产主义：正义的消解与超越

正义既然是历史的就非永恒的。如若正义是人类一种始终不渝的追求，那么人类岂不是永远无法摆脱非正义的状态。因此，伴随着人类社会的发展，正义终将卸下历史的盔甲，得到消解与超越。正义作为一种抽象的观念范畴，实际上是与非正义相对而言的，其存在是以非正义状况的存在为前提和条件的，二者是相伴而生的，既相互对立，又相互统一。正义的真正实现，有赖于非正义状况的消失，而一旦消灭了所有非正义现象，正义也就失去了自身的意义②。正义的实现之日恰恰是其自身消亡之时，而这个时代，在马克思看来，就是消灭了私有制，生产力得到了高度发展，社会财富极大涌流，人得到了彻底解放，实现了自身自由全面发展的共产主义社会。在这个社会里，实行的是"各尽所能，按需分配"，劳动不再是奴隶般谋生的手段，而是生活自身的需要，人们不必纠缠于"等价交换"，也不再为分配是否正义而烦恼，利益冲突消失，阶级冲突消亡，正义这一带有历史色彩和阶级烙印的抽象观念注定随着人类历史的发展而走向终结。

正如恩格斯所说的那样："平等仅仅存在于同不平等的对立中，正义仅仅存在于同非正义的对立中……在共产主义制度下和资源日益增多的情况下，经过不多几代的社会发展，人们就一定会认识到：侈谈平等和权利，如同今天侈谈贵族等等的世袭特权一样，是可笑的……那么，平等和正义，除了在历史回忆的废物库里可以找到以外，哪还有呢？"③

从马克思正义思想的存无之辩中，我们看到了马克思正义的在场性，而在对其进行廓清与澄明的基础上，我们又看到了其具体所指。马克思并不拒斥正义，而是反对一般的抽象的正义。从最初对正义的积极

---

① 《马克思恩格斯选集》第2卷，人民出版社2012年版，第695页。
② 参见王广《正义之后——马克思恩格斯正义观研究》，江苏人民出版社2010年版，第202—204页。
③ 《马克思恩格斯文集》第9卷，人民出版社2009年版，第354页。

吁求，到对抽象正义的深刻批判，再到正义的重塑与超越，马克思的正义之思有着清晰的逻辑理路。唯物史观视域下的正义，是历史与阶级的统一，呈现出生产正义的思维向度，正义不是一种预先设置的静态的抽象观念，而是一种废除私有制，消灭资本主义的动态的现实运动，生产方式的变革和生产关系的调整决定着正义的内容和实质。正义既非预设，更非永恒，随着人类社会的发展，正义的实现之日，也恰恰是其自身的消亡之时。

第二节 马克思与阿马蒂亚·森正义思想的相通与交融

尽管森称不上是一名马克思主义者，但其正义的思想却深受马克思的启发。作为现实比较主义的共同代表，他们的正义思想既相互贯通，又相互交融。既有着相同的运思方法，也有着相似的逻辑起点；既有着共同的动力之源，又有着共通的价值旨归。

一 相似的运思方法：对现实的聚焦与比较①

如前文所述，在西方智识上，关涉正义的思想存在着两种不同的演进理路。一种是由霍布斯开创于17世纪，以"社会契约"方法为基础，建构起来的"先验制度主义"。这种正义思想立足于虚构的社会契约，以主权国家内公民共同接受和维系该契约为准则，勾勒和描绘出该社会理想和公正的社会制度。作为当代先验制度主义正义思想的集大成者，罗尔斯继承和发展了社会契约方法，并使这一方法在长时期内成为西方政治哲学的主流理论。在先验制度主义这一正义研究方法大行其道的同时，还存在着另外一种截然不同的正义方法，这种正义方法以现实生活而非抽象的社会契约为支点，侧重于对人们不同的生活方式进行比较，而非致力于看似完美，实则虚幻的正义框架的建构，并在此基础上对不公正现象进行深刻的分析和比较，进而寻找达致正义的现实之路。这一研究方法以亚当·斯密、孔多塞和马克思为代表，尽管他们彼此之间的观点不尽相同，但都采

---

① 参见李翔《马克思对正义思想的批判与超越——基于生产正义的视角》，《学术论坛》2014年第5期。

取了现实比较主义的方法。森的正义思想，正是遵循着这条运思路径而延展的，他改变了自罗尔斯以来人们思考正义的方向，使人们对正义的关照，重新回到了现实比较的道路。

正是秉承着现实比较主义的共同方法和运思路径，马克思和森在推进正义的道路上，摒弃了对完美正义的阐释，而是共同致力于铲除现实不义的实践活动和实践斗争。在马克思战斗的一生中，他并不热衷于正义、平等这些抽象的呐喊，更不屑于建构虚幻的正义理论，而是从资本主义严重不平等的现实出发，致力于对资本主义生产方式的批判和消除私有制的斗争实践。马克思在指导工人运动时，曾明确地告诫道："他们应当懂得：现代制度给他们带来一切的贫困，同时又造成对社会进行经济改造所必需的种种物质条件和社会形式。他们应当摒弃'做一天公平的工作，得一天公平的工资！'这种保守的格言，要在自己的旗帜上写上革命的口号：'消灭雇佣劳动制度'！"① 在马克思看来，"阶级斗争被当作一种'粗野的'事情放到一边去的地方，留下来充当社会主义的基础就只是'真正的博爱'和关于'正义'的空话了"②。只有通过现实的实践斗争，废除私有制，才能最终实现正义。

与马克思一样，森也非常关注实际的生活与现实，在他看来，"公正的制度"并不等同于"公正的社会"。制度的推行与正义的实现，不仅仅在于制度本身，也有赖于与之相连的各种外部环境，更离不开人的实际行为方式，公正原则的推进必须与现实的人的实际行为相结合，制度才能更加行之有效。"将制度本身视为公正的体现，只能使我们陷入某种形式的制度原教旨主义。"③ 正是基于此种缘由，森对人们生活的现实世界高度关注，他指出应沿着斯密和马克思的道路，首先就现实社会的非正义达成共识，而非寻找绝对的正义，进而通过构建实现正义的"能力"来对非正义进行矫正。为此，他强调指出："对不公正进行矫正，不仅仅是激励我们去思考什么是正义，什么是非正义，而且也是正义理论的核心。"④ 只有通过这种实践的方式，在矫正不公和提升能力的基础上，才能最终消

---

① 《马克思恩格斯选集》第 2 卷，人民出版社 2012 年版，第 69 页。
② 《马克思恩格斯选集》第 3 卷，人民出版社 2012 年版，第 738 页。
③ [印] 阿马蒂亚·森：《正义的理念》，中国人民大学出版社 2012 年版，第 3 页。
④ 同上。

弭不公，实现正义。

从马克思和森的正义思想来看，他们对正义思考的运思方法和路径，不仅高度关联，而且内在一致。他们对传统正义研究的面相做了深刻的转化，不再拘泥于先验的建构，而是将正义的目光投注于现实的社会与生活之中。概言之，从对完美正义制度的关注，转向了对现实非正义问题的解决。正是这种正义的理念，把马克思和森紧紧连在了一起，实现了对传统先验正义的超越，彰显着对实践正义的追求。

二 相同的逻辑起点：对个人与社会的正义观照

从逻辑起点来看，马克思和森的正义思想都关注现实的个人，尤其是对生活在底层的劳动者，体现出深切的伦理情怀和正义观照。马克思在其战斗的一生中，对资本主义进行了严厉的鞭挞。资本主义原始积累的罪恶毋庸讳言，随着科技的进步和资本主义的发展，异化所导致的非正义和不公平现象非但没有消失，反而日益加剧。单纯依靠美好的社会契约和高尚的道德律令，忽视人的现实存在意义，只能导致人的自由的丧失，自然也就无法达致正义。

唯物史观下，"马克思恩格斯把在实践基础上并存在于一定社会关系中的具有主观能动性的、处于具体生活世界的人当作实践本体的重要部分，把原先传统本体论哲学指向对象转到人生活于其中的现实世界，全面论证和揭示了现实世界的属人性及其本质"[①]。从马克思的视域来看，"人不是抽象的蛰居于世界之外的存在物。人就是人的世界，就是国家，社会"[②]，正义就是人自我价值和自我本质的一种确证。为此，马克思把对正义的关注置于了现实的人与人的现实生活之上，从人的生存境遇和实际活动出发，通过对资本主义私有制和商品拜物教的批判，从而深刻揭示出了物的自然属性所遮蔽的人的社会属性，诠释了正义的本源目的和真正价值。也正因如此，马克思才深刻地认识到，只有立足于人的现实生活条件与社会环境，通过对现存制度的改革来改变人的现实境遇，使正义不再是悬浮于空中的"类人"的观念解放，而是植根于个人和社会的正义关照

---

① 刘卓红、徐锐：《历史唯物主义人民主体观的当代释读》，《教学与研究》2015年第8期。
② 《马克思恩格斯选集》第1卷，人民出版社2012年版，第1页。

之中,才是通达正义的根本之道。

森的正义思想,深受马克思的启发,他援引马克思的话,正义之思"首先需要避免的是将'社会'作为相对于人的抽象物进行重建"①,在进行正义研究时,"一种方法中存在进行思考、选择与行动的个人——一个世界上明显的现实,这并不会使这种方法具有个人主义色彩"②,恰恰相反,对个人和社会的正义关照,才使得正义的现实价值和人文情怀得到充分的彰显。在西方经济学界,自李嘉图起,经济学就沉溺于把现实的人从真实的世界中剥离,过度重视和迷恋于"理性"的价值表述,对效率和效益的追求俨然成了经济学的主流。森继承了亚里士多德幸福观和斯密道德哲学,沿着马克思的实践正义道路,在经济学界引发了一场人学革命,实现了经济学的人本复归。无论是其对贫困与饥荒的关注,还是重建经济学的伦理之维;无论是其对不平等的苦苦深思,还是对身份与暴力这一命运幻象的克服,森始终把对人的关注、人的自由与发展作为研究的基点和前行的航标,被誉为"穷人经济学家""经济学界的良心"。在其对正义思想构建和正义之路实现的孜孜以求中,和马克思一样,他把关注的目光聚焦于现实的个人,他把社会选择理论作为正义分析的工具,主张倾听不同人和群体的声音;他把实证分析作为正义研究的方法,通过对印度、孟加拉等国人们现实生活的翔实考察,为其正义立论提供有力的支撑;他把可行能力作为正义评估的尺度,通过个人可行能力的塑造和提升,实现人的自由、平等与幸福。在其正义思想的框架里,处处体现出人本的理念,闪耀着人性的光辉。

三 共同的动力之源:"改变世界"中对抽象正义的批判③

马克思与森正义思想的相通之处还在于,他们都把对抽象正义的批判作为锐利的武器,在批判的基础上正本清源,使正义思想返本归真。

"通过批判旧世界发现新世界"一直是马克思基本的理论遵循,正义思想亦是如此,正是通过对抽象正义的批判,使马克思的正义思想得以澄

---

① 转引自[印]阿马蒂亚·森《正义的理念》,中国人民大学出版社2012年版,第226页。
② 同上。
③ 参见李翔《马克思对正义思想的批判与超越——基于生产正义的视角》,《学术论坛》2014年第5期。

明和彰显。马克思正义批判的逻辑指向主要是针对资产阶级正义思想、空想社会主义正义思想和小资产阶级社会主义正义思想。相比资产阶级色彩浓厚的传统正义观和乌托邦式的空想社会主义正义观，小资产阶级社会主义正义思想更具迷惑色彩，对工人运动危害更甚，自然也成为马克思正义批判的主要着力点。马克思对小资产阶级正义思想的批判主要是针对蒲鲁东的"永恒正义"和拉萨尔的"分配正义"。在蒲鲁东看来，正义是一个永恒不变的原则，只有构建起符合正义要求的制度规范，并把其作为一个亘古长存的准则，才能消弭不公，达致正义。马克思在《哲学的贫困》中对蒲鲁东进行了严厉的批判，对蒲鲁东的永恒正义思想，马克思论述到："人们按照自己的物质生产率建立相应的社会关系，正是这些人又按照自己的社会关系创造了相应的原理、理念和范畴。所以，这些观念、范畴同他们所表现的关系一样，不是永恒的，他们是历史的暂时的产物。"[①]在马克思看来，社会存在决定社会意识，正义作为一种范畴，只不过是现实过程中人的意识的反映。蒲鲁东把这种从人类思维抽象出来的正义范畴独立化、实体化，从实质上颠倒了正义与现实社会的关系。不是正义这种抽象观念推动社会的发展，恰恰相反，是生产方式的辩证运动推动着人类的进步。既然作为抽象范畴的正义是随着社会的发展而不断发生变化的，永恒之正义自然就是一种奢谈。

小资产阶级社会主义正义思想的另一位代表拉萨尔，则提出了分配正义，其思想集中体现在《哥达纲领批判》中，拉萨尔认为："劳动是一切财富和一切文化的源泉，因为有益的劳动只有在社会中和通过社会才是可能的，所以劳动所得应当不折不扣和按照平等的权利属于社会一切成员。"[②] 为此，拉萨尔极力主张基于劳动所得而进行的正义的分配，是实现平等权利的必由之路。针对拉萨尔的正义观，马克思旗帜鲜明地指出，财富的创造不仅仅依赖于劳动，还与生产资料休戚相关。拉萨尔把劳动视为财富的唯一源泉，生产资料的作用则被完全遮蔽。之所以对拉萨尔这一正义观进行批判，马克思绝不是要否认劳动在财富创造中的地位，也不是漠视正义之中合理分配的现实存在，而是为了凸显生产资料的重要性。在

[①]《马克思恩格斯文集》第1卷，人民出版社2009年版，第603页。
[②]《马克思恩格斯选集》第3卷，人民出版社2012年版，第357页。

私有制社会里，生产资料和生产方式不仅决定着正义的内容和实质，也决定着分配正义和交换正义。分配不是随心所欲，劳动也不是唯一的因素，归根结底还依赖于生产方式本身。在阶级社会里，仅仅期望借助于正义的分配而不去改变现实的私有制社会来实现正义，无异于与虎谋皮，自然就无法达致正义。

森同马克思一道，高举批判主义的大旗，对功利主义正义观、罗尔斯正义思想和诺齐克自由至上正义观进行了激烈的批判。功利主义正义观聚焦于效用，他们把效用信息当作评价事务状态公平与否、行为规则合理与否、社会分配正义与否的评价基础，并以实际的结果来审视各种社会安排的重要性，呈现出明显的结果导向性。森在肯定功利主义正义观部分优点的同时，也一针见血地指出，功利主义正义观由于"把注意力仅仅集中于效用，等于在一个非常狭隘的角度看待人。幸福或欲望的满足只代表了人类存在的一个方面"[①]。这种正义观仅仅侧重于整体性效用，而对个人的分配视而不见，从而忽略了对个人的自由与权利的追求。

相比功利主义正义观，罗尔斯作为公平的正义之思想更易被人接受。他用"基本品"来代替功利主义的效用标准，在一定程度上摆脱了功利主义的视野局限，体现出了人的追求目标的复合性。他所提出的"两个正义原则"也彰显了对人自由的追求和对弱势群体的尊重。森在对罗尔斯正义思想进行高度评价的同时，也借助"可行能力"方法，对罗尔斯正义思想进行了回应与批判。在森看来，罗尔斯的自由权力优先原则，赋予自由权利压倒一切的优先位置，明显过于极端，在不同的情形下，不同权重赋值能使各个因素具有不同程度的优先性。而在差异原则中，罗尔斯通过人们所拥有的手段来评价其获得的机会，并没有考虑在将基本品转化为美好生活时可能出现的巨大差异。同时，森对罗尔斯运用社会契约的方法，通过虚构的无知之幕，来构建公平的制度实现正义也提出了高度的质疑。在他看来，追求公正在一定程度上意味着行为模式的逐渐形成，不可能期望从一接受公正原则起，所有人的行为就与公正的政治观完全吻合。罗尔斯把复杂的问题过于简单化，并没有解决社会正义原则与人们实际行为如何衔接的问题，这也正是其正义思想被森批判的症结之所在。

---

① ［印］阿马蒂亚·森：《正义的理念》，中国人民大学出版社2012年版，第61页。

对诺齐克自由至上正义观的批判是森批判的又一矛头所向。相比罗尔斯的正义观，诺齐克显得更为激进，他的权力观是建立在极端自由之上的，以边际约束的形式，禁止任何人的权益遭到侵犯。在诺齐克看来，"如果所有人对分配在其份下的持有都是有权利的，那么这个分配就是公正的"①，利用任何形式对分配结果进行任何调节，只能导致国家权力的僭越和对个人权力的践踏。森对诺齐克这种不顾后果的自由优先理论进行了严词批判，他不赞成给予法权以绝对的、不可软化的优先性。森指出，权力不仅具有内在的价值，也承担着工具性的作用，既要尊重个人的权力，也要注重行为的伦理内容和实际后果。从这一点来看，极端自由主义不仅忽视了功利主义和罗尔斯福利主义的优点，也忽略了我们有理由珍视并要求得到的最基本的能力自由。

从马克思和森对抽象正义的批判我们可以看出，无论是小资产阶级社会主义的"永恒正义"抑或"分配正义"，还是功利主义的效用追求或罗尔斯的契约正义以及诺齐克的极端自由权，不可避免地都存在着难以克服的缺陷，都把对权力与效用的追求和抽象制度的建构看成实现正义的坦途，这在多元异质和私有制的社会中，既无必要又不可行。正是基于此种缘由，马克思和森对抽象正义进行了激烈的批判。诚如马克思所言："批判的武器当然不能代替武器的批判。"马克思和森不是为了批判而批判，而是把批判作为一种武器和手段，作为进一步推进正义的动力之源。在此基础上，森通过社会选择理论的运用和可行能力的提升，旨在一个不预设的完美正义制度前提下消弭现实的不公。马克思则显得更为彻底，废除私有制，实现共产主义，才能最终实现对正义的超越与消解。尽管二者在批判之后所采取的正义实践路径存在差异，但对抽象正义的批判却有着异曲同工之妙。

四 共通的价值旨归：人的自由发展

在马克思和森正义理论的框架中，无论是对抽象正义的批判，还是铲除现实不义的实践运动，都是作为实现正义的一种方式、一种手段，促进

---

① ［美］诺齐克：《无政府、国家与乌托邦》，姚大志译，中国社会科学出版社1991年版，第157页。

和实现人的自由发展,才是二者共通的价值旨归。

马克思明确指出,资本主义的分工和大机器的运用,一方面促进了生产力的进步;另一方面又致使异化的产生,进而导致了人的畸形发展。其表征是旧的分工所致,其根源却在于私有制。正义的最终指向和归宿就在于通过废除私有制的现实运动,积极扬弃私有财产,从而实现人的自由而全面的发展和人的彻底解放。而这一切,只有在正义得到消解与超越的共产主义社会才能实现。正如马克思所言:"代替那存在着阶级和阶级对立的资产阶级旧社会的,将是这样一个联合体,在那里,每个人的自由发展是一切人的自由发展的条件。"① 在马克思看来,整个人类历史就是个人力量不断发展的历史,人的自由而全面的发展,既是一种价值创造,也是发展的目的之所在。

在这一过程之中,正义的发展和实现在很大程度上决定着人的发展水平,正义的追求显然可以为人的自由而全面的发展开辟道路,提供支撑。但与此同时,社会发展是以人为目的和归宿的,以超越政治解放,实现人类解放为主旨的马克思正义,归根结底还是为了人、解放人,为了人自我价值的彰显与实现。"任何解放都是使人的世界即各种关系回归于人自身"②,马克思正义思想重要的历史使命恰在于此,它致力于人个性自由之实现,将"自由人的联合体"视为人类"尘世生活"的现实彼岸,"实现了由'物权'向'人权'、由'物本'向'人本'的转换"③。无疑,在马克思正义思想的疆域里,人的自由而全面发展是至高价值和最终旨归。

同马克思一样,森十分关注人的发展,但他的发展理念有别于当前西方颇为流行的"人力资本"理论,这种理论也非常重视人的发展,强调通过提升人的知识、素质和技能,使人成为社会发展的主导力量。但应该看到,"人力资本"理论之所以重视人的发展,之所以对人的知识积累、身体健康、职业技能颇为倚重,并非是把其视为人自身的内生性目标,而是把人的发展看成一种"资本",一种可以获致经济增长的资本。为此,

---

① 《马克思恩格斯文集》第2卷,人民出版社2009年版,第53页。
② 《马克思恩格斯文集》第1卷,人民出版社2009年版,第46页。
③ 李佃来:《马克思正义思想的三重意蕴》,《中国社会科学》2014年第3期。

森一针见血地指出："使用'人力资本'的概念只集中注意到了整个画面的一个部分，虽然它无疑是一个进步，但是它确实需要补充。这是因为，人不仅是生产的手段，而且是其目的。"①

相较于"人力资本"理论对发展目的和手段关系的倒置，森则强调人是发展的目的，而非手段。在森看来，人的发展依赖于人，但发展的最终目的也是为了人；人是能动的参与主体，但也是发展的价值主体；人是发展的推动者，但更应是发展的享有者。显然，森的这种发展观摆脱了物对人的效用束缚，彰显了人的价值主体性，呈现出明显的人本向度。不仅如此，森的发展观还以人的自由为实践旨归，他强调"发展最终是为了扩展人们所享有的实质自由"，这种实质自由意指人们有理由珍视的那种生活的可行能力，人的自由发展就在于获取这种自由，并在这种自由的基础上，提升自我发展，自我创造的能力。概言之，在发展过程中，人类不应该仅仅注重财富或商品本身，更应该关注自身平等权利的拥有、自由权利的扩大和可行能力之提升，自由的发展、能力的平等、实质的自由，本就是发展的应有之意。借助于这种自由的发展理念，发展的人性化价值导向得到了切实的尊重，人自由而全面发展的核心诉求得到了有效的彰显。

由此可见，马克思和森在追求正义的道路上，不是为了批判而批判，也不是为了正义去建构正义，而是通过正义的理念和行动，将人的世界还给人自身。当然，将人作为发展的目的和价值旨归，并不意味着对人在社会发展中的参与主体地位和能动主体作用的漠视和否定，发展完全可以使人的社会主体性和价值主体性相得益彰，在推动社会发展的同时，实现人自由而全面的发展。在这一点上，马克思和森是殊途同归的。

从现实比较主义的运用到对个人和社会的正义关照，从对抽象制度正义的批判到人自由而全面发展的追求，马克思和森在运思方法、逻辑起点、动力之源和价值旨归上，存在着高度的关联，既相互贯通，又相互交融。也恰恰是在这种碰撞与交融之中，使得正义之思既带有浓厚的现实气息，又具有深刻的人文关怀；既带有强烈的批判意识，又有着明晰的价值指向，从而推动着正义理论在现实之中获得不断的发展和完善。

---

① [印]阿马蒂亚·森：《以自由看待发展》，中国人民大学出版社2012年版，第294页。

第三节 马克思视域下阿马蒂亚·森
正义思想的不足与局限

森的正义思想，尽管与马克思的正义思想存在着相通与交融，但也存在着一些明显的局限和不足。从唯物史观的视域来看，由于生产方式的缺失，森在马克思正义思想的理解方面，不可避免地存在着一些偏颇和误读；表层的成因分析使得森在面对世界的诸多不公时，产生了与马克思迥异的变革之路；尽管对民主和人权作出了积极和富有成效的探索，但也存在着一定程度的曲解与僭越，这一切，使森最终难以跳出自由主义的窠臼。

一 生产方式的缺失和对马克思正义理解的偏颇

马克思的唯物史观不是单纯的、知识论上的"实证科学"，它以社会存在为基础，建立在物质生活和生产方式之上，马克思的正义思想正是以生产方式为根基。在马克思的视野里，正义不是一种脱离历史和现实的虚幻范畴，而是一种社会和历史的产物，它根植于特定的生产关系和生产方式之中，生产方式是正义嬗变与发展的总根源。正义就是由生产方式来决定的，它随着生产方式的变革而不断地发生变化，是历史与阶级的统一。将正义的考量置于历史唯物主义的宏观视野之中，使得马克思的正义思想呈现出崭新的理论图景。

相较于马克思，森的正义思想尽管与马克思存在着相通与交融，但作为一个非马克思主义者，他虽在一定程度上摆脱了霍布斯、罗尔斯式的契约正义，将正义聚焦于现实的生活，但他的正义建构是以理智的审思而非唯物史观为方法论前提，因此，仍然带有较大的理性思辨色彩；正义的标准与原则不是依据生活之中发展变化了的实际，而是依靠理智、开放和多元的对话与思考来制定；实质自由和能力平等的正义追求是建立在可行能力而非生产方式之上，缺乏历史与阶级的应有考量；正义的实现不是依赖生产关系的彻底变革，而是借助"公共理性之上的民主"和"自由主张之上人权"的实现来达致。客观来讲，森的正义思想在论证方法和实质追求上确有很大的创新与进步，但其对生产方式的遮蔽，也凸显出其正义思考中唯物史观的缺失,恰恰也是这种缺失,使森在对马克思的正义理解中,存在着不同程度的偏颇。

森在论证正义可以存在不同的缘由时,强调指出:"可以存在多个不同的公正的缘由,尽管它们都能经得起批判性审思,但结论却大相径庭。经历和文化背景迥异的人可能会持有截然相反的观点,尽管这些观点听起来都合乎情理。有时候,即便是来自同一社会的人,甚至同一个人,都会出现上述情况。"① 为使这种观点更具说服力,森以马克思为例指出:"马克思对下述两种冲突情况作过详细论述:消灭劳动剥削(关乎能否公平地按照劳动所得进行分配)和按需分配(与分配公正的要求有关)。他在其重要著作《哥达纲领批判》中详细谈到了上述两者之间存在着不可避免的冲突。"② 在考量公平和正义时,森对多种缘由的倚重,是值得称道的,但若认为马克思把按劳分配和按需分配看成不可避免的冲突,并以此为论据来支撑他的观点,则显然误解了马克思。

按劳分配和按需分配在马克思的正义视野中,并不是相互抵牾、相互冲突的,在马克思看来,它只是正义在不同位阶上的呈现。《哥达纲领批判》中对所谓"贡献"原则的批判,实质上是从后资本主义的共产主义视角,在"一高一低"的两个位阶上,以"按需分配"的原则来对"按劳分配"所给予的评判。若回到低位阶上,马克思并没有否定"贡献"原则的存在价值,而是在对资本主义生产关系的批判中,给予了这一原则应有的肯定。在资本主义生产关系的现实语境中,相较于资本家的"不劳而获","按劳分配"显然更能彰显正义和公平。既然正义根植于生产方式之中,那么,处于"根本层面"的生产的正当分配,自然在马克思的现实关照之中,只不过,马克思视野中的分配正义,已不再局限于消费领域,而是延展到了生产领域之中。对资本主义和共产主义社会第一阶段采取的"贡献"原则给予肯定的同时,却又对此进行了激烈的批评,看似逻辑悖反,实则并不矛盾,而是现实之使然。高位阶上彻底的平等主义要求,自然需对"贡献原则"予以批判;从低位阶上来看,在"按需分

---

① [印]阿马蒂亚·森:《正义的理念》,王磊、李航译,中国人民大学出版社 2012 年版,序 4。

② 同上。

配"无法实现的现实条件下,"贡献原则"是体现公平的合宜尺度。对"贡献"原则肯定的基础上予以批判,批判的基础上有条件的肯定,同时,坚持彻底的平等主义追求,恰是马克思正义思想一个重要的理论特质①。将按劳分配和按需分配看成绝对冲突的矛盾对立体,显然误解和违背了马克思的本意。

在森的正义之思中,他还强调指出,消除赤裸裸的不公正比寻找完美的公正更为重要。"追求正义的主旨并不仅仅是努力建立或者梦想建立一个绝对公正的社会或确立绝对公正的社会制度,而是避免出现极度恶劣的不公正。"② 由此,他认为,"尽管马克思认为资本主义劳动制度是剥削性的,但他敏锐地看到,与奴隶制劳动相比,工资劳动是一个多么重大的进步"③。

应该来讲,森在此处对马克思的理解具有一定的合理性,他看到了马克思对资本主义劳动剥削性的指证,也看到了马克思对资本主义历史进步性所给予的承认。毋庸置疑,只要私有财产和私有制依然存在,剥削就不可避免,在特定的历史时期,包括资本主义劳动制度在内的剥削,也具有一定的历史正当性。恩格斯就曾言道:"马克思了解古代奴隶主,中世纪封建主等的历史必然性,因而了解他们的历史正当性,承认他们在一定限度的历史时期内是人类发展的杠杆;因而马克思也承认剥削,即占有他人劳动产品的暂时的历史正当性。"④ 从这个意义上来看,森的观点无疑具有合理的成分。但我们也应该深刻地认识到,马克思对剥削的历史正当性和资本主义工资制度的肯定,是建立在特定历史阶段和特定生产方式基础之上的,在马克思看来,它所产生的作用也是暂时的。因此,马克思在对资本主义历史进步性肯定的同时,并没有止步于此,而是对资本主义剥削制度的本质和工资表象及其虚伪性进行了严厉的鞭挞。在马克思视域之中,当资本主义成为生产力发展的桎梏和束缚时,一切剥削就会丧失其历史正当性,到那时,"剥削不论以什么形式继续保存下去,已经日益愈来

---

① 参见李佃来《马克思正义思想的三重意蕴》,《中国社会科学》2014年第3期。
② [印]阿马蒂亚·森:《正义的理念》,王磊、李航译,中国人民大学出版社2012年版,引言第17页。
③ 同上书,引言第18页。
④ 《马克思恩格斯全集》第21卷,人民出版社1965年版,第557—558页。

愈妨碍而不是促进社会的发展,并使之卷入愈来愈激烈的冲突中"①。对资本主义剥削历史正当性的承认和肯定,恰恰也是为了彰显剥削产生、发展、灭亡的科学进程。在承认的基础上予以批判,并最终消灭私有制,才是马克思的真正用意。森只看到了问题的一个方面,换言之,他更为关注马克思所言及的资本主义的历史进步性,而在马克思对资本主义所进行的激烈批判和资本主义的最终走向上,森却有意无意地忽视和回避,语焉不详,陷入了失语。殊不知,对资本主义历史进步的肯定和对资本主义私有制的批判,在马克思那里,是前后连贯的统一体,只看到前者而忽略后者,无疑是对马克思完整思想的一种割裂和肢解。究其原因,归根结底还在于森正义思考中生产方式之缺失,由此带来的对马克思正义理解上的偏颇和不完整,自然就难以避免。

二 表层的成因分析与殊异的变革之路②

马克思对正义的审视,并没有从平等、自由、公正这些抽象的范畴与理念出发,因为,在马克思看来,正义和公平与否,只能依靠现实的社会状况来衡量。只有从唯物史观出发,将正义置于特定的生产方式和现实的历史运动之中,才能对正义作出客观公允的评价。正是基于此,马克思才看到了资本主义社会中,到处充斥着剥削和不平等;才揭示了资本主义条件下自由和平等的虚伪性;才认识到了资本主义私有制的存在,是一切非正义的总根源。与马克思相比,森具有同样的入世情怀,他对社会正义的匮乏和现有世界的诸多不公,亦给予了深切的关注。但与马克思不同的是,他对正义的理解,并没有建立在唯物史观的考量之下,而是将现有正义的局限视为理智审思的缺失和信息焦点的偏颇。在森看来,理智审思之缺失往往会遮蔽人们的视域,导致封闭的中立、单一的缘由,从而无法对事实上的不公作出客观全面的判断,自然会影响人们的推理和公正问题的解决;信息焦点上的不当选择,则会使人们在关涉正义的自由、平等和发展等问题时,往往陷入"功利效用"或"契约正义"等一域之囿,从而

---

① 《马克思恩格斯全集》第21卷,人民出版社1965年版,第558页。
② 参见李翔《马克思对正义思想的批判与超越——基于生产正义的视角》,《学术论坛》2014年第5期。

制约着正义的实现。森对正义成因的分析，虽呈现出一种独特的视角，但显然，他并没有走进历史的深处，因此，他对正义的分析，多囿于表层，并未触及正义赖以存在的生产方式和社会基础。也正因如此，在通达正义的道路上，森走出了一条与马克思迥异的变革之路。

"哲学家们只是用不同的方式解释世界，而问题在于改变世界"①，马克思的正义思想正是依此理路而展开的。马克思深刻地认识到，"批判的武器当然不能代替武器的批判"②，因此，不能为了批判而批判，也不能为了正义去构建正义，而应深入正义的背后，探究正义背后的本像与动因。为此，马克思没有停留在对资本主义表面的批判之上，而是深入对资本主义生产方式本身的批判之中，进而将对正义的追求，纳入消除资本主义私有制这个真实的社会运动中，通过废除私有制的实践斗争，最终实现社会的正义。也正是基于此种原因，马克思并不热衷于正义、平等这些抽象的呐喊，而是致力于对资本主义生产方式的批判以及与消除私有制的斗争实践。正如恩格斯所言："马克思无论在什么地方都没提出过'十足劳动收入权'的要求……在马克思的理论研究中，对法权（它始终只是某一特定社会的经济条件的反映）的考察是完全次要的；相反地，对特定时代的一定制度、占有方式、社会阶级产生的历史正当性的探讨占着首要地位。"③马克思在指导工人运动时，也曾明确地告诫道："他们应当懂得：现代制度给他们带来一切的贫困，同时又造成对社会进行经济改造所必需的种种物质条件和社会形式。他们应当摒弃'做一天公平的工作，得一天公平的工资！'这种保守的格言，要在自己的旗帜上写上革命的口号：'消灭雇佣劳动制度'！"④

相较于马克思，森把正义视为个人可获得的实质自由、积极发展和能力平等。在实现正义的道路上，森主张通过民主的完善、人权的拓展和全球正义的实现来达致。为此，他将民主建立在公共理性的基础之上，通过民主制度与措施的构建和完善、新闻媒体的独立和自由、民主机会的选择与运用，来使民主获得充分的发展；他将自由寓于人权之中，以自由看待

---

① 《马克思恩格斯选集》第1卷，人民出版社2012年版，第140页。
② 《马克思恩格斯文集》第1卷，人民出版社2009年版，第11页。
③ 《马克思恩格斯全集》第21卷，人民出版社1965年版，第557页。
④ 《马克思恩格斯选集》第2卷，人民出版社2012年版，第69页。

人权,主张人权超越狭隘的地域之囿,走出"西方中心论"的偏颇,克服人权的"纯粹形态"思维,实现人权的真正普适;他强调要超越狭隘文明的束缚,克服身份命运的幻象,借助多元文化的交流与互融,在不同国家间进行平等的对话与沟通,以此来实现全球正义。概言之,正义的达致,在森看来,必须依赖于公共理性之上民主的高效运转、自由主张之上人权的充分拓展和差异与共融基础上全球正义的实现。

从中我们不难看出,马克思和森在实现正义道路上存在着明显的分殊,马克思以唯物史观为基础,把废除私有制的实践运动看成实现正义的唯一途径。他一针见血地指出:"在阶级斗争被当作一种'粗野的'事情放到一边去的地方,留下来充当作社会主义的基础的就只是'真正的博爱'和关于'正义'的空话了。"① 只要阶级不消除,就不可能有超阶级的普遍正义,消灭阶级,废除私有制,才能最终实现社会的正义。森则以理智审思为方法论前提,以可行能力为主线建构起正义理论,他把民主的完善、人权的拓展和全球正义的实现,看成获致实质自由、实现能力平等、通达公平正义的坦途。在这里,森虽给我们提供了思考正义新的向度,也在一定程度上有助于公平和正义的提升,但他的正义理念里,完全看不到废除私有制和重构社会的意向。如此一来,其所言及的实质自由和能力平等,无非是在维系资本主义现有秩序的前提下,对传统自由和平等观的一种"升级"和"扩充";其所强调的民主和人权,在私有制存在的阶级社会里,自然也不会得到充分的实现。理论根源的不同,决定了马克思和森实现正义道路的迥异,前者呈现出一种彻底的"革命性",后者则只能是一种有限的"改良"。

三 民主与人权观点的曲解与僭越

不可否认,森在其正义的思索中,对民主和人权进行了积极和富有成效的探索。在民主方面,他对公共理性与民主的内在关联、民主的建构性和工具性价值、民主通达正义的现实条件等所做的阐释,给我们很大的启迪;而在人权方面,森以自由看待人权,对人权中机会与过程、完善责任和不完善责任、自由与利益之间的辩证关系,也给出了耳目一新的回答。

---

① 《马克思恩格斯选集》第3卷,人民出版社2012年版,第738页。

然而，也应该看到，森对民主和人权的理解，尽管有许多有益的成分，但并不完美，还存在着一定程度的曲解和僭越。

就民主而言，森一方面强调民主无碍于经济的发展，也绝非西方的专利，具有内生性的价值；另一方面他又指证一些发展中国家，常常以民主是西方的"优先选择"以及民主要尊重"地域的多样性"为由，反对实施民主以及基本的公民自由和政治自由，其中，他尤其提到以中国和新加坡为典型代表①。

森的这种指证，既没有省察到民主的本意，也是对中国的一种缪断。民主的确不能视为西方的专利，也不能人为地给其贴上"西方的标签"。这其实蕴含着两层含义：一方面，民主是包括东方和西方、发达国家和发展中国家在内的一种共同价值追求；另一方面，不能把西方民主看成万能模板，从而不加分析地应用于任何国家，任何地区。显然，森只看到了前者而忽略了后者。"名非天造，必从其实"，中国之所以强调民主要结合不同社会的文化背景、不同国家的具体国情，绝非是要以此来反对和拒斥民主，而是为了澄明实现民主的形式本身是丰富多样的，不能拘泥于刻板的模式，更不能不加分析地照抄照搬西方民主。在回顾中国民主发展的进程中，习近平曾强调指出："照搬西方政治制度模式的各种方案，都不能完成中华民族救亡图存和反帝反封建的历史任务，都不能让中国的政局和社会稳定下来，也都谈不上为中国实现国家富强、人民幸福提供制度保障。"②"履不必同，期于适足；治不必同，期于利民。"只有从各国具体的国情和实际出发，博采众长，因地制宜，才能找到一条适合中国发展的民主道路。这绝不是为了拒斥和抵制民主，恰恰是为了让民主更好地造福人民。显然，就民主实现的条件性和广泛性而言，森并没有把握民主的真意。

不仅如此，在关涉民主的相关问题上，森对中国的指责也罔顾民主在中国发展的事实。早在《共产党宣言》中，马克思就强调，"工人革命的

---

① 参见［印］阿马蒂亚·森《以自由看待发展》，任赜、于真译，中国人民大学出版社2012年版，第150—151页。

② 习近平：《在庆祝全国人民代表大会成立60周年大会上的讲话》，人民出版社2014年版，第3页。

第一步就是使无产阶级上升为统治阶级，争得民主"①。在马克思看来，只有实现了真正的民主，才能使人类获得彻底的解放。中国共产党人正是沿着马克思指引的这条道路不断前行的。早在新民主主义革命时期，毛泽东在回答黄炎培如何跳出历史周期率的疑问时，就明确指出："我们已找到了新路，我们能跳出这周期率。这条新路，就是民主。"② 社会主义制度确立后，我们把人民民主专政作为我们的国体，把人民当家做主作为社会主义民主的本质和核心。邓小平强调，"没有民主就没有社会主义，就没有社会主义的现代化"。新时期，习近平又进一步指出："民主不是装饰品，不是用来做摆设的，而是要用来解决人民要解决的问题的。中国共产党的一切执政活动，中华人民共和国的一切治理活动，都要尊重人民主体地位。"③ 正是在这些科学论断的指引下，我国的民主建设获得了长足的发展。民主的范围不断扩大、各项民主制度不断完善、人民的各项民主权利得到了有效的行使、民主权益也得到了制度化的保障。这充分彰显了在发展人民民主、增进政治自由、扩大公民权利方面，我们是支持而非反对、鼓励而非拒斥的，由此所取得的成就也是有目共睹的。这既是对马克思民主理论在中国的具体运用和发展，也是对森在中国发展民主方面所呈现的误解与谬断的有力反驳。

在人权方面，森是普适人权的坚定拥护者。在森看来，包含自由、平等在内的人权，并非仰仗于公民资格或法律制度才能被赋予，而是人的本性之使然，是建立在共享人性基础上的一项基本权利和全人类价值。森认为，借助于理性的审思，跳出人权"普遍"和"相对"的二元纷争，通过对人权内容的丰富和拓展，超越人权的地域之囿，在积极沟通、对话与合作的基础上，人类完全可以走出一条开放、包容的普适人权之路。

应该来讲，森的这种人权观，在主观上并非像一些狂热的自由主义者那样，是为资产阶级的意识形态而摇旗呐喊，事实上，它是森追求正义的良善愿望之表达，其提出的路径在一定程度上也可以促进人权事业的发展，因此，我们大可不必给森扣上一顶"资产阶级鼓手"的帽子。不过，

---

① 《马克思恩格斯文集》第 2 卷，人民出版社 2009 年版，第 52 页。
② 转引自《十六大以来重要文献选编》（上），中央文献出版社 2005 年版，第 144 页。
③ 习近平：《在庆祝中国人民政治协商会议成立 65 周年大会上的讲话》，人民出版社 2014 年版，第 18 页。

森显然没有看到人权背后的历史与阶级因素,由此所作出的普适人权之分析,自然也是对人权理论和实践上的一种僭越。一般而言,普适人权往往会呈现出两个方面的主张:一方面是横向上的普遍适用性,即一种人权适用于所有人;另一方面是纵向上的历史永恒性,即人权具有永恒的价值。这两个条件必须同时满足,否则,其"普适"性就很难成立。然而,从马克思的视域来看,人权是阶级与历史的统一。首先,人权呈现出鲜明的阶级性,在私有制和阶级存在的前提下,"人权并没有使人摆脱财产,而是使人有占有财产的自由,人权并没有使人放弃追求财富的龌龊行为,而只是使人有经营的自由"[①]。也正因如此,人权只是体现为统治阶级的人权,"平等地剥削劳动力,是资本的首要人权"[②]。可见,一个超阶级的,对所有人群都适用的普适人权在马克思看来并无存在的可能,但在森普适人权的理解中,阶级分析却被完全遮蔽。其次,在森的视域中,人权是一种强烈的道德主张与宣言,若按照普适的理念,这种道德自然就应该具有恒久的价值。然而,恩格斯一针见血地指出:"我们拒绝想把任何道德教条当作永恒的、终极的、从此不变的伦理规律强加给我们的一切无理要求,这种要求的借口是,道德世界也有凌驾于历史和民族差别之上的不变的原则。相反地,我们断定,一切以往的道德论归根到底都是当时的社会经济状况的产物。"[③] 由此我们不难看出,恩格斯坚决反对永恒的道德观,在他看来,道德是一种历史的范畴,并不存在超越历史和时代的道德价值。而人权作为道德的一种表征,自然亦不可能超越历史,凌驾于时代和民族差别之上,如此,普适人权自然是一种奢谈。森把人权看成一种普适的价值,显然是对人权本身固有的历史性和阶级性的一种僭越。

四 难以跳出自由主义的窠臼

正义是马克思和森共同的聚焦点,在正义之思上,两者也存在着相通与交融。但与森不同的是,马克思并没有从单纯的正义理念出发,并进而将正义视为自由、平等的一种自然延伸,恰恰相反,马克思以唯物史观为

[①] 《马克思恩格斯文集》第 1 卷,人民出版社 2009 年版,第 312 页。
[②] 《马克思恩格斯文集》第 5 卷,人民出版社 2009 年版,第 338 页。
[③] 《马克思恩格斯选集》第 3 卷,人民出版社 2012 年版,第 471 页。

基础，将正义置于特定的历史生产方式之中。相较于马克思，森在正义的建构中，赋予了理智审思以重要的地位，并希冀以此为前提，来实现实质的自由和能力的平等，通过民主、人权的充分实现来达致正义。客观来讲，与传统的自由主义正义观相比，森的正义思想，确有了很大的创新与进步，其所提出的正义理念和思维方法，在一定程度上也改变了我们对正义的思维向度。然而，由于生产方式的缺失，森的正义之思并未建立在唯物史观的地基之上，从而使其建构的正义话语体系呈现出一定的理想主义色彩，难以表达和承载正义的真正意蕴。从本质上来看，森并未实现对自由主义正义观的真正超克，对理智审思的推崇、对个人自由的过度倚重和对正义阶级属性的遮蔽，最终使森难以跳出自由主义的窠臼。

在马克思的正义之思中，他一向反对把自由、平等、人权作为衡量正义的标准或追求正义的目标。在马克思看来，在私有制存在的前提下，自由只能是有产者的自由，平等也只能是资产者的平等，对形式自由与平等的追求，只能陷入观念的批判和抽象的思辨之中，因此，不废除私有制，真正的自由和平等只能是一种奢谈。正是基于此，马克思坚持从人类社会实践出发，不执迷于抽象的思辨和形式正义的追求，而是把废除私有制的实践运动看成通达正义的唯一坦途。应该来讲，马克思的这种实践正义观对森产生了重要的影响，其对正义的思索也多着眼于实际的生活和现实，并把正义的推进与现实的外部环境和人的实际行为相关联。然而，从更深层次来看，森虽在一定程度上遵循了马克思正义思考的现实主义路径，但并没有一以贯之，只是将正义的论域从纯粹思辨和契约正义转移到了现实生活中自由和平等的建构与重塑之上。他不像马克思，把实践作为推进正义的动力，而是把实质自由和能力平等，乃至人权、民主的实现，建立在理智审思的基础上。更进一步讲，在森看来，理智审思上开放性、多元性和比较性的对话与思考，推动着正义的实现。由此我们不难看出，森的正义理念并没有摆脱自由主义正义思想的固有思维，只是为正义注入了一些现实比较的因素；实质自由和能力平等的提出，也只是对传统自由观和平等观的一种完善和补充，并没有改变自由主义理性思辨的本质；形式上虽有了较大的改变，实则与自由主义正义观异曲同工、一脉相承。

与马克思一样，森也把个人作为正义思考的逻辑起点，在其正义思想中，展现出对个人和社会深切的伦理情怀和正义观照，其对自由发展的阐释中也强调要"让个人自由成为社会的承诺",处处流露出对个人自由的推崇。然而,森并没有看到个人的自由、权利与社会的内在关联,而是孤立地强调个人之权利和自由,从而使其正义思想呈现出较强的个人主义色彩。在森的视域里,"每个个体被看成仅仅是为了工具性的作用而聚集在一起的原子;对社会安排的评价主要取决于它对提高和确保个人自由所起的作用"①。显然,这是对个人与社会关系的一种割裂,真正的个人,必然存在于一定的社会之中,个人自由也必然寓于集体利益和社会的整体发展之中。认为个人自由与权利可以凌驾于社会之上,抑或认为个人自由和利益的简单叠加,就可以自动实现社会的利益,是一种典型的个人自由主义。森对个人自由的过分倚重,以及对"个人必须把国家权利置于自身权利之上"②所提出的质疑与批评,没有看到集体和国家在发展中对个人自由与权利所具有的统摄与保障作用,进一步凸显出了其个人主义的价值吁求。

马克思与森的这种个人主义价值观迥然不同,在马克思看来,"人的本质不是单个人所固有的抽象物,在其现实性上,它是一切社会关系的总和"。社会与个人是相互依赖、互为本质的,正义的社会性内置于正义的个体性之中。正是基于此,马克思对自由主义者把自由建立在人与人分离基础之上的狭隘性进行了激烈的批评,他一针见血地指出,"这里所说的人的自由,是作为孤立的、封闭在自身的单子里的那种人的自由……自由这项人权并不是建立在人与人结合起来的基础上,而是建立在人与人分离的基础上,这项权利就是这种分离的权利,是狭隘的、封闭在自身的个人的权利"③。由此我们不难看出,从表层来看,马克思和森虽都从个人出发来思考正义,但两者却有着本质的区别。马克思把社会关系作为人的本质而内置于个人之中,而森则用个体来简化社会;马克思正义视域下的个人是具体的,存在着各种社会规定性的,而森正义视域下的个人,则是抽象的、无差别的。也正因如此,森的正义思想才镌刻上了个人自由主义的

---

① Amartya Sen. *Freedom and Social Choice: the Arrow Lectures. Rationality and Freedom*, Cambridge, MA: Harvard University Press, 2002, p.585.

② [印]阿马蒂亚·森:《以自由看待发展》,任赜、于真译,中国人民大学出版社2012年版,第151页。

③ 《马克思恩格斯选集》第1卷,人民出版社2012年版,第135页。

深刻烙印。

马克思的正义思想是历史与阶级的统一，在马克思的视域中，自由主义者所宣扬和倡导的正义，在阶级存在的情况下，只能是统治阶级享有的正义，具体而言，在资本主义社会里，就是资产阶级的正义。与马克思正义观中鲜明的阶级性相比，森的正义之思，却鲜有事关阶级的论述，他似乎对马克思矛头所向的自由主义正义观所秉持的资产阶级立场刻意的回避，俨然扮演了一位中立者的角色，只是借助于理智的审思、能力与自由的重塑以及民主和人权的拓展来实现正义，与特定的阶级立场看上去并无实质的关联。概言之，是理智的审思引导社会走向正义，而不是社会的发展实现正义。如此看来，森的正义思想并不涉及阶级的属性和立场，似乎超脱于阶级分析之外。不仅如此，森对马克思的阶级分析方法并非持一种完全否定的态度，他把阶级分析方法看成马克思"剥削理论"的核心，强调这种分析方法在对财富和收入不均、程序平等、形式正义等问题进行分析时，有着不言而喻的重要性①。

如此，森的正义思想是否真的完全中立并超脱于阶级之外呢？答案显然是否定的。一方面，马克思强调指出，正义是人的正义，而人是社会的人，社会又必然存在于一定的生产方式之中。正义绝非如森所述，单靠理智审思之引导，就可以通达正义，而恰恰是生产方式之运动，社会历史之发展决定着正义的真正走向，森自然也概莫能外。换言之，在资本主义私有制依然存在的情况下，森的正义观绝不能跳出这一生产方式的束缚而孤立的存在，而是必然寓于资产阶级的正义之中。另一方面，从现实的角度来看，在森的正义链环上，他对资本主义市场效率给予了充分的肯定与褒奖，与此同时，他却把计划经济等同于社会主义，并把计划经济视为一种无效率的经济；他强调指出，"哈耶克对共产主义经济的谴责性描述，'通往奴役之路'，尽管很严厉，但确实是符合实际的言辞"②，他对社会主义和共产主义的谬解由此可见一斑，其实，这不过是其资产阶级立场的一种自然和真实的反映，在此基础上所提出的能力平等和实质自由，只不

---

① 参见［印］阿马蒂亚·森《论经济不平等/不平等之再考察》，王利文、于占杰译，社会科学文献出版社 2006 年版，第 328 页。

② ［印］阿马蒂亚·森：《以自由看待发展》，任赜、于真译，中国人民大学出版社 2012 年版，第 114 页。

过是用一种平等观和自由观来代替另一种平等观和自由观，其对民主和人权的拓展也是为了维系资本主义现有秩序之存在，根本无意去触动资本主义的本质。

由此可见，森的正义思想绝非是超阶级的，只不过相较于哈耶克、诺齐克等，他为资产阶级辩护的方式和手段显得更加隐晦。总的来看，森的正义思想，虽与马克思存在着相通与交融，但由于唯物史观的缺失，不可避免地存在着对马克思的误读。因此，森的正义思想与马克思的正义观，是形似而质异，与自由主义相比，则形异而质同。显然，他并没有跳出自由主义正义的窠臼。

第四节　阿马蒂亚·森对马克思正义思想的丰富与拓展

不可否认，从唯物史观的角度加以审视，森的正义思想的确还存在明显的不足，呈现出理论上的偏颇和思维上的局限。不过我们也应该看到，森的正义思想尽管存在着不足和缺陷，但在现实之中也给我们提供了很多的启迪与借鉴。他将正义聚焦于现实的生活，对个人和社会的正义关照，使其正义思想呈现出深厚的伦理情怀；对抽象正义的批判和人自由发展的追求，也使其有别于一些传统的自由主义者。他不像罗尔斯，把正义建构在虚幻的"无知之幕"上；不像诺齐克，追求一种极端的自由；也不同于哈耶克，偏执于程序的正义。森以"实质的自由"来代替古典自由主义的空泛人性论；以"能力平等观"开拓出了平等的崭新向度。

以"自由发展"为发展注入了深刻的正义吁求；其对民主、人权和全球正义的探讨，也为正义的实现提供了一条新的思考路径。而这一切，无疑会对马克思的正义思想起到一定的丰富、拓展与完善作用。

一　从宏观到微观：扩大了正义的研究视域

马克思的正义思想，以唯物史观为基础，着眼于人的自由而全面的发展和人类的彻底解放，呈现出一种宏大的理论视野。在正义思考的疆域中，马克思超越了空想社会主义和自由主义的正义局限，以现实的个人为逻辑起点，站在历史的高度，将正义置于历史唯物主义的宏观考量之中。通过批判旧世界发现新世界，亦即在批判资本主义私有制和剥削本质的同时,指出了实现共产主义这一达致正义的光明之路。不仅如此,马克思的正义还呈现出一种"世界眼光",他对正义的探寻超越了民族和国家的界限,将全人类的解放,"视为其一生不变的主题和终身奋斗的目标与根本价值诉求"①。

在正义的实现道路上,马克思也从未将希望寄托于微观层面的调节与改良,而是坚持从宏观视域中对资本主义剥削制度进行彻底性的变革。在他看来,资本主义私有制是一切非正义的根源,只有通过废除私有制的实践运动,进行彻底的社会革命,才能推翻资产阶级的统治,进而达致真正的正义。正因如此,马克思强调指出,"实际上,而且对实践的唯物主义者即共产主义者来说,全部问题都在于使现存世界革命化,实际地反对并改变现存的事物"②,所以"共产主义对我们来说不是应当确立的状况,不是应当与之相适应的理想。我们所称为共产主义的是那种消灭现存状况的现实的运动"③。

不言而喻,马克思的正义视域,不论是研究的起点,还是实现的路径,抑或是最终的目标,始终是建立在宏观的历史观和方法论基础之上,通过对整个人类社会产生、发展轨迹和运行规律的全方位透视,揭示出了非正义产生的社会基础与最终根源,指出了通达正义的现实之路。

与马克思相比,森具有同样的正义情怀,但不同于马克思的是,森对正义的关注更多投射到了微观的领域。之所以呈现出这种转变,与森面对的现实背景不无关联。尽管他依然生活在一个问题丛生的世界之中,但此时的资本主义社会与马克思时代已经有了很大的不同。基本矛盾虽依然存在,但阶级斗争已不再风起云涌,劳资关系也有了很大的缓和,社会呈现出一种相对稳定的发展态势。正是基于此,森并没有将过多的精力投置于对资本主义的本质、非正义的根源、正义嬗变的规律等这些"形而上"的宏大叙事之中,而是借助于宏观的哲学方法对正义进行微观的思考,通过对现存社会现实之中的个别、具体问题的剖析、诊断与批判,以及对固有正义思维方式的转换和现有制度的改良,来寻求解决不公、实现正义

---

① 刘同舫:《马克思人类解放理论的演进逻辑》,人民出版社 2011 年版,导论第 1 页。
② 《马克思恩格斯选集》第 1 卷,人民出版社 2012 年版,第 155 页。
③ 同上书,第 166 页。

之道。

循着这种路径，森对贫困与饥荒、教育不公与性别不平等、身份的幻象与迷雾、医疗保健与就业权利等微观活动进行了深入的研究。他将贫困的原因归结为权利的剥夺，而不仅仅是收入的低下；他强调人均寿命在收入整体较低和经济陷入低谷时，完全可以依赖精心设计的医保、教育、救助等制度来实现预期的目标；他指出失业和医疗保健缺失在富裕国家里依然存在，意在揭示出繁荣的贫困病这一令人费解的现象，其根本原因绝不是绝对收入的低下，而在于实际可行能力之缺失；他对现实中的性别不平等进行了激烈的控诉，并指出了自由不仅仅是妇女的一项基本可行能力，在现实上也可以有效地降低生育率，人口的减少，不在于控制，恰在于更多的自由……显然，森的正义思想及其拓展，正是建立在对这些微观活动深入探究的基础之上。

由此我们不难看出，马克思以宏观的理论视野和深邃的历史洞见，对正义的相关问题加以统摄，从而为正义的实现和人的彻底解放指明了方向；森则立足于现实生活中的微观问题，致力于对非正义的矫正和现实不公的铲除，为正义找寻着可行之道。在正义之思的链环上，我们固然需要以马克思宏观的理论方法作为我们行动的根本指南，但是，我们亦需要将正义的研究置于现实的生活境遇之中。无疑，森在微观方面所展现出的正义方法与诉求，扩大了马克思正义研究的视域，恰是宏观与微观行之有效的结合，才使正义的研究更具有说服力、阐释力、洞察力和生命力。

二 经济学与哲学的融合：拓展了正义的思维路径

在马克思早期的正义追寻中，对自由、权利、平等有着积极的吁求，但毋庸讳言，彼时的马克思还对古典政治哲学抱有浓厚的兴趣，热衷于从哲学的思辨中探寻和发现正义，从而使其正义观呈现出很大的思辨色彩和自由主义倾向。由于还没有脱离唯心主义的束缚，因此，这一时期马克思的正义观还带有深刻的黑格尔式的法哲学烙印。然而，理性正义之构建很快便被"苦恼的疑问"所取代，以理性国家来处理社会的矛盾和分歧，非但没有实现人的普遍自由，反而沦为特殊阶级统治和奴役人民的工具。理想与现实的悖反，促使马克思对正义的思索，"从'天国'沉降到'人间'，从'庙堂'回归'尘世'，从'副本'转向'原本'，即从具有思辨性的哲学，向具有实证性的经济学的研究之路"①。自此，马克思开始将研究的重心，从哲学转向了经济学，并贯穿于其后对正义的研究之中。他从经济学的视野来窥探资本主义剥削的本质，从人类社会经济发展中探寻正义发展的轨迹，从生产方式的运动之中，揭示正义的本像与动因。

在实现了从哲学转向经济学的同时，马克思也开辟了从经济关系和生产方式的视角来思索正义的新道路。然而，在马克思之后相当长的时期内，正义一度陷入了从纯粹经济效用的角度来度量的泥潭之中，其中尤以功利主义为代表。功利主义者虽然也是从经济视角出发来研究正义，但显然他们并没有从生产方式和经济运行规律之中省察正义之本质，而是以经济学为分析工具，从经济后果、个体福利的总量排序和效用总和方面，来审视和评判正义。如此一来，不仅漠视了分配中的公平和福利中的平等，也忽略了现实生活中个体的自由与权利；不仅缺少了从生产方式和经济关系中窥察正义的深度与高度，也使正义之中缺少了人本的思维与向度；不仅与马克思经济转向的初衷相违背，也与公平正义之真正实现渐行渐远。

正是基于此，森在正义的追求中，将经济学与哲学有机地融合在一起。一方面，重建了经济学的伦理之维，克服了经济学的哲学贫困，在超越单纯效用和狭隘功利视域的基础上，从哲学层面升华正义理论的境界，把现实的人与人的现实生活、人的全面发展和社会关系的完善作为正义理论关注的主题。他对市场机制的辩证分析、对能力平等的崭新诠释、对实质自由的历史追问、对人全面发展的孜孜以求，都寓哲学的审思于正义的追求之中。另一方面，森的正义思想，也融入了经济学的现实考量，相较于马克思，他并未从生产关系和生产方式的深层视角来阐释正义，在这一点上，他同功利主义者并无二致，这虽在一定程度上影响了他对正义的理解，但与功利主义者不同的是，他并没有沉溺于单纯的效用分析或者陷入功利的依赖之中，而是借助于现代经济学的一些方法，来观察和研究现实中的不公。他把社会选择理论作为正义的分析工具，并运用数理推理的方式来阐释理性与自由的关联；他运用经济学常用的实证分析方法，并与规

---

① 郑忆石：《社会发展动力论》，重庆出版社2012年版，第332页。

范研究相结合，来调查贫困与饥荒的成因；他采用经济技术分析的手段，对不平等进行合理的测度……这些现代经济方法的运用，以及与哲学审思的融合，使我们对关涉正义的相关问题，有了更加全面、立体和深入的认识，也使马克思正义的思维路径，在哲学与经济学的融合与张力之中，得到了有效的拓展。

三　以发展旨向自由与以自由看待发展：丰富了自由与发展的关联

人类的历史，就是一个不断实现自我超越，最终走向自我解放的历史，而人类的彻底解放，也必然寓于追求人的自由而全面发展的现实运动之中。在正义的实现和人类解放的进程中，发展与自由，如影随形，相伴而生，马克思和森就把人的自由和发展作为他们共同的价值旨归。然而，在两者的关系上，马克思和森却存在着不同的理解。马克思以发展旨向自由，把人的全面发展看成实现个人自由的前提和核心；而森则以自由看待发展，强调自由对于发展有着内生性的意义和工具性的价值，发展的目的就是为了扩展人的实质自由。

在马克思的视域中，发展为自由的实现创造着条件。在马克思看来，发展需要在自由目标的引导下，借助于丰富的实践，跳出狭隘经济关系和生产方式的桎梏与束缚；而自由也恰恰是在发展的过程中，才能得到有效的彰显和充分的实现。生产力的发展，可以促进经济的解放，使经济层面的异化力量得以消除，为自由的实现奠定必要的物质基础；生产方式的运动与发展，则可以废除异化劳动赖以存在的生产关系条件，用自由联合劳动制度取代雇佣劳动制度，在实现劳动解放的同时，推动人真正自由的实现；文化的发展和旧有文化枷锁的打破，能使文化解放得以在人的自由而全面发展中以文化创造和文化享受的方式出现，从而走向对人自由的真正确证和对人自身本质的真正占有[1]。如此，"当阶级差别在发展进程中已经消失而全部生产集中在联合起来的个人的手中的时候"[2]，社会将是一个"把每一个人都有完全的自由发展作为根本原则的高级社会形态"，是"人和自然界之间、人和人之间的矛盾的真正的解决，是存在和本质、对

---

[1] 参见刘同舫《马克思人类解放理论的演进逻辑》，人民出版社2011年版，第121—181页。
[2] 《马克思恩格斯选集》第1卷，人民出版社2012年版，第422页。

象化和自我确证、自由和必然、个体和类之间的斗争的真正解决"①，人类亦可由此步入马克思所描述的以共产主义形态为标志的"自由王国"之中。然而，这一至高价值目标的实现，绝非一个突兀或阶段性的过程，而是寓于人类社会和人自身发展的积累与升华的历史进程之中。

与马克思以发展旨向自由不同，森则以自由看待发展。在森的视域中，自由是发展的首要目的，也是促进发展不可缺少的重要手段，换言之，自由在发展中，既具有建构性的意义，又具有工具性的价值。从"建构性"意义来看，森不仅关注和聚焦自由，而且将自由置于发展的中心地位。森认为，自由本身就是发展的应有之意，它既是人们所追求的一种价值目标，又是发展的一个内生性变量，是发展自身固有的组成部分。自由的价值，无须通过与别的有价值的事物之关联来加以表现，也无须借助对其他事物所产生的作用来加以彰显，自由就意味着发展，发展也是为了扩展人的实质自由。从"工具性"价值来看，自由主要在经济条件、政治自由、社会机会、透明性保证、防护性保障等方面加以呈现，这些工具性自由，彼此之间相互联系、相互补充，而发展正是寓于其中并受这些工具性自由的强烈影响。总之，在森看来，无论是作为发展的目的，还是作为发展的手段；无论是建构性作用，还是工具性价值，自由始终处于中心的地位，它内含于发展之中，发展的目的在于人类实质自由的扩展和实现。

由此我们不难看出，马克思以发展旨向自由，将人从一切"非人"或异化的状态中解放出来，同时将个人的发展与个性自由之解放，寓于人类彻底解放的宏大历史进程之中。而森则立足于现实之生活，以自由看待发展，在克服了传统发展观狭隘视野的同时，使发展呈现出自由的意蕴，并对自由与发展的关系作出了新的诠释。如果说，马克思对自由和发展的理解，始终站在人类发展的历史制高点上，从而使其对人的自由与发展之研究，具有统摄性的意义和革命性的价值，那么森则在现实的语境下，在社会与人的发展之中，开辟了自由的新视角，并赋予发展以新的内涵。这对自由与发展的内在关联，无疑是一种必要的补充、丰富和完善。虽然马克思与森从不同视域和不同层面，对人的自由和发展予以了不同的阐释，从而使他们所开辟的理论境界，在深度和广度上各有不同。"但只有将历

---

① 《马克思恩格斯文集》第 1 卷，人民出版社 2009 年版，第 185 页。

史的和现实的视角重合叠加审视考察，才能使人的发展在人类社会的时空拓展中以自由看待发展，在人类历史的发展延续中将发展旨向自由。"①

综上所述，在运思方法、逻辑起点、动力之源、价值旨归上，森的正义思想与马克思存在着广泛的相通与交融，带有着深刻的马克思正义思想烙印。然而，若站在历史唯物主义的视角来审视，森的正义思想自然还存在一些不足和局限。唯物史观的缺失，使得森虽也洞察到了现实中的种种不公，但却没有看到异化这一问题之本源；表层成因分析之上对正义的改良诉求，显然有别于废除私有制之上的正义实践运动；虽将公共理性和自由主张融入了民主和人权，但对二者却也存在着不同程度的曲解与僭越。其所阐释的正义图景，只是在一种静态的分析模式之中，为我们提供了一个新的平台与视角，由于缺乏人类历史发展的维度，导致其正义思想并没有跳出自由主义的窠臼。当然，作为一个开放的论域，森的正义思想对马克思的正义思想在研究视域、思维路径、自由与发展之关联等方面，也进行了一定程度的丰富与拓展。正义之思，正是在这种相互的碰撞与交融之中，发挥着其内在的张力，从而推动着正义思想在实践当中不断走向完善。

---

① 胡丹丹、韩东屏：《以发展旨向自由与以自由看待发展——马克思与阿马蒂亚·森关于人的发展问题辨析》，《湖北大学学报》（哲学社会科学版）2014年第3期。

第五章　阿马蒂亚·森正义思想的西方境遇与中国价值

如若说罗尔斯的《正义论》开启了当代西方政治哲学的复兴之路，那么森的正义思想则同样在西方学界引起了巨大的轰动，其《正义的理念》被誉为"自罗尔斯的《正义论》问世以来，有关正义的最重要的论著"①。从某种意义上来说，该书的出版，使我们跳出了罗尔斯和诺齐克相互对立却又共同支配当代西方政治哲学的固有格局，改变了我们思考正义的方向。但也恰恰因为如此，森的正义思想既在西方学界受到了广泛的关注，也引起了诸多的争鸣、回应甚至批评。与此同时，在森的正义之思中，他也时常将关注的目光投注于中国，既从中国古老的文化和现实发展中汲取营养和素材，同时也中肯地指出了当前中国在推进公平正义进程中所面临的突出问题，给我们提供了很多的反思与启迪，从而使其正义思想不仅具有广泛的理论意义，也呈现出特有的中国价值。

第一节　阿马蒂亚·森正义思想在西方的争鸣与回应

在对森正义思想进行的诸多回应中，既有相对平和的学术争鸣，如与罗尔斯、德沃金等进行的对话与交流；也有对其正义思想进行的质疑与批评，如柯亨、罗贝尼斯、卡米隆等；还有从不同方面对森的正义思想进行的完善和补充，如努斯鲍姆、幸雄、伊里克森等。恰是在这种学术对话与争鸣中，森的正义思想才为更多的人了解和认同。当然，也正是在各种质

---

① ［印］阿马蒂亚·森：《正义的理念》，王磊、李航译，中国人民大学出版社2012年版，封底。

疑与批评中，才使得森的正义思想得到了不断的修正和补充，从而推动了其正义思想的进一步发展和完善。

一 罗尔斯与森的交流与争鸣

罗尔斯和森有着众多的交集。在工作中，他们曾是哈佛大学的亲密同事，在生活中，他们是惺惺相惜的挚友。森曾强调，"我从罗尔斯那里所学到的影响了我对于公正以及政治哲学的思考……，他的友善令人折服，其深思卓见、批评以及建议更是不断地启迪着我，并从根本上影响了我的思想"①；而罗尔斯也曾言道"我要感谢 A. K. 森对正义论的探讨和批评，这些探讨和批评使我能够在一些不同的地方改善我的想法"②。正是这种对正义的共同关注，使他们在长期的学术对话与批评中，能够相互借鉴并吸收对方的思想。恰如森所说，罗尔斯的正义思想对他影响至深，在这里自然无须多言。但与此同时，森与罗尔斯在关涉正义的一些观点和方法上，也存在着一些明显相左的地方。为此，他们主要在以下三个方面，进行了相互之间的交流与争鸣。

首先，在正义的逻辑进路上，究竟应该是先验地建构还是着眼于现实的比较，两人存在着不同的倾向。罗尔斯选择了前者，他借助于原初状态和无知之幕，运用社会契约的方法，推演出"两个正义"的原则，先验地建构一个完美的正义制度，以此来合理地分配公民的基本权利和义务，有效地划分社会合作产生的利益和负担。相较于罗尔斯，森则选择了后者，并对罗尔斯的这种正义理路提出了批评。在森看来，先验进路既无必要，又不可行。绝对的正义，不仅在理论上，呈现出一种纯粹思辨设计之上的虚幻公正，在现实之中，也会使人们对正义的追求陷入制度原教旨主义的泥潭。为此，森在辨识先验制度主义及其局限，走出以"社会契约"为中心的正义迷雾基础上，选择了一条迥异于罗尔斯的现实比较主义之路。针对森的批评，罗尔斯作出了理论上的回应。罗尔斯明确指出，一种正义基本结构的制度重要性在于，它将有助于调整原初的、起点的不公

---

① [印]阿马蒂亚·森:《正义的理念》，王磊、李航译，中国人民大学出版社2012年版，第47页。

② [美]约翰·罗尔斯:《正义论》，何怀宏、何包钢、廖申白译，中国社会科学出版社2009年版，初版序言第4页。

平，校正人们在市场交易中累积起来的不公平的倾向。否则我们就无法总是能肯定地回答，在一个个分散的实例中，人们作出的慎思、比较与选择，究竟是正义的还是不正义的，或更加正义的还是更加不正义的？显然，在正义的逻辑进路上，他们有各自不同的选项。

其次，在正义的"平等"之追求上，"基本善"和"可行能力"孰优孰劣？在这一点上，罗尔斯和森同样也存在着不同的观点。罗尔斯追求的是"基本善"的平等，而森则执着于"可行能力"之上的能力平等。在罗尔斯看来，"基本善"既是其两个正义原则建构的基石，也是社会平等与稳定的理论依托，它着眼的是一种社会的基本结构，既可以超越效用的主观测度，又具有相当广泛的通约性。但森却认为，罗尔斯将"基本善"的持有，看作平等与否的标尺，较之于功利主义的平等进路，虽在一定程度上有所超越，但却混淆了平等的手段与平等本身的区别。基本善束只是实现平等的手段，绝非平等本身，即便是拥有同样的基本善束，在现实中，由于人际相异和多元主体的存在，也会不可避免地造成个人在将资源转化为平等时，存在着较大的差异，进而会造成事实上的不平等。为此，森提出了一种替代性的分析框架，即以个体可获致他所看重的"生活内容"之可行能力来对平等进行考量。森强调，这种新的平等观，既尊重个人的福利与成就，又不漠视客观存在的人际差异，可以将人际相异性的事实与评价平等的不同信息焦点联系起来，从而最大化地促进平等的实现。

罗尔斯对森的这种批评也作出了回应，并在其后的《作为公平的正义》中对"基本善"的概念作出了一定的修正。他强调指出，"基本善指标并不是要试图接近达到——如任何考虑进道德价值的具体的统合性学说所阐明的那样——被认为是终极重要的东西"[①]。而是"各种各样的社会条件和处于各种目的之手段而对于让公民能够全面发展和充分运用他们的两种道德能力，以及去追求他们明确的善观念"[②]。可见，面对森的批评，罗尔斯在固守其"基本善"平等这一根本理念的同时，也适度扩展了对

---

① 转引自 [印] 阿马蒂亚·森《论经济不平等/不平等之再考察》，王利文、于占杰译，社会科学文献出版社2006年版，第296页。

② [美] 约翰·罗尔斯：《作为公平的正义：正义新论》，姚大志译，中国社会科学出版社2011年版，第73页。

这一概念的理解,使其在社会和心理层面的意义被进一步弱化,从而把基本善视为一个政治观念,而非具有统合性道德学说的一部分。针对森所指出的基本善的不灵活性而造成的对人际相异的漠视,罗尔斯则试图通过社会成员身份资格之厘定和差别原则之对待来加以解决。具有先天不足的人并不在对社会具有贡献的身份之列,对这部分人的利益,借助于差别原则来予以合理的照顾,以期实现社会的平等。显然,在罗尔斯看来,森曲解了基本善的观念,他相信,只要通过适度拓展,在平等的视域中,基本善的观念完全可以容纳森的可行能力。然而,针对罗尔斯的回应,森却并不认同,他指出,罗尔斯"每个人都有相同的目的"这一假设,实际上承认了人与人之间目标的分殊,承认了每个人都有自己的"关于善的统合性观点",而这恰恰是对罗尔斯自身正义观念的背离。正因如此,森才进一步指出:"罗尔斯认为我的观点确实与仅作为手段的基本善相联系,这点没错。但是,虽然罗尔斯宣称'基本善并不是要试图接近任何具体的统合性学说',但问题并不能因之就得到解决。"① 可见,罗尔斯与森在"平等"的追求上,分歧依旧。

最后,在正义的疆域中,封闭抑或是开放?这也是双方争鸣的焦点。用这样的说辞将罗尔斯和森进行归类,似乎对罗尔斯并不公平,因为罗尔斯对来自不同领域和地方的观点并不是一概拒斥,有时候还颇感兴趣,在阐释"反思的平衡"时尤为如此。但从正义的设计程序来看,罗尔斯又的确呈现出明显的封闭性。在正义之思中,罗尔斯采用了社会契约的方法,其"无知之幕"和"初始状态"的设计,以及"两个正义原则"的推进,都需借助于特定的国家主权,这自然不可避免地将追求公正的参与者限定在某个既定的政体或民族之内,从而使正义"不仅没有程序性的障碍来防止地域偏见的影响,也没有系统性的方式使初始状态下的反思向全人类开放。"② 正因如此,森视域中以罗尔斯为代表的"封闭正义",在前提、程序和方法上,都表现出不可避免的偏颇和难以克服的局限。

相较于罗尔斯,森秉持的是开放正义的立场。当然,他并没有借此来

---

① [印]阿马蒂亚·森:《论经济不平等/不平等之再考察》,王利文、于占杰译,社会科学文献出版社2006年版,第297—298页。

② [印]阿马蒂亚·森:《正义的理念》,王磊、李航译,中国人民大学出版社2012年版,第118页。

否定主权国家在推进正义方面所具有的价值,但与此同时,森也深刻地认识到,在全球化日益发展的今天,任何正义的考量,都不应局限或封闭在一国之内,而要以更加广域的开放视野,来寻求正义的解决之道。为此,森主张站在"一定距离之外",倾听来自不同文化和不同环境中人的心声,以"中立的旁观者"视角,超越国家和民族的边界,采用他者的位置,拓宽正义评价的信息,在克服地域偏见和推动跨文化交流的基础上,对事物作出客观公允的评价,进而推动全球正义的实现。

面对森的批评,罗尔斯在晚年的正义之思中,立场有所后撤。他承认其正义原则只适用于康德式个人的理想社会,亦即现代民主社会,而并没有考虑跨文化的应用问题。与此同时,他也越来越认识到并重视社会多元化的事实,并基于这一事实来区分公、私领域,强调正义只是政治的共识。在《万民法》中,罗尔斯开始审慎地考虑正义理论的跨文化应用和国际正义的原则,而在其《政治自由主义》中,他的思考重心是在殚精竭虑地探求如何处理价值信仰多元和政治共识的关系①。由此可见,在正义的封闭和开放之争中,罗尔斯在一定程度上吸收了森的思想。

罗尔斯和森在正义方面的交流与争鸣,从实质上折射出两人在正义理念上的差异与不同。"一个论道经邦,着眼于建立完美正义的乌托邦;一个起而行事,努力改良充斥非正义的现实世界。"② 换言之,罗尔斯要为良序社会提供一个理想的正义标杆,而森则致力于对现实不公的铲除。尽管如此,这并不意味着他们的正义思想总是相互抵牾,恰恰相反,二者正是在这种交流与争鸣之中,相互吸收对方的思想,促进了各自正义理论的发展与完善。由此可见,辩证地看待他们之间的争锋,不把彼此的正义对立地看待,或许是一种更好的选择。

二 柯亨对森的质疑与批评

作为蜚声西方的政治哲学家,柯亨对森的正义思想也给予了高度的关注。尤其是森在对功利主义者福利平等以及罗尔斯式"基本善"的平等方

---

① 参见[美]约翰·罗尔斯《正义论》,何怀宏、何保刚、廖申白译,中国社会科学出版社2009年版,译者序言,第13页。

② 胡丹丹、韩东屏:《论阿马蒂亚·森对罗尔斯正义理论的解构与重塑》,《湖北社会科学》2015年第7期。

面所呈现出的超越，得到了柯亨的充分肯定。在柯亨看来，森从实际状态到机会，从基本善品和福利到可行能力的逻辑转向，不仅是对福利主义者有力的反驳，也是对罗尔斯简洁有力的批评，是"在这个论题的当代反思上的一个巨大飞跃"①。但与此同时，柯亨也对森在正义之思中的不足，提出了质疑与批评。

柯亨认为，森以个人可获致的"能力"来代替罗尔斯的"基本善"，无疑是对人际相异的一种尊重，也有利于摆脱商品拜物教所引致的道德盲目性。但遗憾的是，森的这个术语却呈现出明显的模糊性。森的本意是把"能力"作为衡量福祉的一种标准，并在基本善和效用之间保持中立，然而，在把他的观点命名为"基本能力平等"的过程中，森却混淆了"商品为人做什么"与"人能用商品做什么"之间的区别，简单划一地把它们都归于能力的范畴之中。为进一步澄清自己的观点，柯亨提出了"中介性好"（midfare）这一概念，在柯亨看来，作为一种异质性集合的中介性好，是由因商品所产生的那些个人状态构成的，处于商品和效用之间，是连接商品和效用的纽带。能力以及能力的运用，并不代表中介性好的全部，"商品对人们做什么，既不等同于人们能够用商品做什么，也不等同于人们实际上用它们做什么，因为并非所有中介性好都是能力或一种能力的运用，或运用能力的结果。许多确实是能力运用结果的中介性好状态有一种（非效用）价值，这种价值是与它们作为能力运用结果的状态不相关的"②。显然，柯亨认为森并没有明确地揭示这种价值与能力的真正不相关性。

森的能力概念之所以呈现出模糊性，在柯亨看来，一个重要的原因就是其对能力建构基础的功能性活动之阐释，采取了带有倾向性的选择性描述，从而使他的观点呈现出很大的不确定性，甚至在某种情况下还会自相矛盾。在森的视域中，功能性活动俨然有着极大的弹性空间，忽而宽泛、忽而狭隘；忽而以人们一般性活动来推演，忽而则以人的欲求状态来界定。这种跳跃性思维固然在摆脱商品带来的主观效用方面有所启迪，但也

---

① ［英］G. A. 柯亨：《什么的平等？论福利、善和能力》，转引自［印］阿马蒂亚·森、［美］玛莎·努斯鲍姆《生活质量》，龚群等译，社会科学文献出版社2008年版，第12页。

② 同上书，第23—24页。

很大程度上影响了能力概念的精确性。究其原因，概因为森将自由不恰当地安置在了中介性好之中。他狭隘地将对功利性后果的忽视，等同于对自由的持重；把能力运用的结果和欲求活动的倾向看成对自由的追求。因为依照森的理解，能力概念本身就是一种自由类型的概念，"能力范畴是反映行动自由理念的当然候选者"①，一个人可获得的功能性矢量决定着自己的"福祉自由"。森的这种理解，在柯亨看来，或许对于严格意义上的能力而言，会有所助益，但若用于表示商品与效用之间的中介性尺度，则明显力所不及，毕竟"能力涵盖了太多以致不能提供明确意义上的自由视角"②。试图用"能力"来涵盖和容纳众多不同的问题，只能在能力概念的宽泛性与模糊化上，越走越远、越陷越深。

为此，柯亨进一步强调指出，他之所以对森提出质疑和批评，主要是因为在他看来，平等主义者应当关注的恰当东西不是能力本身，而应是他所称之的"获得利益的方法"。此间的"利益"与森所讲的"功能性活动"相类似，"是一种既无法化约为他的资源束，也无法化约为他的福利水平的个人欲求状态的异质性集合"③。在柯亨看来，个人所拥有的东西，不论他采用何种方式，只要可以有效地获致，都可以被视为他实际的拥有。因此，真正的平等，并不是能力是否被行之有效的运用，而是一个人在没有明显过失的情况下，能够获得丰裕的物品。换言之，能力固然可以推动平等的实现，但若借助外在力量的实施，我们一样可以达致平等，我们就无须拘泥于是否运用了能力。从这个意义上来讲，能力充其量只是实现平等的充分条件，但绝非必要条件。

至此，柯亨完成了对森的批评，并形成了这样的结论，在实现平等的道路上，"获得利益的方法平等"，显然要优于森"能力的平等"。因为森在表达平等主义的规范时，赋予了自由理念过高的权重，然而，这在现实生活之中，却并无太大的实质意义，只要一个人可以拥有他所需要的一切，就是真正意义上的平等。或许这在森的能力平等进路中是不可想象

---

① Amartya Sen, "Rights and Capabilities", in Resources, Values and Development, Blackwell, 1984, p. 317.
② ［英］G. A. 柯亨：《什么的平等？论福利、善和能力》，转引自［印］阿马蒂亚·森、［美］玛莎·努斯鲍姆《生活质量》，龚群等译，社会科学文献出版社 2008 年版，第 28 页。
③ 同上书，第 33 页。

的，但在柯亨的平等主义视野中，却是接受并赞成的。

三 努斯鲍姆对森的完善和补充

在对先验契约正义进行批判以及聚焦能力平等的正义追求上，森并不孤独，早在20世纪80年代，美国著名女哲学家玛莎·努斯鲍姆就和森一道，致力于能力方法在正义中的运用。然而，尽管森在正义思想中把能力视为核心概念，但其主旨却主要是借助能力方法，为正义提供一个宽泛的评价性框架，而非建构一个完整的精确理论。正是基于此，森并没有，事实上也从未打算为能力提供一个权威性的清单，这不仅使其可行能力概念呈现出较大的模糊性，也使他的可行能力方法一直饱受质疑和诟病。作为能力路径的重要代表，努斯鲍姆在吸收森可行能力理论的同时，也对其进行了必要的完善和补充，从而使能力方法在正义中变得更具现实性和可操作性。

不同于森对能力清单的拒斥，努斯鲍姆则执着于能力清单的构建，缘何对能力路径同样推崇的二人，却在此方面存在着如此的不同？概因为在森看来，人们理念、背景的差异，决定着人们对能力有着不同的考量，若硬性地划出一个能力清单，不仅是对人异质性和公共讨论多样性的一种违背，也是对人自由的一种无形僭越，对真正有理由珍视的能力之选择，在实质上也无所助益。然而，在努斯鲍姆看来，能力绝不仅仅是一个开放的弹性评价框架，即便是在文化多样性和思维多元化的前提下，我们亦有必要勾勒出一个清晰的能力清单，以便在我们的能力可及范围之内，决定我们究竟该何去何从。为此，努斯鲍姆列出十个人类核心能力，即生存，身体健康，身体完整，判断力、创造力和思考能力，感情，实践理性，与社会建立良好关系，对其他物种的能力，消遣娱乐，对个人环境的控制能力。这十种人类能力清单，在努斯鲍姆看来，是人类基于过有尊严生活的最低限度的正义，也是内在于社会正义之中人最基本的权利。它们之间并无优先与重要之分，既具有不可或缺性，又具有不可通约性。正是这种能力清单的建立，使可行能力方法在一定程度上摆脱了概念模糊的限制，提高了行动的目的性和可操作性。

构建一个相对完整的能力清单，在努斯鲍姆看来，只是推进能力平等的一个重要前提，而绝非问题的全部。因此，她并没有止步于此，而是在能力清单的基础上，进一步致力于推动社会正义理论的完善。恰如她所言："森聚焦于比较不同国家之间的生活质量，他因此而要求最好的比较空间。我正在建构一种（局部的）社会正义理论，一种基本权利的论述，没有这种基本权利，就没有任何国家或世界秩序能够要求正义。"① 正是本着此种目的，努斯鲍姆力主政府应该通过制度设计或政策构建，并付诸立法的手段为个人能力的实现提供必要的权利保障。换言之，国家和政府有义务、有责任借助于政治原则和法制架构来防止个人能力之剥夺，并为能力的实现创造良好的外部条件。在这方面，森显然没有努斯鲍姆这样纯粹和直接，他的能力方法本身就是一个颇具模糊和弹性的评价框架，在能力的实现上，亦是如此。尽管在性别平等、教育公平、医疗普及等方面，森也呈现出一定的公共政策取向，但他明显更倾向于借助于社会或民间组织而非政府的力量来推动能力的实现。如果说森将能力方法，放置在了一个广域的社会视野之中，那么努斯鲍姆则从更加实际的角度来阐释了能力的实现之路。两者的相互补充、相互结合，显然是推进能力平等更加合宜的选择。

在全球正义问题上，努斯鲍姆也对森进行了有效的完善和补充。一方面，努斯鲍姆坚决反对罗尔斯式的全球正义，即在虚拟的原初状态下，各国通过签订互利的契约方式，来妥善解决彼此之间的分歧，进而实现全球的正义，在这一点上，努斯鲍姆和森持有同样的观点。但与此同时，努斯鲍姆对森在多元文化的持重并借助于跨越民族和国界之间的对话与协作，来推动全球公正方面，却给予了有保留的肯定。因为在她看来，尊重多元，促进对话固然是能力路径的要旨，但在全球范围内创建一个"正派的制度结构"，来有效地促进全球能力责任之分配，亦势在必行。为此，她对罗尔斯式的全球正义虽颇有微词，但却并没有一概否定；对森的全球正义虽颇为赞同，但也没有全盘肯定，而是吸收了他们各自思想中的有益成分，提出要发展出一种"既'厚'（所谓厚，即这种理论拥有一个强健的善的概念，拥有对某种善的实质性承诺）又'薄'（所谓薄，即这种理

---

① Martha. Nussbaum and Carla Faralli "On the New frontiers of Justice", *A Dialogue. Ratio Juris.* Vol. 20. No. 2 June 2007, p. 149.

论又体现为一套普遍性的规范）的全球正义理论"①。既容纳进重叠共识中的善之观念，又强调差异共融基础上的相互沟通；既超越契约论的现实束缚，又致力于寻求制度依托之上的真正平等。为此，努斯鲍姆清晰地厘定出了全球正义制度结构的十项原则，不过，她也坦承，这些原则在没有全球政府的情况下，具有薄弱性和去中心化，并不带有强制的味道，更多的呈现出一种伦理意义。但相较于森只注重于全球正义上的跨界讨论与沟通的松散性与宽泛性而言，努斯鲍姆的这种努力，显然对森的正义思想提供了有益的启迪，同时，也为全球正义的实现提供了一个更加可期的未来。

第二节　阿马蒂亚·森正义思想对中国的现实启迪

森的正义思想，不仅有着重要的理论意义，也有着重要的实践价值。在其正义之思中，他对中国一直给予了充分的关注。他十分中肯地指出了快速发展中的中国所面临的收入不均、贫富差距等问题，切中了当下中国的焦点问题和生存之惑。而他所提出的开放的中立、多样的缘由、理性的审思与可行能力的提升对于时下中国和谐社会之构建以及公平正义之推进，也有着重要的启迪。

一　树立人本理念：实现公平正义的前提

在森的正义理论中，他不仅重建了经济学的伦理之维，克服了经济学的哲学贫困，实现了经济学的人本复归，在对自由的阐释与平等的追求中，也处处体现着他对个人主体地位之尊重，彰显着以人为本之理念。恰如他所言："一个集中注意实质自由的、关于正义和发展的视角，必定不可避免地聚焦于个人的主体地位及其判断。"② 也正是基于此，森才充分地关注人、关注人的自由与发展、关注人的平等与诉求，并把这种理念视为正义的理论基点与重要前提，贯穿于正义研究的始终。

---

① 宋建丽：《能力路径与全球正义》，《马克思主义与现实》2015年第3期。
② ［印］阿马蒂亚·森：《以自由看待发展》，任赜、于真译，中国人民大学出版社2012年版，第288页。

就当前的中国而言，公平正义既是和谐社会的重要特征，也是社会主义核心价值观的重要内容。在实现中华民族伟大复兴的道路上，我们始终把社会的公平与正义作为不懈的追求。而在这一艰辛的历史征程中，森的正义理念给我们深刻的启迪，即正义的追求必须牢固树立人本理念，坚持从现实的人和人的现实出发。一方面，公平正义的推进，离不开作为现实的人主体作用之发挥，否则，公平正义就成了无源之水，甚至沦为一种空洞的口号；另一方面，公平正义的实现，也必须以人的利益为根本落脚点，并把人的自由而全面发展作为最终价值旨归，否则，公平正义就会偏离正确的航道。概言之，个人既是公平正义的创造主体和实现主体，也是公平正义的享受主体和价值主体，只有树立人本理念，公平正义才有坚实的群众基础、明确的奋斗目标、清晰的价值取向。

具体到现实之中，则要求我们在政策制定、权力运用、制度推进等方面，必须坚持以人为本。首先，政策制定必须本着一切为了人民，一切服务人民的目的，把实现社会公平正义，作为政策制定的根本方向和基本着力点，"通过制度安排更好保障人民群众各方面权益。要在全体人民共同奋斗、经济社会不断发展的基础上，通过制度安排，依法保障人民权益，让全体人民依法平等享有权利和履行义务"[①]。其次，在权力的运用方面，更要清醒地认识到，权力乃是人民所赋予，因此，要本着"情为民所系、权为民所用、利为民所谋"的宗旨，秉公用权。行使权力不能仅凭个人好恶、一己之私，而必须为人民服务、对人民负责并自觉接受人民监督，要让权力这一公器，以人本理念为指引，在公开、公平、公正的阳光之下来运行。最后，制度的施行，亦需要坚持以人为本，其行之有效地推进，一个关键之处就在于制度本身的公平正义性。因为，一项制度只有代表和体现了广大人民的根本利益，得到了社会的普遍认同，呈现出社会公平与正义的伦理价值，才能得到人们的切实拥护，才能减少制度执行过程中的负阻力，确保它顺畅有序的运行。概言之，在构建和谐社会和推进公平正义的进程中，从人的利益出发，坚持以人为本，是我们必须一以贯之的重要理念。

---

① 《加强对改革重大问题调查研究　提高全面深化改革决策科学性》，《人民日报》2013年7月25日。

二　构建能力政府：实现公平正义的核心

毋庸置疑，开放、包容是森正义思想的一个突出特点。尤其是在全球化日益深入的今天，森所倡导的"他者的眼睛""开放的中立""跨界的交流与协商"，的确可以使全球公正问题得以更好地解决。不过，森也坦承，这种解决，并不是终极意义上的，更多的是一种推动和促进，毕竟，主权国家仍然是当前国际交往的基石。换言之，森只是给人们提供了一个解决全球正义更加宏观的视野，他本人并无意否认民族和国家存在的意义和价值。事实上，在森看来，很多现实中的不公，恰恰需要一个强有力的权力主体来加以解决。从这个意义上来讲，构建一个稳定、高效的"能力政府"，是实现公平正义的核心之所在。这里的"能力政府"意在指一个"能够合理运用公共权力、妥善处理各种关系、有效整合各种资源、积极创造各种机会、善于聆听大众心声的开放、有为和民主之政府"。

（一）问政于民与开放政府

在阐释民主理念时，森推崇的是公共理性，倚重的是协商式治理。如前所述，森所言及的公共理性，是建立在理智审思、开放中立、多样缘由基础之上的一种宽泛理性观，而"协商式治理"则强调的是多元文化之下的公民，通过公共理性，平等地参与到政治决策和社会治理之中，突出的是公共参与、协商包容、大众认同之特质，其主旨就在于借助广大民众的政治参与、理智对话和公众互动，来消弭现实的不公，推动正义的实现。森之所以对公共理性和协商治理如此的持重，概因为在他看来，基于这种理念和方式，每个公民都可以实现平等的政治参与，通过顺畅的利益表达，其诉求也可以被有效地倾听，在满足公众意愿的同时，也有利于巩固政治权威体制的合法性与可信度。与此同时，积极的政治参与和广泛协商之上形成的公共政策，也更具有普遍性和代表性，更容易被大众理解、接受和认同，对于真正不公问题之解决和公平正义之实现，显然也更具有针对性和有效性。

我国汉代政论家王充曾言："知屋漏者在宇下，知政失者在草野，知经误者在诸子。"森的正义理念，在某种程度上与此不谋而合，他昭示着我们，在通达正义的道路上，政府绝不能以执政者的姿态高高在上，更不能闭目塞听，擅权专断，而应秉持一种开放和务实的理念，认真倾听百姓的意愿和心声，了解他们真正的期盼与诉求，广泛听取、虚心接受他们的意见和建议。一个开放的政府应当懂得，只有从人民那里，才可以了解真正的情况，听到真实的声音，收到真诚的批评；才可以知晓政策之得失，为政之成败。因为，只有广大人民，才是社会公平的真切感受者，政策制定的真实参与者和制度好坏的真正评判者。这就要求我们，一方面要尊重民意、体察民情、汲取民智，做到问政于民、问需于民、问计于民。另一方面也要调动广大人民政治参与的热情和积极性，使他们从被动的接受变为主动的参与，充分发挥广大人民的主人翁意识和协商治理的责任感，发挥群策群力之功效。最后，尤其需要提及的是，政府的思维方式一定要从僵化保守转向务实开放，从"施政于民"转向"问政于民"，从"为民做主"转向"让民做主"。公平正义也只有在一个开放、包容的政府之下，赋予广大人民充分的知情权、参与权、话语权与监督权，才能得到有效的推进和真正的实现。

（二）机会平等与有为政府

森视域中的机会，与我们惯常之理解有所不同，其所言及的机会与实质自由紧密关联。在他看来，实质自由中的机会是指"我们达到目标的实际能力。它也指我们所拥有的达到我们能够并且确实重视的目标的实际机会"[①]。森的这一理解，其实内在的蕴含着两层含义：一方面它聚焦于现实中我们所获得的实际机会，而不去关注最终的成就与结果；另一方面机会的实现是建立在一个人的可行能力之上，实际能力决定着个人对机会的把握和驾驭。从这个意义上来延伸，机会平等实质上就是一个人可行能力之平等。因此，一个有为之政府，就应该积极促进个人机会之平等。换言之，要通过各种举措，致力于可行能力这个内在价值的塑造与提升，推动可行能力之平等。

之所以如此强调机会之平等，是因为其对于社会公正有着重要的意义。只有机会平等，才能为大家创造一个公平的起点，才使个人的努力与追求有所依附、有所期盼；只有机会公平，才能使每一个公民都能享受到发展所带来的成果，在改善个人生活，提升个人可行能力之同时，进一步

---

① ［印］阿马蒂亚·森：《理性与自由》，李风华译，中国人民大学出版社2012年版，第468页。

激发他们干事创业的热情和积极性；也只有机会平等，才能打破阶层固化之窠臼，促进不同阶层之间合理、有序的流动，从而使正义在社会公平竞争，人人机会平等的环境中得到有效的彰显和充分的实现。反之，如若机会不平等，不仅是对人实质自由与真正平等的一种漠视，也会挫伤个人积极性、制约社会创造力，进而会使改革的成果被吞噬，社会的裂痕被加深。事实上，当前我国社会中存在的诸多不公，正是由机会之不平等所引致。其中尤以教育、就业、公共卫生服务、社会保障等领域内的不平等为甚，这在很大程度上成为我国公平正义的枷锁和社会发展的瓶颈。为此，我国政府在解决机会不平等这一日益迫切的问题上，应当借鉴森所倡导的可行能力之理念，从我国实际出发，采取积极有为的措施。

首先，要解决的就是教育方面的机会平等问题。因为，教育是一个人的能力之本，只有实现了教育方面的平等，才能为个人素质与能力的提升夯实基础，才能为其他方面平等机会之把握，创造条件。这就要求我们，一方面，要促进基础教育的平等，加大对农村和偏远地区的基础教育投入，确保基础教育的质量和成效；另一方面，要优化教育资源，改善高等教育布局，促进高等教育均衡化发展；此外，还要进一步加大职业技术教育和培训的力度，既要为我国培养大批实用型的职业技术人才，又要通过政府和社会培训等方式，提高劳动者的职业素养和实际技能。其次，要促进就业机会方面的平等。就业是民生之本，只有实现了就业机会之平等，才能为充分就业创造条件。要进一步打破户籍制度的藩篱，逐步消除城乡、行业、身份、性别等一切影响平等就业的制度障碍和就业歧视；同时，要构建一套完善的就业服务体系，为就业提供便捷的信息服务；此外，还要建立针对弱势群体的就业援助以及就业帮扶体系，确保每一个人平等就业机会之实现。最后，要多策并举，推动公共卫生服务的均等化和社会保障的普遍化，这既是公民享有的平等权利，也是确保劳动力再生产，推进和实现机会平等的重要保证。一方面要加大公共卫生的经费投入，进一步改善投入结构，合理配置卫生资源，缩小城乡之间和区域之间的差距；同时要在服务能力上狠下功夫，提高公共卫生服务的质量和水平。另一方面也要构建一个覆盖城乡的社会保障体系，在制度公平、标准公平和权利公平的基础上，推动社会保障体系的进一步健全和完善，使其真正成为社会稳定的安全阀，社会公平的制衡器。

民之所望,施政所向。作为公平正义的守护者,一个有为之政府,必然会主动承担起创造机会平等之责任,也唯有如此,才使我们有可能真正享有共同出彩的人生。

(三) 政治自由与民主政府

在森看来,政治自由是人类理应享有的"实质自由"之一部分,有着内生性和建构性的意义,其价值无须通过对经济与社会发展所呈现出的工具性作用来加以澄明。若单纯地从是否促进经济发展的工具性作用来看待政治自由,既忽视了它自身的建构性价值,也遮蔽了事实的真相。因为"即使有时在不享有政治自由和公民权利时人们仍然能够享有充分的经济保障,但是他们还是被剥夺了他们生活中的重要的自由"①。更何况,除了政治自由自身的内生性价值外,他的确可以有效地推动经济的发展,促进社会的公平。因此,能力政府必须既能以开阔的胸襟包容政治自由,又要以切实的措施保障政治自由。

与此同时,我们也应该看到,政治自由同民主有着千丝万缕的联系。一方面,政治自由既是民主的一个显在表现和外在特征,也是促进民主发展的重要条件。没有基本的政治自由,缺乏基本的政治权利,民主自然就无从谈起;只有享有充分的政治自由,才能使民主的价值得到真正的彰显,才能使民主在政治自由的基础上健康稳定的发展。另一方面,民主也是政治自由实现的现实途径与重要保障。政治自由只有在民主的土壤之中,才有生存的环境与空间,也唯有民主,才能为政治自由提供必要的场域与渠道,只有在一个健全完善的民主体制之上,政治自由才有重要的保障与依托,也才能够得到充分的实现。不过,无论是政治自由还是民主发展,在很大程度上都有赖于一个民主政府之出现。为此,需从以下几个方面作为我们发展民主政府,推进政治自由的着力点。

首先,要不断完善民主政治体制。就我国当前而言,要牢固坚持人民代表大会制度、中国共产党领导的多党合作和政治协商制度,从根本上保障人民当家做主的权利。同时,要继续完善选举制度,不断加强基层民主

---

① [印]阿马蒂亚·森:《以自由看待发展》,任赜、于真译,中国人民大学出版社2012年版,第12页。

政治建设，扩大人民直接行使民主的范围，丰富广大人民参与民主的形式，扩充他们享有民主权利的内容，从体制上为政治自由的实现和民主政治的发展，提供坚实的支撑。其次，要确保新闻媒体的独立与自由。这不仅是因为其是政治自由的一项本然要求，更重要的是，它在政治激励、批判反思、利益表达、价值形成等方面，发挥着无可替代的功能。为此，我们需要营造一个自由、独立、高效的新闻媒体，既为政治自由的实现搭建一个及时迅捷、客观公正的广阔舞台，也为民众的政治诉求以及关涉正义的相关问题之讨论与交流，提供一个合适的空间，真正使新闻媒体在宽松的民主氛围中，发挥"舆论监督、群众喉舌、政府镜鉴、改革尖兵"之功能。最后，还要积极培育公民在政治自由方面的主体精神。"政治在本质上应是全体公民在理性自觉的心理认同基础上广泛参与的大众生活方式。只有渗透着公民主体精神的积极参与，政治才能走向民主和公正。"①因此，在实现政治自由的道路上，我们应积极培育和塑造公民的这种主体精神，具体而言，就是要以主体者的姿态认知自己所具有的权利与所承担的义务；以主人翁的身份，主动参与公共事务与公共决策；以主权者的角色引导、制约与监督权利的归属与走向，从而在丰富的政治实践活动当中，确保主体利益与政治自由之实现。

三 完善各项制度：实现公平正义的关键

制度既具有强制和约束的作用，又具有激励和导向的功能，是实现公平正义的关键所在。森虽着眼于现实之比较，但显然也肯定了制度在正义实现中的价值，只不过，森所言及的制度，是实现民主和达致正义的手段，与先验制度主义者把公正制度的确立视为正义的实现，存在着明显的不同。在森看来，制度绝非公正的全部，但制度因素在寻求公正方面依然扮演着重要的角色。恰当的制度选择，与个体及社会行为的因素一道，对于推进公正有着重大的价值。习近平也曾鲜明地指出："公平正义是中国特色社会主义的内在要求，所以必须在全体人民共同奋斗、经济社会发展的基础上，加紧建设对保障社会公平正义有重大作用的制度，逐步建立

---

① 王岩：《马克思主义理论视阈中的政治自由及其实现》，《马克思主义研究》2008年第1期。

社会公平保障体系。"① 也正因如此，改革并完善相关制度，对促进我国公平正义的实现有着重要的意义。

(一) 改革分配制度，实现公平分配

森一直反对将发展狭隘地概括为国民生产总值的增长和个人收入的提高，因为在他看来，个人所享有的实质自由才是发展的重要考量点。尽管他也承认，国民生产总值或个人收入的增长，亦是扩展社会成员享有自由的重要手段，但显然，他更为持重的是透过收入的不平等，省察其背后所蕴含的机会不公、权利不公和规则不公等制约实质自由实现的深层次问题。这并非自相矛盾，恰恰反映了一方面，我们不能将收入视为发展的全部，因为发展还包括自由、平等这些深刻的正义吁求；另一方面，我们在重视个人收入均衡增长的同时，更应该将视野从狭隘的"收入差距"转移到更为广域的"分配不公"，从中窥探出人可行能力之剥夺和制约人实质自由之实现的本因，并寻求实现公平分配的现实之策。反观当前之中国，收入整体虽然有了较大幅度的增长，但收入差距却呈现出逐步拉大的趋势，一系列分配不公的现象仍然广泛存在于我们的生活之中，这不仅会导致人们不公平感的与日俱增，在现实中，也会影响到整个社会的和谐与稳定。因此，改革收入分配制度，缩小收入差距，规范分配秩序，形成合理有序的分配格局，是维护社会公平正义的根本举措，对于我们有着重要的现实意义。

首先，政府应在收入分配改革中承担起主体责任。在动态的分配过程中，公共权利一直发挥着关键的作用。作为一个分配性而非生产性的组织，政府以公共权力为后盾和依托，在分配中有着主导性的话语权，不仅决定着分配的整体格局，也决定着分配中的权力结构和运行过程，是确保社会公平正义的决定性力量。因此，政府要主动承担起分配改革中的主体责任，当然，这种主体责任，"本身也是利益驱动、支配冲动、权力博弈和价值选择等多重因素作用的结果，反映了政府自身以及相关的社会主体的意志和要求"②，所以，其主体责任之发挥，必须建立在社会整体利益

---

① 习近平：《紧紧围绕坚持和发展中国特色社会主义，学习宣传贯彻党的十八大精神——在十八届中共中央政治局第一次集体学习时的讲话》，人民出版社2012年版，第8页。

② 史瑞杰、韩志明：《收入分配制度改革的反思》，《政治学研究》2014年第3期。

的广泛考量之上。一方面，要通过立法保障、政策规制、制度引导，为收入分配提供合理的法律与制度支撑；另一方面，也要发挥财政支出的杠杆作用，大力推进基础设施建设，提供优质的公共服务，以此来调节分配结构，优化分配格局，促进公平分配之实现。需要指出的是，强调政府在收入分配中的作用，并不意味着对市场在收入分配中作用的漠视或僭越，两者承担着不同的角色，一个是主体责任之厘定，一个是决定作用之发挥，两者并不冲突，只有把他们有机地结合起来，才能更好地推进和实现分配的公平。

其次，要进一步健全初次分配机制，提高劳动收入在初次分配中的比重。在初次分配中，既要以"生产要素"之贡献为初次分配的主要标尺，又要渐次提高劳动收入在初次分配中的比重，这既是对初次分配中以效率为基本导向的一种尊奉，又是降低再分配中矫正不公成本的一种优先选择。这就要求我们一方面要充分赋予资本、技术、知识、管理等生产要素平等参与分配的机会与权利；另一方面又要切实提高劳动收入在初次分配中的比重和水平。要为劳动者就业创业和职业技能提升提供公平的环境，创造优良的条件，以提升他们获取收入的可行能力；同时，要在劳动收入、国家税收和企业收益中，保持一种动态的平衡，在确保企业良性发展，国家税收保障有力的基础上，适度提高劳动收入在分配中的比例和水平；要建立反映劳动力市场供求关系和企业经济效益的工资决定及正常增长机制，以改善劳动力价格扭曲、分配失衡的格局，保持劳动者收入与企业和社会发展同步。

最后，积极完善再分配机制，进一步规范收入分配秩序。再分配是弥补市场失灵，调节收入差距，促进社会公平的重要举措。要以税收改革、转移支付和社会保障为手段，促进再分配调节机制的健全和完善。税收改革要以结构优化、社会公平为目标，加大对高收入群体的税收调节力度，降低小微企业和中低收入群体的税负；转移支付则要着力于保障和改善民生，进一步向公共服务领域倾斜、进一步向老少边穷地区倾斜、进一步向弱势群体倾斜；社会保障则须致力于构建一个多层次、宽领域、全覆盖、城乡统一的社会保障体系，以增强公平性、适应流动性、保证可持续性。在推动再分配机制完善的同时，也要进一步规范收入分配秩序，既要积极鼓励并激发各类财富创造主体的活力，又要保护合法收入并促进收入来源的多元化。与此同时，要进一步确保收入规范化和透明度，破除垄断格局、制止权力寻租、消除腐败滋生以及由此所产生的各种隐性收入和灰色收入。通过规范收入分配秩序，逐步缩小区域之间、城乡之间、行业之间、个人之间的收入差距，促进社会公平。

（二）完善市场制度，提振经济效率

在森的正义之思中，他对市场机制非常倚重，之所以赋予市场机制如此重要的地位，并非仅仅出自财富或者收入之考量，而是源自市场本身所秉持的交换"自由"。为此，森鲜明地指出，"市场机制对经济增长的贡献当然是重要的，但它位于承认自由交换的直接意义之后"①。由此可见，在森的视域里，市场所内含的交换自由，才具有更本源的价值和意义。当然，指出这一经常被忽视的事实，并不意味着"否定根据市场机制的所有作用和效果——包括它在带来经济增长以及在不少情况下甚至带来经济平等方面的作用"②。其实森也认为，许多经验性的事实充分说明，"市场体系可以成为经济快速增长和生活标准提高的发动机"③，只不过在他看来，促进经济增长只是市场机制的一种衍生作用。正是基于自由这一根本价值和促进经济与社会发展的外在作用，森才明确反对对市场机制的束缚与限制，并对不完善的市场体系和由此造成的垄断和不自由竞争，表现出了深深的忧虑。当然，森对市场机制倚重的同时，并没有把市场视为包治百病的灵丹妙药，在他看来，市场机制对效率的贡献虽毋庸置疑，但由市场机制所产生的效率结果却并不能自动引致公平的分配，因为市场机制中处境劣势所产生的"配对效应"往往会加剧实质自由方面的不平等。因此，"为了社会公平和正义，市场机制的深远力量必须通过创造基本的社会机会来补充"④。森对市场机制的这些深刻洞见与思考，为正在大力推进社会主义市场经济建设的中国，提供了重要的启迪与借鉴。

首先，我们要从实质自由和人的解放的高度来把握市场机制的重要意义。恰如森所指出的那样，我们不应仅仅拘泥于单纯的经济效用，更应从

---

① ［印］阿马蒂亚·森：《以自由看待发展》，任赜、于真译，中国人民大学出版社2012年版，第4页。
② 同上书，第5页。
③ 同上书，第19—20页。
④ 同上书，第136页。

广域的视角,即实质自由和人的发展的高度来理解和把握市场机制所拥有的价值。这既是社会主义市场经济的一个根本着力点,也与马克思关于人的自由而全面发展之理念高度契合。"社会主义市场经济的本质内容之一,是人以独立自主的方式依赖于物,并积极自觉地通过物来表现和实现自己。"① 通过市场机制作用的充分发挥,可以有效地促进劳动力、生产资料等各种生产要素自由地流动,从而把人从受束缚、受限制的人身依附中解放出来,从依附人格走向独立人格,使个人的主体性得以充分的彰显。因此,只有把人的发展与解放作为市场机制的根本目的,才能从"人的依赖关系"走向"以物的依赖为基础的人的独立性",并最终实现人的"自由个性"②,这是构建中国特色社会主义市场经济的一个基本遵循。

其次,要积极健全和完善市场机制,不断提振经济效率。市场机制除了其促进人的实质自由,实现人的解放这一主旨外,在经济增长和社会进步方面,的确扮演着重要的角色。"很难想象任何成果显著的发展过程可以在并不广泛深入地运用市场的条件下发生。"③ 作为资源配置的一种有效手段,市场机制在提振经济效率、公平分享机会、合理配置资源等方面,发挥着重要的作用。公平正义之实现,离不开生产力的高度发展,人的自由与解放,亦是如此。物质财富增加,生产力进步与人的发展绝非对立,作为一种属人的存在和为人的存在,生产力是人的本质力量的对象化,马克思曾经指出:"生产力和社会关系,这二者是社会的个人发展的不同方面。"④ 正因如此,人的发展必然建立在高度发达的生产力之上,而生产力的发展,则显然有赖于市场机制的充分发挥。这就要求我们要进一步明确市场在资源配置中的决定性作用,通过市场机制的健全和完善,提振经济效率,推动生产力的发展,为公平正义和人的自由之实现,提供坚实的物质基础。

最后,要通过社会机会,弥补市场失灵所带来的负面效应。市场机制

---

① 韩庆祥:《社会主义市场经济与人的塑造》,《中国社会科学》1995年第3期。
② 参见《马克思恩格斯文集》第8卷,人民出版社2009年版,第52页。
③ [印]阿马蒂亚·森:《以自由看待发展》,任赜、于真译,中国人民大学出版社2012年版,第5页。
④ 《马克思恩格斯全集》第46卷(下),人民出版社1980年版,第219页。

固然可以保障人的自由，提高生产效率，但其自身的外部性所引致的负面效用，同样不可忽视。市场机制的自由——效率成果往往和自由——不均等问题相伴而生，如果不用适当的社会机会来加以弥补，自然会加深社会的裂痕，损害社会的公平。因此，在健全完善市场机制的同时，也要借助社会干预、政府扶助等形式来创造多种社会机会，通过诸如基本教育、社会医疗、公共服务的提供，来提高人类的生活质量，提升可行能力。当然，社会机会的创造，是为了弥补市场的缺陷，而非妨碍效率的实现，因此，既要防止以公平为目的，干预市场机制的运作，又要防范单一倚重市场效率，而忽视了社会的公平。要把社会评价和正义的不同层面有机地结合，在保证效率的同时，更加注重社会公平。

（三）加强监督制度，防止腐败滋生

腐败是人类社会的一个毒瘤，它不仅妨碍经济发展，破坏社会秩序，也会造成公共政策失效，极端暴力发生，极大地损害社会的正义和公平。对此，森有着清醒的认识。在他看来，腐败是对业已确立的个人收益规则的一种违反和僭越，由于人具有天生的自利动机，因此，若把防止腐败建立在减少个人利益之上，在现实之中往往难以奏效。相较于对个人利益的引导，通过机构改革来减少和防范腐败，似乎更为合宜。为此森指出，可以通过建立相应的审查与惩处系统，来监督和震慑各种腐败行为，"明晰的规则和惩罚，加上有力的实施，可以使行为模式大不一样"①；同时，改革行政管理体制，适度削弱官员相机处理的权利，可以有效地防范利用权力寻租所引致的权钱交易这种腐败的可能；权利的拥有和收入的落差，往往会导致官员心态的变化，潜移默化之中，会使部分官员滑入腐败的深渊。相应提高他们的报酬，以高薪养廉的方式，给他们提供适当的激励，也是预防腐败的一个重要举措。

不过森也指出，上述措施虽可以对遏制腐败发挥一定的功效，但也存在各自的局限。审查和监督制度难免百密一疏，监督主体和客体有时还存在共同腐败的潜在危险；若因担心权力寻租就不赋予官员相应的权利，难免因噎废食，也会影响行政机构的正常运作，但只要存在权利，就存在被

---

① ［印］阿马蒂亚·森：《以自由看待发展》，任赜、于真译，中国人民大学出版社2012年版，第272页。

滥用的可能；高薪未必都能养廉，当风险带来的收益突破了官员的心理防线，往往会使他们铤而走险。当然，这些局限性，并不能遮蔽机构改革在防止腐败方面所起的积极作用，也不应成为阻止我们推进机构改革的理由。它只是从侧面告诉我们，腐败的防止，需要全方位的举措，单纯的个人利益激励并不能完全消除腐败，机构改革也只能减少而不能杜绝腐败，通过道德内化而形成的强烈责任感也有助于防止腐败。只有织就一张立体化的防护网，才能最大限度地减少腐败的产生。

反观当前的中国，腐败问题亦非常严峻，社会中诸多不公平和非正义的现象，恰是腐败所引致。严厉惩治腐败，是破除顽疾，维护公平的正义之剑。森对腐败问题鞭辟入里的分析，对时下中国的反腐败工作，有着重要的借鉴价值。

首先，要加大惩处力度，构建不敢腐的惩戒机制。恰如森所指出的那样，"惩处系统自古以来一直是人们提出的防止腐败的规则中的重要项目"[①]。从某种意义上来讲，惩治或许是最好的预防，如若贪腐成本过低，惩治力度不够，难免会产生侥幸心理，对反腐败缺乏应有的敬畏之心，从而造成腐败的滋生蔓延。只有秉持一种有腐必反，有贪必肃的理念，构建一套严格而又完善的惩戒机制，形成一种不敢腐的社会氛围，才能形成震慑力，从而将贪腐之念消灭于萌芽，使贪腐行动在惩戒制度面前望而生畏。

其次，要推进制度建设，构建不能腐的防范机制。孟德斯鸠说过："一切有权力的人都容易滥用权力，这是万古不易的一条经验"，阿克顿亦曾指出："权力导致腐败，绝对权力导致绝对腐败。"这其实揭示了一个道理，即权力天然具有腐败的基因和滥用的倾向。因此，我们必须通过制度建设，加强对权力的制约，用制度来规范、制衡和约束权力，真正"把权力关进制度的笼子里"。同时，要形成全方位的监督机制，把纪律监督、法律监督、舆论监督、人民监督有机地结合起来，切实保障权力在阳光下运行。

最后，要树立廉洁意识，构建不想腐的自律机制。如森所述，人不仅

[①] [印]阿马蒂亚·森：《以自由看待发展》，任赜、于真译，中国人民大学出版社2012年版，第272页。

仅受利益所驱使，还要受价值标准和规范的引导，对诚实和正直的行为规则之尊重，是"防止腐败的防护墙"①。因此，除了外在的惩戒与监督外，最根本的还是从思想上树立廉洁意识，形成不想腐的自律机制。"只有使不想腐成为思维习惯和价值取向，并升华为廉洁从政的政治操守，内化为遵纪守法的道德意识，转化为拒腐防变的能力，才能从思想上筑牢拒腐防变的根基。"②如果说惩戒制度和监督制度是防止腐败的治标之举，那么廉洁自律机制的形成则是防止腐败的治本之策。

腐败对公平的损害显而易见，惩戒、监督与自律机制的形成，可以有效地遏制腐败，这自然也是对正义的一种呵护。这种长效机制作用的发挥，会产生一个持续的反腐效应，因为腐败行为的出现会鼓励其他腐败行为，同样的道理，腐败势力的削弱也可以进一步的削减腐败，恰如森所言，"每一个恶性循环都可以变成良性循环，如果调转其方向的话"③。

总之，一种思想或者理论只有在相互之间的交流、争鸣与批评之中，才能省察自己的不足，才能在实践当中不断走向完善和成熟；同样，一种思想或者理论只有对当前社会具有反思和指导价值，才不至于沦为空洞的说教，才能在现实之中保持旺盛的生命力。从这个意义上来讲，森正义思想的西方回应和所呈现出的中国价值，恰是对此的充分反映和有力彰显。

第三节 当代语境下我们该如何接手正义

任何一种思想必定产生于特定的环境之中，森的正义思想概莫能外。而从某种意义上来讲，森所面对的现实情境，与时下之中国有颇多相似之处，但这种相似只是一种现代性意义上的同质，而非意识形态和社会制度的同质。换言之，无论是西方社会还是东方社会，都在现代性逻辑的助推

---

① ［印］阿马蒂亚·森:《以自由看待发展》，任赜、于真译，中国人民大学出版社2012年版，第273页。
② 郑平:《从"不敢"到"不能""不想"》,《求是》2014年第17期。
③ ［印］阿马蒂亚·森:《以自由看待发展》，任赜、于真译，中国人民大学出版社2012年版，第274页。

下经历了市场化所带来的深刻社会变革①。那么面对着这种深刻的变革,在当代语境下我们究竟该如何接手正义,是一个重大而现实的课题。一方面,在社会主义制度下,马克思主义是我们的主流意识形态,但显然我们无须通过激进的社会变革来实现正义,这自然就要求我们在坚持马克思正义思想为指导的同时,对其进行必要的开掘与重释。另一方面,虽然包括森在内的西方正义思想给了我们众多的启迪,但在中国的现实语境下,我们自然不能完全依照他们的主张来达致正义。坚持以马克思正义思想为理论坐标并对其做进一步的发展;批判西方正义思想中的理论局限并对其进行合理的借鉴;构建具有中国特色的正义话语体系以促进我国正义理论的完善,是我们应当秉持的一种科学态度。

一 以马克思正义思想为理论坐标

在构建中国特色正义理论体系的过程中,我们首要的任务就是要坚持以马克思正义思想为理论坐标。马克思以深邃的洞见,走进历史深处,将正义置于历史唯物主义的宏观视野之中,从生产方式、社会关系出发对正义进行了深入的考察。其正义思想融批判性、超越性和理想性于一体,既对资本主义进行了无情的鞭挞,又超越了自由主义者一般意义上的正义诉求,为我们指明了"人自由而全面发展"这一正义的宏伟图景。在其正义之思中,他以现实的人和人的现实为出发点,在超越思辨正义的基础上,阐释了人的实践生成;他从生产力和生产关系的辩证运动中,揭示出非正义的根源,并指出了通达正义的现实之路;他在批判资本主义形式自由与平等的基础上,并没有对此进行完全的消解,而是从更高位阶上将自由与平等内化于正义之中;他突出了人的个性自由,但同时亦表现出了对社会和共同体利益的持重。马克思正义思想中这种强烈的批判意识、浓厚的现实气息、深刻的人文关怀以及明晰的价值指向,充分表明了它强大的时代在场性。因此,在新的时代语境下,将马克思正义思想放置于中心地位,并以此来指导我们的理论建构和现实行动,对于我们有着重要的意义。

---

① 参见李佃来《"正义"的思想谱系及其当代构建——从马克思到分析的马克思主义》,《学术月刊》2012 年第 12 期。

当然，我们也应该深刻地认识到，以马克思正义思想为理论坐标，绝不意味着我们可以用一成不变的僵化思维来看待马克思正义，若如此，既违背了马克思的初衷，也会脱离当今社会之现实。恩格斯曾言："马克思的整个世界观不是教义，而是方法。他提供的不是现成的教条，而是进一步研究的出发点和供这种研究使用的方法。"① 马克思正义思想亦是如此，它固然是我们构建中国特色正义理论的方法之基和理论指南，但马克思的正义思想也需要随着历史背景的转换和时代语境的变迁而不断发展，毕竟马克思对非正义的指认是建立在当时资本主义社会尖锐劳资矛盾和资本残酷剥削的基础上。反观时下之中国，在社会主义制度的前提下，劳资矛盾虽没有消失，但劳资利益并非绝然对立；剥削现象虽依然存在，但剥削阶级已经消亡。值得注意的是，性别不平等、收入失衡、阶层分化、弱势群体利益、生态正义等这些现代性问题，逐渐开始成为关涉正义的显性话题。恰如金里卡所言："如果这一情况是传统马克思主义理论假定的被剥削者与正义的需求者之间的一种分离，那么此一分离要求当代马克思主义对理论作出调整，以达到与实践的统一。"② 显然，我们需要为马克思正义思想注入新的时代内容，这既是马克思主义与时俱进理论品质的根本要求，也是发挥马克思正义思想指导作用的必然抉择。

　　从另一个视角来看，当前的中国正在积极推进社会主义市场经济建设，而传统马克思正义思想恰恰是在反抗资本主义市场经济制度和瓦解资本逻辑的过程中形成和发展起来的。对当前致力于发展社会主义市场经济的中国而言，马克思的正义思想当然不能只是市场经济的"批判者"和"革命者"，而应兼具对市场经济制度下的社会生活进行规范和对资本的逻辑进行批判的双重功能③。这不是现实逻辑的悖反，而是在新的语境下对马克思正义思想进行的一种重释和开显。一方面，马克思对市场经济的批判功能我们亦需要继续发扬，借此推动市场体系在当代中国的进一步完善。但从深层次看，作为超越经验主义和形式主义束缚的马克思正义，对

---

① 《马克思恩格斯选集》第4卷，人民出版社2012年版，第664页。
② [加拿大]威尔·金里卡：《当代政治哲学（上卷）》，刘莘译，生活·读书·新知三联书店2004年版，第366—369页。
③ 参见王新生《当代中国马克思主义正义理论的建构》，《中国人民大学学报》2012年第1期。

公平、道德、个人权利的形上审视，恰是市场经济下正义之思需要接入的理论方式，而人的自由而全面的发展这一至高价值悬设，也与市场经济所倡导的自由之理念相吻合。深入地开掘马克思正义思想中的理论资源，自然就会发现，在市场经济快速发展的今天，马克思的正义思想仍然具有重要的实践价值。

如是观之，根置于历史性和实践性基础之上的马克思正义思想，以其科学的思维方式和人本向度，深刻地关照着当今社会之现实。在构建中国特色正义理论时，我们一方面要把马克思的正义思想视为我们正义建构的理论坐标，牢牢地坚持马克思正义思想的指导地位；另一方面我们也要合理继承马克思的正义思想而非简单地回到马克思。这既需要我们追本溯源，超越表层的理解，对马克思正义思想进行深度地开掘；又需要我们秉持与时俱进的理念，为马克思正义思想注入新的时代内涵。唯有如此，马克思正义思想所具有的指导性作用才能得到更好的发挥和更充分的彰显。

二　批判借鉴西方正义思想

中国特色正义理论之构建，马克思正义思想无疑会起主导性作用，因此，在正义之思的链环上，我们理所当然要坚持以马克思正义思想为指导。但与此同时，我们也应秉持一种开放的态度，积极借鉴其他正义理论中有益的思想成果。在西方，正义思想源远流长，从古典主义到西方马克思主义，再到当代自由主义……在对正义的孜孜求索中，他们留下了许多关涉正义问题的思考，其中虽存在着各种不足和缺陷，但也不乏一些深刻的洞见。对于这些正义思想我们固然不能全盘吸收，但也不应漠然视之，而要以包容的心态对其进行理性的审视，以批判的眼光对其合理的借鉴。

从古典正义思想来看，作为西方正义源流的柏拉图，其正义思想虽带有一定的空想性和阶级性，但他"正义即和谐"的朴素正义理念、以整体性看待人类共同体幸福和利益的宽广视域、对知识的追求和德性之美的崇尚、对合理分工和社会秩序的持重，都对我国和谐社会之构建产生了重要的启迪。亚里士多德承继了柏拉图的思想，并形成了相对完善的德性正义论。他对普遍正义和特殊正义进行了划分，将特殊正义看成分配正义、矫正正义和互惠正义的统一，他把公正的原则视为法律制度和个体美德之融合，这对于我们实现分配平等和社会公正，追求德治和法治的统一，具有重要的现实意义。而以霍布斯和洛克等为代表的古典自然法学派,尽管将正义建立在虚拟的社会契约之上,一定程度影响和制约了正义的实现,但他们对个体自由、平等所展现出来的人本主义追求,对理性和法治精神的推崇,亦可以为我们当今正义之建构提供重要的启迪。

西方马克思主义的正义思想是我们需要给予积极审视的另一种理论资源。有别于正统的马克思主义,西方马克思主义并非一个统一的思潮,而是呈现出一定的"家族相似性"。然而,尽管彼此关于正义的理解不尽一致,但他们却有一个共通的地方,即面对着资本主义急剧变化的时代境遇,他们大都是从反思马克思主义和批判资本主义现代性的角度去切近正义,并力图通过多种方式来补充、重释和发展马克思正义。无论是早期西方马克思主义中卢卡奇的"总体性方法"和葛兰西的"文化革命"范式;还是法兰克福学派中霍克海默的"社会批判"、哈贝马斯的"交往理性"以及霍奈特的"承认理论";抑或是分析马克思主义中柯亨对平等的捍卫、罗默对剥削理论的重释和赖特对阶级理论的修正,其主旨都是为了使马克思正义思想得到重新的开显。尽管他们或多或少地都陷入了一定的误区,但也恰恰在这一过程中呈现出了强烈的批判精神和直面现实的实践品格[①]。作为具有一定同质性的现代性,其暴露出的种种弊病不仅显现于资本主义,在社会主义之中国,亦有存在之可能。如此,建立在反思与批判之上的西方马克思主义正义观,不仅使我们更加真切地认清资本主义的本质,对于审视我国当前种种现代性弊病,矫正存在的各种不公,也有着重要的借鉴意义。

从更包容的视野来看,即便本质上是为了维护资本主义合法性的新自由主义和社群主义,他们的正义思想对我们亦有着一定的借鉴价值。本书所研究的阿马蒂亚·森之正义思想,对我们的启迪意义自无须赘述,作为当代新自由主义代表的罗尔斯,其所提出的"两个正义原则"对于我们构建和推进正义也有一定的启示。罗尔斯所言及的自由平等原则虽是站在资产阶级的立场上,但与我们所倡导的社会主义核心价值观之自由和平等亦有相通之处;其机会平等和差别原则启发我们要营造公平的发展与竞争环境,并通过社会保障等制度的改革来确保不同群体,尤其是弱势群体的

---

① 参见刘同舫《西方马克思主义的理论性质与中国意义》,《中国社会科学》2010年第5期。

利益。德沃金的"资源平等"理念,将责任纳入平等之中,并力图调和平等与市场的关系,为我们提供了推进平等、实现分配正义的新视角。以麦金泰尔、桑德尔、沃尔泽为代表的社群主义,在对自由主义正义观批判的基础上,强调共同体的价值高于道德个体的价值,强调社会整体、历史传统等非个性因素对人类良善生活的基础性意义,也为我们正义理论的构建,提供了重要的参考。

西方的正义思想纷繁复杂,不可能一一涉及,即便是对古典主义、西方马克思主义和当代自由主义、社群主义的探求,笔者也并没有窥其全貌。作为人类一种重要的思想财富,西方正义思想无疑会给我们提供一定的启迪和镜鉴。从更广延的意义上来讲,中国特色的正义理论,亦是全球正义思想中的重要组成部分,它应该也必然具有自己的正义特质,但并不能由此就武断地认为西方关于正义的论述完全是虚假的。我们需要做的是打破把西方正义视为普适价值的幻象,构建一个超越西方自由民主观念,具有中国特色的正义体系。然而,这绝非意味着要对西方的正义思想一概拒斥,恰恰相反,这需要我们对西方正义思想审慎的反思、理性的批判与合理的借鉴。不过需要指出的是,相对异质于马克思正义的新自由主义而言,西方马克思主义则沿着马克思所开辟的正义道路或承接、或沿袭、或重构、或开显,从而使其与马克思正义思想形成了一种特有的"亲缘关系"。因此,在批判借鉴西方正义思想的过程中,我们既要以广域的眼光来吸收包括古典主义和新自由主义等在内的一切优秀成果,又要给予西方马克思主义特有的关注,从中开掘出更多可资借鉴的理论资源。

三 构建具有中国特色的正义理论体系

在推进公平正义的历史征程中,我们固然需要积极借鉴西方各种正义思想中的合理成分,但坚持马克思正义思想的指导地位、立足中国实际则始终是我们的一项基本遵循。就后者而言,一方面要从历史中积极吸收中国传统文化中关于公平正义的优秀成果,并不断推陈出新;另一方面则要立足于当前,从中国改革开放的现实入手,从发展变化着的实际入手,构建具有中国特色的正义话语体系。唯有如此,我们建构的正义理论才能更加具有民族底蕴,才能更加符合中国国情,才能更加贴近当今时代,也才能更好地推进公平,实现正义。

毋庸置疑，无论是马克思还是西方其他正义思想，相对于中国而言都是一种异域文化，马克思正义思想主导作用的发挥，西方其他正义思想的传播与借鉴，都需置于民族文化的土壤之中。毛泽东曾指出："从孔夫子到孙中山，我们应当给以总结，承继这一份珍贵的遗产。"① 回溯中国历史，虽无"正义"这一明晰的概念，但公平正义的思想早已有之。孔子"大道之行，天下为公"的思想、老子"圣人无常心，以百姓心为心"的主张、西汉淮南王刘安的"公正无私，一言而万民齐"的言说，内在的包含着广施仁政、以人为本、取信于民的公平之道和执政理念；荀子的"万物皆得其宜，群生皆得其命"、董仲舒的"使富者足以示贵而不至于骄，贫者足以养生而不至于忧，以此为度而调均之"则体现着儒家各得其所，各随其愿的分配理念和"礼"治思维；管子提出的"公平而无所偏"、孔子的"有教无类"体现着对平等权利之追求；儒家所倡导的"养耆老以致孝，恤孤独以逮不足""鳏寡孤独者皆有所养"则彰显出其对弱势群体的仁爱之善……这些朴素的中国传统正义理念，以儒家为主，融合进了道家、法家、墨家等思想，呈现出"圆融性、伦理性、群本性和和谐性的柔性正义特征"②。根植于民族文化之中的这些正义思想，既与普通民众有着天然的亲和力，也对西方正义中占主导地位的法制性、个体性和划界性所呈现出的刚性正义起到了平衡之作用。这些历久弥新的正义思想，抛却其时代和阶级的局限，仍然拥有着超越时空的重要价值，在构建中国特色的正义体系过程中，我们理所当然地应对这些民族的优秀遗产合理的继承和充分的运用。

不过对中国传统文化中正义思想进行的继承，绝非一种简单意义上的沿袭，毕竟置身于现代化进程中的中国，一样面临着由世俗化所带来的利益分化、多元化所带来的价值困惑、理性化所带来的精确思维和民主化带来的权利诉求。这种传统与现代的时空差距，决定了我们必须对传统正义思想进行创造性的转化，否则，这些民族文化中的优秀资源只能成为我们历史隧道中的一种精神寄托，而无法承载对当今正义理论的建构和现实社会之借鉴这一大任。因此，建构中国特色正义理论，就必须在回溯历史的

---

① 《毛泽东选集》第 2 卷，人民出版社 1991 年版，第 534 页。
② 沈晓阳：《正义论经纬》，人民出版社 2007 年版，第 376 页。

基础上立足当前,在吸收民族遗产的基础上关照现实。因为只有"当我们的正义研究能够真正契合、切近和开启社会现实的那一度,中国正义理论的当代建构才算是在思想上做好了准备"①。这自然就要求我们从时代发展的主题入手、从初级阶段的实际入手、从当前我国改革开放的进程入手、从市场经济的宏观背景入手,在现实性维度的基础上,深刻认识我国当前的国情,直面现存的阶层矛盾、收入分化、生态危机、城乡差距、性别不平等、利益失衡等制约公平的诸多问题,并以此为着眼点,来构建反映社会现实、符合时代要求、具有实践指导价值的正义理论。唯有如此,我们建构起来的正义理论才不至于脱离中国实际,成为徒具其名的空洞说辞;也唯有如此,我们在推进正义的征程中才不至于陷入现代性的迷途,才能真正在正义理论的指导下,消除不公,达致正义。

继承中国传统文化中的正义遗产、立足发展变化了的中国实际,其重要的主旨就在于从理论和现实的双重维度,为当前中国特色正义理论的构建提供历史的镜鉴和现实的依据。在此基础上,我们还面临着一个重要的任务,即在推进正义的进程中,我们必须形成自己的正义研究范式,构建符合中国国情的正义话语体系。因为正义的建构绝非是一个凭借"拿来主义"就可以进行的简单模仿,而是一个融返本与开新、继承与发展、批判与借鉴于一体的综合动态过程。在当前的正义研究中,"西强东弱"是一个不争的事实,当论及正义时,许多人习惯于用西方的正义思维来看待中国道路,沉溺于用西方的正义话语来评判中国问题,甚至经常扮演着"削中国现实之足,适西方正义之履"的角色,缺乏自主的研究精神和独立的话语体系。吸收西方的正义思想,并不等于用西方主流的正义话语来规制我们的言行;借鉴西方的正义理论,并不意味着要丧失自身的创造与发展。从这个意义上来讲,推进我国的公平与正义,一个当务之急就是要构建中国特色的正义话语体系。为此,我们必须在思想层面上破除对西方的话语依赖与盲目崇拜,在关涉正义的相关问题方面主动作为,树立起自己的话语自觉、学术自主和理论自信;在过程层面上,要遵循"以问题为中心、以国情为依据、以事实为支撑、以时代为参照、以包容为策略、

---

① 参见吴晓明《中国学术话语体系的当代建构》,《中国社会科学》2011 年第 2 期。

以大众化为取向"①的话语建构逻辑，使正义的话语真正的回应关切，映照现实，并为普罗大众所接受；在学理层面上，要将中国推进公平正义进程中积累起来的实践经验和丰富成果，升华为正义理论，并用凝练的话语作出清晰的阐释与表达，突出正义话语的价值导向和思想引领作用；在传播层面上，要通过多种渠道和方式，以平等的姿态与西方进行正义的对话与交流，讲好中国故事，传播中国声音，将中国的正义思想、正义理论、正义实践，通过中国话语传向世界。

由此来看，中国特色正义理论体系的构建是一个复杂的系统工程，是历史与现实、理论与实践、域内与域外、传播与推介的高度融合。我们要从历史和民族的文化遗产中提炼出优秀的正义遗产加以继承，将正义置于历史发展和社会现实的境遇之中加以审视，借助经验的总结和理论的升华，为正义注入新的时代内容。通过中国正义话语的建构，形成具有中国特色、中国风格和中国气派的正义理论体系，以期更好地指导当今中国之实践。

至此，对当代语境下我们该如何接手正义这一问题，已经有了一个初步的回答。在推进公平正义的进程中，"古为今用，洋为中用"的思想亦可以运用到正义的领域，我们既需要对中国传统文化中的正义资源合理的继承，又需要对西方的正义思想进行批判的借鉴，同时要对他们进行时代性的开掘与创造性的转化。需要指出的是，同样作为舶来品，我们在借鉴西方正义思想时，要有一个清晰的边界意识，对马克思的正义思想和西方其他正义思想进行必要的"划界"。换言之，既要明晰马克思正义思想是我们的理论坐标和根本指针，又要深刻认识西方马克思主义、新自由主义等正义思想的理论局限，并廓清他们之间的本质差别。与此同时，我们也要适当的"越界"，促进他们之间的互动互融，并在理性审视的基础上，批判借鉴西方其他正义思想中的合理成分，为中国特色社会主义正义理论体系的建构提供多元化的资源，更好地促进中国公平正义之实现。

---

① 陈金龙：《邓小平与中国改革话语的建构》，《马克思主义与现实》2014年第5期。

结 束 语

正义是一个恒久不衰，常说常新的话题，对于时下之中国亦有着重要的意义。相较于建立在资本主义生产方式之上的形式正义而言，作为共产主义第一阶段的社会主义，已"具有共产主义的根本品性，理所当然是一个本质正义的社会。但本质正义既不等于现实正义，更不等于完全正义"①。毕竟我们是在逾越了资本主义生产力充分发展基础上建立起来的社会主义，只是共产主义第一阶段的初级阶段，劳动还只是人们谋生的手段而远非第一需要，社会分工依然存在，物质财富并未充分涌流，甚至资本逻辑在一定范围内还大行其道。概言之，对于尚处在社会主义初级阶段的中国而言，依然面临着众多不公和非正义的现象，与马克思所言及的人类彻底解放还有相当的距离。因此，对正义的呼唤和希冀在当前显得尤为迫切。从某种意义上来讲，"和谐社会"和"中国梦"就是对当前正义问题所作出的理性回应。显然，面对着千头万绪的问题和各种复杂的矛盾，我们需要正义的理论，更确切地讲需要用中国特色的正义理论来指导我们的实践，以化解各种社会矛盾，消弭种种不公，促进公平正义。

正因如此，我们需要构建具有中国特色的正义理论体系。在这一进程中，我们一方面要坚持以马克思正义思想为根本的指导和基本的遵循，又要以包容开放的心态批判地吸收和借鉴西方正义思想中的合理成分。从这个角度来看，作为当下广受关注并颇具影响的阿马蒂亚·森，以有别于西方主流正义思想的独特视野，给我们提供了重要的启迪与借鉴。正义何以可能？在阿马蒂亚·森看来，亚当·斯密"中立的旁观者"理念，提供了一个现实的方法。正义必须站在"一定距离之外"，以客观中立的立场

---

① 谌林：《马克思对正义观的制度前提批判》，《中国社会科学》2014年第3期。

来审视包括需求、情感、地位等在内的诸多缘由，在尊重与相互包容的基础上达到理智。为此，他对以罗尔斯为代表的先验制度正义进行了严肃的批判，指出这种正义观始终围绕一个既定的国家和民族虚构的社会契约来追求和实现制度的公正，这种"封闭的"中立无疑会带来地域性的偏见，既与"开放的"中立背道而驰，在追求正义的实际过程中，也会由于对"公正制度"的过分关注和对"公正社会"的相对忽视而陷入制度原教旨主义的泥潭。

迥异于先验制度主义，森的正义之思并没有建立在抽象的契约进路之上，而是置于可行能力的现实追求之中。可行能力不仅仅是一种资源、财富或者福利意义上的个人优势，而且是一个人可能实现的、各种可能的功能性活动组合。由此延展开来，正义就在于追求一个人实现各种不同生活方式的自由，是一种摆脱了形式自由局限，实现合目的性和合工具性相统一的实质自由。自由既是发展的手段，又是发展的目的；可行能力的剥夺，既阻碍了发展，又限制了自由；既损害了社会的公平，又削弱了人们的福祉。自由的发展、能力的平等才能使人们获得实质的自由，而这恰恰也是森正义思想的核心所在。与此同时，森也赋予了民主和人权新的内涵，他将公共理性寓于民主之中，将人权建立在自由主张之上，并将其视为通达正义的现实之维，从而使其正义思想得以立体化、全方位的呈现。

从唯物史观的视域来审视，森的正义思想自然还存在一定的偏颇，但相比马克思，生活在当代的森对发展中的中国亦多有镜鉴。他对自由、平等与发展的追求，在后台的背景支撑与前台的理论预设上，似乎更契合当代中国的实际。在森看来，贫困、饥荒、权利剥夺、全球冲突以及理性的匮乏，仍然是包括中国在内的全人类所共同面临的严峻挑战；与此同时，他十分中肯地指出了快速发展中的中国所面临的收入不均、贫富差距、性别不平等等问题，切中了当下中国的焦点问题和生存之惑；而他所提出的开放的中立、多样的缘由、理性的审思与可行能力的提升对于时下中国正义之构建，具有重要的现实价值；其所倡导的公共理性之上的民主、自由主张的人权以及理性对话之上的全球正义，也具有普遍的意义。

作为一名蜚声西方的学者，森的正义思想自然有不少拥趸者，但与此同时也引来了诸多的质疑和批评。对此，我们亦需要站在一定的距离之外，以"他者"的视角来对其正义思想进行理性的审视，既不能过度地溢美，又不能一味地贬抑，而要对其进行辩证的分析。森的正义思想既深受马克思的影响，又与自由主义在一定程度上相契合，我们不应当借此将森的正义思想冠以"自由主义政治哲学"的帽子而加以排斥；当然，我们亦不能对其思想不加甄别地全盘拿来。理性的吸收、批判的借鉴、合理的运用，才是我们应当秉持的科学态度。这对于中国特色社会主义正义理论的构建，乃至中国公平正义的推进与实现，都是大有裨益的。

参考文献

一 马克思主义经典著作

1. 《马克思恩格斯选集》第 1 卷，人民出版社 2012 年版。
2. 《马克思恩格斯选集》第 2 卷，人民出版社 2012 年版。
3. 《马克思恩格斯选集》第 3 卷，人民出版社 2012 年版。
4. 《马克思恩格斯文集》第 1 卷，人民出版社 2009 年版。
5. 《马克思恩格斯文集》第 2 卷，人民出版社 2009 年版。
6. 《马克思恩格斯文集》第 5 卷，人民出版社 2009 年版。
7. 《马克思恩格斯文集》第 7 卷，人民出版社 2009 年版。
8. 《马克思恩格斯文集》第 8 卷，人民出版社 2009 年版。
9. 《马克思恩格斯文集》第 9 卷，人民出版社 2009 年版。
10. 《马克思恩格斯全集》第 21 卷，人民出版社 1965 年版。
11. 《马克思恩格斯全集》第 46 卷（下），人民出版社 1980 年版。
12. 《毛泽东选集》第 2 卷，人民出版社 1991 年版。
13. 习近平：《紧紧围绕坚持和发展中国特色社会主义，学习宣传贯彻党的十八大精神——在十八届中共中央政治局第一次集体学习时的讲话》，人民出版社 2012 年版。
14. 习近平：《在庆祝中国人民政治协商会议成立 65 周年大会上的讲话》，人民出版社 2014 年版。
15. 习近平：《在庆祝全国人民代表大会成立 60 周年大会上的讲话》，人民出版社 2014 年版。
16. 《十六大以来重要文献选编》（上），中央文献出版社 2005 年版。

二　著作

17. 李惠斌、李义天:《马克思与正义理论》,中国人民大学出版社2010年版。

18. 刘同舫:《马克思人类解放理论的演进逻辑》,人民出版社2011年版。

19. 沈晓阳:《正义论经纬》,人民出版社2007年版。

20. 孙君恒:《贫困问题与分配正义——阿马蒂亚·森的经济伦理思想研究》,当代中国出版社2004年版。

21. 汤建波:《重建经济学的伦理之维——论阿马蒂亚·森的经济伦理思想》,浙江大学出版社2008年版。

22. 王艳萍:《克服经济学的哲学贫困——阿马蒂亚·森的经济思想研究》,中国经济出版社2006年版。

23. 王广:《正义之后——马克思恩格斯正义观研究》,江苏人民出版社2010年版。

24. 徐向东:《全球正义》,浙江大学出版社2011年版。

25. 叶泽雄:《当代社会发展观导论》,华中科技大学出版社2008年版。

26. 姚大志:《当代西方政治哲学》,北京大学出版社2011年版。

27. 周文文:《伦理·理性·自由——阿马蒂亚·森发展理论》,学林出版社2006年版。

28. 张卫明:《罗尔斯正义论方法论研究》,世界图书出版公司2012年版。

29. 朱成全:《经济学方法论》,东北财经大学出版社2003年版。

30. 郑忆石:《社会发展动力论》,重庆出版社2012年版。

31. ［英］阿克顿:《自由史论》,胡传胜等译,南京译林出版社2001年版。

32. ［英］伯林:《自由论》,胡传胜译,南京译林出版社2004年版。

33. ［美］涛慕斯·博格:《康德、罗尔斯与全球正义》,刘莘、徐向东等译,上海译文出版社2010年版。

34. ［美］博登海默:《法理学——法律哲学与法律方法》,邓正来译,中国政法大学出版社 1999 年版。

35. ［美］罗纳德·德沃金：《至上的美德》，冯克利译，江苏人民出版社 2007 年版。

36. ［美］塞缪尔·亨廷顿：《文明的冲突与世界秩序的重建》，周琪等译，新华出版社 2010 年版。

37. ［英］弗里德里希·冯·哈耶克：《法律、立法与自由》（第二卷），邓正来等译，中国大百科全书出版社 2000 年版。

38. ［英］霍布斯：《利维坦》，黎思复、黎廷弼译，商务印书馆 1986 年版。

39. ［德］康德：《历史理性批判文集》，何兆武译，商务印书馆 1990 年版。

40. ［德］康德：《法的形而上学原理》，沈叔平译，商务印书馆 1997 年版。

41. ［德］康德：《道德形而上学》，载《康德全集》第六卷，李秋零译，中国社会科学出版社 2007 年版。

42. ［法］卢梭：《社会契约论》，何兆武译，商务印书馆 1982 年版。

43. ［法］卢梭：《论人类不平等的起源和基础》，李长山译，商务印书馆 1982 年版。

44. ［美］约翰·罗尔斯：《正义论》，何怀宏、何保刚、廖申白译，中国社会科学出版社 2009 年版。

45. ［美］约翰·罗尔斯：《作为公平的正义：正义新论》，姚大志译，中国社会科学出版社 2011 年版。

46. ［美］约翰·罗尔斯：《政治自由主义》，万俊人译，译林出版社 2000 年版。

47. ［英］洛克：《政府论》，叶启芳、瞿菊农译，商务印书馆 1986 年版。

48. ［美］卡琳·罗马诺：《阿马蒂亚·森：改变思考"正义"的方向》，王雪编译，《社会科学报》2009 年。

49. ［法］孟德斯鸠：《论法的精神》，张雁深译，商务印书馆 1961 年版。

50. ［美］麦克里兰：《西方政治思想史》，彭淮栋译，海南出版社

2003 年版。

51. [美] 慕孚:《民主的吊诡》,林淑芬译,巨流图书有限公司 2005 年版。

52. [美] 罗伯特·诺齐克:《无政府、国家和乌托邦》,姚大志译,中国社会科学出版社 2008 年版。

53. [瑞典] 理查德·斯威德伯格:《经济学与社会学——研究范围的重新界定:与经济学家和社会学家的对话》,安佳译,商务印书馆 2003 年版。

54. [印] 阿马蒂亚·森:《正义的理念》,王磊、李航译,中国人民大学出版社 2012 年版。

55. [印] 阿马蒂亚·森:《以自由看待发展》,任赜、于真译,中国人民大学出版社 2012 年版。

56. [印] 阿马蒂亚·森:《理性与自由》,李风华译,中国人民大学出版社 2012 年版。

57. [印] 阿马蒂亚·森:《集体选择与社会福利》,胡的的、胡毓达译,上海科技出版社 2004 年版。

58. [印] 阿马蒂亚·森:《资源、价值与发展》,杨茂林、郭婕译,吉林人民出版社 2008 年版。

59. [印] 阿马蒂亚·森:《后果评价与实践理性》,应奇编,东方出版社 2006 年版。

60. [印] 阿马蒂亚·森:《惯于争鸣的印度人》,葛维钧译,上海三联书店 2007 年版。

61. [印] 阿马蒂亚·森、[美] 玛莎·努斯鲍姆:《生活质量》,龚群等译,社会科学文献出版社 2008 年版。

62. [印] 阿马蒂亚·森:《身份与暴力——命运的幻象》,李风华等译,中国人民大学出版社 2009 年版。

63. [印] 阿马蒂亚·森、[英] 伯纳德·威廉姆斯:《超越功利主义》,梁捷等译,复旦大学出版社 2011 年版。

64. [印] 阿马蒂亚·森:《贫困与饥荒》,王磊、李航译,中国人民大学出版社 2012 年版。

65. [印] 阿马蒂亚·森、[阿根廷] 贝纳多·科利克斯伯格:《以人为本：全球化世界的发展伦理学》，马春红、李俊江等译，长春出版社 2012 年版。

66. ［印］阿马蒂亚·森：《伦理学与经济学》，王宇、王文玉译，商务印书馆 2014 年版。

67. ［印］阿马蒂亚·森：《论经济不平等/不平等之再考察》，王利文、于占杰译，社会科学文献出版社 2006 年版。

68. ［英］亚当·斯密：《道德情操论》，蒋自强等译，商务印书馆 2003 年版。

69. ［英］罗杰·斯克拉顿：《现代哲学简史》，陈四海、王增福译，南京大学出版社 2013 年版。

70. ［法］托克维尔：《论美国的民主》，董果良译，商务印书馆 1996 年版。

71. ［美］迈克尔·P. 托达罗：《经济发展》（第六版），黄卫平、彭刚译，中国经济出版社 1999 年版。

72. ［古希腊］亚里士多德：《政治学》，吴寿彭译，商务印书馆 1997 年版。

73. ［古希腊］《亚里士多德全集》第 8 卷，苗力田主编，中国人民大学出版社 1992 年版。

74. ［日］大沼保昭：《人权、国家与文明》，王志安译，生活·读书·新知三联书店 2014 年版。

三 期刊论文

75. 安然、齐波：《塞缪尔·亨廷顿"文明冲突论"的文化保守主义倾向》，《史学月刊》2010 年第 4 期。

76. 谌林：《马克思对正义观的制度前提批判》，《中国社会科学》2014 年第 3 期。

77. 陈金龙：《邓小平与中国改革话语的建构》，《马克思主义与现实》2014 年第 5 期。

78. 陈金龙：《学术自觉与学术自主的中国成长》，《中国社会科学报》2016 年 1 月 5 日。

79. 陈可：《亚当·斯密与阿马蒂亚·森贫困观比较研究》，《湖南大学学报》2011 年第 6 期。

80. 蔡萍：《阿马蒂亚·森之福利经济学的意义》，《山西高等学校社会科学学报》2005 年第 8 期。

81. 邓翔：《福利经济学的批判性重建——98 诺贝尔经济学奖得主阿马蒂亚·森学术贡献述评》，《学术研究》1998 年第 12 期。

82. 段忠桥、常春雨：《G. A. 科恩论阿马蒂亚·森的"能力平等"》，《哲学动态》2014 年第 7 期。

83. 丁建峰：《超越"先验正义"——对阿马蒂亚·森正义理论的一种解读与评价》，《学术月刊》2013 年第 3 期。

84. 范子英、孟令杰：《对阿马蒂亚·森的饥荒理论的理解及验证：来自中国的数据》，《经济研究》2006 年第 8 期。

85. 高清海、胡海波：《人类发展的正义追寻》，《社会科学战线》1998 年第 1 期。

86. 关锋：《协商民主：哈贝马斯民主理论解析》，《华南农业大学学报》2012 年第 3 期。

87. 高景柱：《基本善与可行能力——评约翰·罗尔斯与阿马蒂亚·森的平等之争》，《道德与文明》2013 年第 5 期。

88. 高景柱：《超越平等的资源主义与福利主义的分析路径——基于阿马蒂亚·森的可行能力平等的分析》，《人文杂志》2013 年第 1 期。

89. 韩震：《科学的人学是如何可能的？——论法国启蒙思想家孔多塞的人学思想》，《天津社会科学》2001 年第 4 期。

90. 韩庆祥：《社会主义市场经济与人的塑造》，《中国社会科学》1995 年第 3 期。

91. 胡道玖：《可行能力：阿马蒂亚·森的发展经济学方法及价值关怀》，《福建论坛》2014 年第 4 期。

92. 胡怀国：《从新古典主义到阿马蒂亚·森的能力方法》，《经济学动态》2010 年第 10 期。

93. 胡丹丹：《阿马蒂亚·森正义思想研究》，博士学位论文，华中科技大学，2014 年。

94. 胡丹丹、韩东屏：《以发展旨向自由与以自由看待发展——马克思与阿马蒂亚·森关于人的发展问题辨析》，《湖北大学学报》（哲学社会科学版）2014 年第 3 期。

95. 胡丹丹、韩东屏：《论阿马蒂亚·森对罗尔斯正义理论的解构与重塑》，《湖北社会科学》2015 年第 7 期。

96. 侯小丰：《自由的思想移居——以概念史为视角》，《现代哲学》2014 年第 6 期。

97. 黄燕东、姚先国、杨宜勇：《完备能力、功能扩展和基本幸福能力平等——关于阿马蒂亚·森的能力方法理论的拓展研究》，《经济社会体制比较》2015 年第 2 期。

98. 黄荟：《阿马蒂亚·森的贫困概念解析——以他的自由发展观为视域》，《江汉论坛》2010 年第 1 期。

99. 何建华：《论发展的正义维度及其评价》，《中共浙江省委党校学报》2012 年第 5 期。

100. 刘同舫：《西方马克思主义的理论性质与中国意义》，《中国社会科学》2010 年第 5 期。

101. 刘德吉：《阿马蒂亚·森的能力平等观与公共服务均等化》，《上海经济研究》2009 年第 11 期。

102. 刘晓靖：《实质自由与社会发展——阿马蒂亚·森正义思想研究》，博士学位论文，吉林大学，2010 年。

103. 刘卓红、曾祥耿：《理论创新与马克思主义当代发展》，《马克思主义研究》2009 年第 5 期。

104. 刘卓红、徐锐：《历史唯物主义人民主体观的当代释读》，《教学与研究》2015 年第 8 期。

105. 刘敬东：《理性·自由与普遍法治——解读康德〈历史理性批判文集〉》，《哲学研究》2001 年第 9 期。

106. 刘元春：《福利、公平、贫困与饥荒——评阿马蒂亚·森对福利经济学的贡献》，《教学与研究》1999 年第 4 期。

107. 刘鹏、陈玉照：《"正义之争"与马克思的"非道德论"问题——"塔克尔—伍德命题"引发的争论与思考》，《社会主义研究》2010 年第 4 期。

108. 李佃来：《"正义"的思想谱系及其当代构建——从马克思到分析的马克思主义》，《学术月刊》2012 年第 12 期。

109. 李佃来：《论马克思正义观的特质》，《中国人民大学学报》2013年第1期。

110. 李佃来：《马克思正义思想的三重意蕴》，《中国社会科学》2014年第3期。

111. 李实：《阿马蒂亚·森与他的主要经济学贡献》，《改革》1999年第1期。

112. 李仁贵、党国印：《1998年度诺贝尔经济学奖获得者阿马蒂亚·森生平与学术贡献》，《经济学动态》1998年第11期。

113. 李翔：《马克思对正义思想的批判与超越——基于生产正义的视角》，《学术论坛》2014年第5期。

114. 李翔：《正义的张力：马克思与阿马蒂亚·森》，《社会科学辑刊》2018年第1期。

115. 李翔：《先验正义的超越与现实正义的回归——阿马蒂亚·森正义思想论析》，《学术界》2018第6期。

116. 李翔：《当代中国语境下正义理论建之构》，《学习论坛》2017年第5期。

117. 李翔：《差异与共融中的全球正义——兼论阿玛蒂亚·森对亨廷顿"文明冲突论"的批评》，《深圳大学学报》2017年第3期。

118. 李翔：《阿玛蒂亚·森正义思想的西方境遇》，《理论月刊》2017年第11期。

119. 李翔：《马克思正义思想及其当代境遇》，《中国社会科学报》2016年8月15日。

120. 李凤华：《阿马蒂亚·森的自由观述评》，《现代哲学》2006年第2期。

121. 林进平、徐俊忠：《历史唯物主义视野中的正义观——兼谈马克思何以拒斥、批判正义》，《学术研究》2005年第7期。

122. 林进平：《正义在马克思思想历程中的遭遇》，《哲学研究》2009年第6期。

123. 林超：《消解文明的冲突——谈阿马蒂亚·森的多重文化身份观》，《文化学刊》2014年第2期。

124. 陆彬：《论可行能力视野中的发展——阿马蒂亚·森的发展思想探析》，《云南行政学院学报》2006 年第 5 期。

125. 马永华：《论阿马蒂亚·森的可行能力理论及其现实意义》，《南京航空航天大学学报》（社会科学版）2011 年第 1 期。

126. 莫林：《消极正义与可行能力——阿马蒂亚·森正义理论研究》，硕士学位论文，西南政法大学，2014 年。

127. 宁亚芳：《从道德化贫困到能力贫困：论西方贫困观的演变与发展》，《学习与实践》2014 年第 7 期。

128. 潘云华：《社会契约论的历史演变》，《南京师大学报》（社会科学版）2003 年第 1 期。

129. 任重道、徐小平：《作为公平的正义与作为自由的发展——罗尔斯与阿马蒂亚·森的相互影响》，《社会科学》2008 年第 9 期。

130. 史瑞杰、韩志明：《收入分配制度改革的反思》，《政治学研究》2014 年第 3 期。

131. 宋建丽：《能力路径与全球正义》，《马克思主义与现实》2015 年第 3 期。

132. 汤剑波：《超越自利的经济学和无我的伦理学——简论阿马蒂亚·森的经济伦理思想》，《东南学术》2004 年第 1 期。

133. 汤剑波：《如何考察平等和不平等——阿马蒂亚·森的能力平等观》，《前沿》2002 年第 7 期。

134. 王岩：《马克思主义理论视阈中的政治自由及其实现》，《马克思主义研究》2008 年第 1 期。

135. 吴晓明：《中国学术话语体系的当代建构》，《中国社会科学》2011 年第 2 期。

136. 吴瑞财：《阿马蒂亚·森的"饥荒政治学"》，《读书》2013 年第 7 期。

137. 王艳萍、潘建伟：《阿马蒂亚·森的发展经济学述评》，《当代经济研究》2010 年第 6 期。

138. 王新生：《当代中国马克思主义正义理论的建构》，《中国人民大学学报》2012 年第 1 期。

139. 王宏维：《论西方马克思主义在社会性别视域中的演进与拓展》，《马克思主义研究》2006 年第 8 期。

140. 汪毅霖：《阿马蒂亚·森的正义观——对罗尔斯的批判及其公共政策含义》，《学术月刊》2011 年第 6 期。

141. 许祥云：《从思辨正义到实践正义——马克思正义观研究》，博士学位论文，吉林大学，2008 年。

142. 徐作辉：《"马克思与正义之争"及其唯物史观下的消解》，《党政干部学刊》2012 年第 3 期。

143. 向玉乔、谭昭君：《割裂，还是融合——阿马蒂亚·森论伦理学与经济学的关系》，《中南林业科技大学学报》（社会科学版）2010 年第 1 期。

144. 夏清瑕：《亚马蒂亚·森的人权观及其对人权理论与实践的影响》，《学术界》2014 年第 8 期。

145. 姚璐、徐立恒等：《论全球正义——关于正义问题及实现实路径的分析》，《太平洋学报》2015 年第 3 期。

146. 杨兴华、张格儿：《阿马蒂亚·森和玛莎·努斯鲍姆关于可行能力理论的比较研究》，《学术论坛》2014 年第 2 期。

147. 尹树广、韦庭学：《马克思的实践伦理思想与正义》，《马克思主义与现实》2013 年第 6 期。

148. 周濂：《把正义还给人民——评阿马蒂亚·森〈正义观〉》，《复旦政治哲学评论》2010 年。

149. 周文文：《自由视野中的发展观——阿马蒂亚·森经济理论的哲学思考》，《江西社会科学》2003 年第 9 期。

150. 张旺：《民主政治中的多数统治与少数人的权利》，《理论学刊》2005 年第 1 期。

151. 张康之：《全球化时代的正义诉求》，《浙江社会科学》2012 年第 1 期。

152. 张旭：《论阿马蒂亚·森对发展经济学的理论贡献》，《商业研究》2005 年第 4 期。

153. 郑平：《从"不敢"到"不能""不想"》，《求是》2014 年第

17 期。

154. 朱勇、何旭强：《阿马蒂亚·森经济学与哲学思想评介》，《经济学动态》1998 年第 11 期。

四 英文文献

155. Martijn Boot. The Aim of a Theory of Justice. *Ethical Theory and Moral Practice.* Volume, 15, Number 1, 2012.

156. Serge – Christophe Kolm. Against Injustice：The New Economics of Amartya Sen. *Economica*, Volume, 78. Number 310, 2011.

157. Jean Dreze and Amartya Sen. *India：Economic Development and Social Opportunity.* Oxford：Clarendon Press, 1995.

158. Christine Korsgaard, *Creating the Kingdom of Ends.* Cambridge：Cambridge University Press, 1996.

159. Martha. Nussbaum and Carla Faralli. On the New frontiers of Justice, *A Dialogue. Ratio Juris.* Vol. 20. No. 2 June 2007.

160. Sophie Mitra. Reconciling the capability approach and the ICF：A response. *ALTER – European Journal of Disability Research.* Volume, 8, Number 1, 2014.

161. Christopher W·Morris. *Amartya Sen.* Cambridge University Pres, 2009.9.

162. Thomas Nagel. The Problem of Globe Justice. *Philosophy and Public Affairs*, 33, 2005.

163. Joseph Raz, *The Morality of Freedom.* Oxford：Clarendon Press, 1986.

164. Roberta E. (Bobby) Harreveld; Michael J. Singh. Amartya Sen's Capability Approach and the Brokering of Learning Provision for Young Adult. *Vocations and Learning.* Volume, 1, Number 3, 2008.

165. John Rawls, *The Law of People.* Cambridge, MA：Harvard University Press. 1999.

166. Amartya Sen. *Rights and Capabilitie, in Resources, Values and De-*

velopment. Blackwell, 1984.

167. Amartva Sen. Freedom of Choice: Concept and Content. *European Economic Review*, Vol. 32, No. 2 – 3, March, 1988.

168. Amartya Sen. Utility: Ideas and Terminology. *Economics and philosophy*, Vol. 7, No. 2, 1991.

169. Amartya Sen. Positional Objectivity. *Philosophy and public affairs*, Vol. 22, No. 2, 1993.

170. Amartya Sen. Freedoms and Needs. *The new republic*, Vol. 210, No. 2 – 3, January, 1994.

171. Amartya Sen. *Inequality Reexamined.* Cambridge. MA: Harvard University Press, 1995.

172. Amartya Sen. Human rights and Asian value. *Carnegie Council on Ethics and International Affair.* 1997.

173. Amartya Sen. Inequality, unemployment and contemporary Europe. *International labour review*, Vol. 136, No. 2, 1997.

174. Amartya Sen. Elements of a Theory of Human Rights. *Philosophy and Public Affairs*, Vol. 32, No. 4, 2004.

175. Amartya Sen. Social Exclusion: Concept, Application and Scrutiny, Asian Development Bank, 2000.

176. Amartya Sen. *Reason before Identity*, Oxford: Oxford University, 2000.

177. Amartya Sen. Democracy as a Universal Value. *American educator*, Vol. 24, No. 2, 2000.

178. Amartya Sen. Globalization, Inequality and Global Protest. *Development*, Vol. 45, No. 2, 2002.

179. Amartya Sen. *Freedom and Social Choice: the Arrow Lectures. Rationality and Freedom*, Cambridge, MA: Harvard University Press, 2002.

180. Amartya Sen. Open and Closed Impartiality, *The journal of philosophy*, Vol. 99, No. 9, 2002.

181. Amartya Sen. Democracy and Its Global Roots. *The new republic*,

October 6, 2003.

182. Jeffrey Spring. Rights and Well-Being in Amartya Sen's Value Theorys. *The Journal of Value Inquiry*. Volume, 45, Number 1, 2011.

183. M. Saito: Amartya Sen's Capability Approach to Education: A Critical Exploration, . *Journal of Philosophy of Education*, Vol. 37, No. 1, 2003.

后　记

　　本书是在我博士论文的基础上修改完成的。在书稿即将付梓之际，回首往昔，点点滴滴涌上心头。从内陆小城新乡到改革开放前沿广州，求学之路不仅仅是地理位置的跨越，更是一次难忘的人生之旅。还记得甫一踏进华师大门，还没来得及去领略羊城的美景，喜悦随即就被扑面而来的压力所取代。由于基础薄弱，刚开始看书学习，不仅进展缓慢，而且常常无法深入，焦虑之感倍增，极度沮丧之时甚至一度质疑自己当初求学的选择。但恰恰也是这段困顿的岁月，使我深深认识到了自己在知识上的缺陷和不足，体会到了读书的不易和艰辛，也激励我迎难而上，砥砺前行。如今看来，正是源于自己当初的这种坚持，才有了本书的出版，在这里我要由衷地感谢诸多帮助过我的人。

　　首先，我要衷心感谢我的恩师刘卓红教授。刘老师学识渊博，为人真诚而又谦和。在读博期间，刘老师在学习、生活和工作中一直对我关爱有加。虽资质愚钝，但刘老师从未流露出对我的失望，而一直是充满温情的鼓励。当我为选题惴惴不安之时，是老师的肯定点燃了我的信心；当我遇到写作中的困惑时，是老师的点播让我茅塞顿开；当我放松对自己的要求时，是老师委婉的批评让我不敢有丝毫的懈怠。正是刘老师热情的鼓励、中肯的建议、精心的指导和及时的鞭策，才使我顺利完成了学业。毕业之后，我回到了原单位，和老师远隔千里，虽不能像在学校那样，时时感受老师的耳提面命，但刘老师对我的关心却丝毫没有减少，而是一直关注我的成长，并给予了我诸多的帮助，这次百忙之中，还为我的拙作拨冗写序。每每想起生活和学习中的一幕幕，往事就会浮现于脑海之中，对恩师的感激之情无以言表。在这里，我还要诚挚感谢与刘老师琴瑟和鸣的钟明华教授，每次见到钟老师，都能感受到他的儒雅与敦厚。个人的成长之路，也幸得钟老师的诸多提携和帮助，在"钟刘砥柱"这个大家庭中，我倍感温暖。

感谢王宏维教授、陈金龙教授、尹树广教授、刘同舫教授，在读书期间，深得各位老师教诲，无论是知识的传授、还是经验的分享；无论是率直的批评，还是宝贵的建议，都是那么的无私和坦诚。感谢亦师亦兄的关锋教授，关老师虽未亲自授课，但在论文开题和写作中，也给予了我很多的指导和帮助。从诸位恩师身上，我真正领略到了大师的风范，也学到了一生受用不尽的做人道理。

感谢在广州的诸多朋友，高中的挚友王世豪、刘罡；大学时期的老师谢根成，以及魏传光、王颖、左志富、金豪、彭金富、李若衡等兄弟姐妹，诸多师友的关怀让我在异地他乡不再孤独；感谢韩淑梅、李嘉、董海军、张洪铭、于海涛、陈化水等同窗，一路走来，我们相互鼓励，共同成长，在一起的日子值得我永远珍藏。感谢读书时期的刘怀光院长，正是他为我外出学习所提供的便利，方使我心无旁骛，安心读书；感谢马福运院长，是他的鞭策和支持，才使本书能够早日付梓。

最后，我要特别感谢我的家人。感谢我的父母，一直以来，他们总是任劳任怨，不计回报，为我默默无闻的付出；感谢我的爱人金莉，无论是我在学期间还是毕业之后，她都给予了我最宝贵的支持，与此同时，她也积极上进，顺利完成了博士学业。家庭和学业同时兼顾，相较于我，她的付出太多太多，本想毕业之后弥补对家人的亏欠，但繁忙的工作使我根本无法兑现对家人的承诺，着实惭愧至极。孩子李雨涵乖巧懂事，让我倍感欣慰，每每懈怠之际，总会想到她清澈而又充满期许的目光，正是这种爱的感召，我才能够一直执着前行。

本书的出版，是一场即将结束的心灵之旅，但何尝不是新的一页之开启。谨以此书献给所有关心和帮助过我的人，未来的日子，我将怀揣一颗感恩的心，踏上人生新的航程。

李　翔

2020 年 8 月